刑法的归责

——目的主义·客观归属论·结果无价值论

〔日〕小林宪太郎 著

姚培培 译

谢佳君 校

中国政法大学出版社

2023·北京

图书在版编目（CIP）数据

刑法的归责：目的主义·客观归属论·结果无价值论/（日）小林宪太郎著；姚培培译. —北京：中国政法大学出版社，2023.11
　ISBN 978-7-5764-1280-2

　Ⅰ.①刑… Ⅱ.①小… ②姚… Ⅲ.①刑法—研究—日本 Ⅳ.①D931.34

中国国家版本馆 CIP 数据核字(2024)第 015130 号

出　版　者　　中国政法大学出版社

地　　　址　　北京市海淀区西土城路 25 号

邮寄地址　　北京 100088 信箱 8034 分箱　邮编 100088

网　　　址　　http://www.cuplpress.com (网络实名：中国政法大学出版社)

电　　　话　　010-58908586(编辑部) 58908334(邮购部)

编辑邮箱　　zhengfadch@126.com

承　　　印　　固安华明印业有限公司

开　　　本　　720mm×960mm　　1/16

印　　　张　　17.25

字　　　数　　290 千字

版　　　次　　2023 年 11 月第 1 版

印　　　次　　2023 年 11 月第 1 次印刷

定　　　价　　79.00 元

刑法的帰責——フィナリスムス・客観的帰属論・結果無価値論

小林憲太郎　著

本书日文原版由株式会社弘文堂出版

中文版经株式会社弘文堂和小林宪太郎授权出版

著作权合同登记号：图字 01-2024-2426 号

当代日本刑事法译丛编辑委员会

总序一[*]

经西北政法大学贾宇校长的提议与努力，《当代日本刑事法译丛》开始得以出版发行。值此之际，承蒙贾宇校长力邀，我亦有幸得享主编之誉，想必这是对我近 25 年来为中日刑事法学术交流所作微薄贡献的肯定。

早在 1988 年，由我提议发起召开了首届"中日刑事法学术研讨会"，此后隔年一次定期举行，迄今已历经 27 载，共计召开了 14 届。并且，第 15 届与第 16 届研讨会的会议日程与承办学校也已经确定。在此期间，尽管中日之间的关系令人遗憾地出现了一些负面情况，迄今仍尚未得到完全修复，但是这丝毫未影响到两国之间的刑事法学术交流。这足以说明，至少在刑事法学术交流的领域，中日关系已经坚如磐石；刑事法学界的两国同仁也不止于单纯的学术交流，而是已经超越国界，达至心心相连的境界。于我而言，没有比这更值得欣慰的事情了。

在这里，我又情不自禁地想起了马克昌先生。虽然马先生已于 2011 年仙逝，但我们两人之间的深厚友情，正象征着承担中日两国刑事法学术交流的同仁之间的牢固纽带。1998 年，正在东京创价大学访问的先生第一次拜访了我。自此之后，我就与先生成为肝胆相照的学术知己！2002 年，在武汉大学召开的第 7 次"中日刑事法学术研讨会"上，日方与会者均惊叹于"马家军"的威势，此后，中国刑法学界的"马家军"作为一种传说流传至今。包括那次会议在内，我曾十数次访问武汉，对先生的敬仰之

情弥深。在先生患病住院期间，曾两度去医院探望的外国人，想必除我之外别无他人。可以说，我与先生之间惺惺相惜已然不分国界。

先生早年曾在河南省周口市就学，亦曾深受日本军国主义之毒害，但作为一名刑法学者，却仍能对日本刑法学中的可取之处毫不犹豫地给予积极评价，一想到这一点，我便不由得在与先生交往之初即向其由衷地表达敬意。这样说来，从先生的角度来看，想必早已完完全全看透了我内心对那些不堪回首之往事的强烈纠结，并理解了我此后的所言所行。我想，我与先生之间的友情正是因为相互跨越了过去，才能得以超越国界。

在贾宇校长邀请我一同担当主编之际，我之所以能欣然接受未曾有丝毫犹豫，其理由正是在于，这次的《当代日本刑事法译丛》有"纪念马克昌先生"之意，而且，从该丛书的中方编委名单中，也能看到"马家军"的成长壮大。这次的出版计划赋予了中日刑事法学术交流以新的形式，在这一点上，我以为意义重大。以贾宇校长为首的相关人员为实现本出版计划付出了相当努力，在此，谨表达我衷心的敬意与谢意，同时，也深切祝愿本丛书进展顺利。

是为序。

早稻田大学名誉教授、原校长
中日刑事法研究会名誉会长
西原春夫
2015 年 2 月 8 日于日本东京

总序二

　　法律是人类的微缩历史。法律既是人类文明的成果积淀，也是多元文化的综合汇聚；不同的国家虽然可能采用不同类型的法律制度，但是都大致共享着同样的法治伦理。因此，不同国家的法律思想和法律制度需要并且可以相互进行交流与借鉴，甚或移植。

　　众所周知，中华法系起于先秦，盛于唐宋，解于清末，曾经一度是世界领先的法制文明，覆盖了泛东亚儒家文化圈。日本在公元 8 世纪初开始学习和接受唐朝的律令，成为律令制国家，之后直至明清时期，日本的律令制度一直深受中华法系的影响。但是明治以后，日本开始维新政治，转向西学，取法欧陆，勋行法治，成为亚洲最早转型成功的近代国家。清末时期，修律大臣沈家本邀请日本东京帝国大学的冈田朝太郎博士担任顾问，日本法学的思想理念开始回馈襄助中华。自此之后，中日两国的法律交流，出现了"师襄彼此，各有优长"的局面。

　　在当代，中日两国刑事法的交流与合作，主要是由日本早稻田大学前任校长西原春夫先生与中方的马克昌先生、高铭暄先生联合确立推动的。西原先生是日本杰出的刑法学家、教育家以及社会活动家，曾经入选福田政府的顾问团，是立场鲜明的"和平主义者"，也是我们眼中的"知华派"。马克昌先生是新中国第一代刑法学家，是武汉大学刑法学的领军人物，与高铭暄先生并称中国刑法学界的"南马北高"，马先生能够广纳天下英才而育之，门下弟子众多，被学人戏称为刑法学界的"马家军"。马先生虽未出国留学，但是精通日语，能够通畅交流。因此于 1998 年与西原先生在东京相逢之后，两人一见如故，彼此引为知己。两位先生志趣相合，心意相连，高山流水遇知音，肝胆相照两学人。因为马先生的关系，西原先生曾经十余次访问武汉，并亲自出席马先生八十华诞学术研讨会，尤其是在马先生生病住院期间，西原先生更是曾经两度越洋探访，这在两国学界都十分鲜见。两位先生的学术友情，实不让于管鲍之交、钟伯之谊，业已成为中日学术史上的传奇美谈。

马克昌先生是我的授业恩师，不仅引领我踏入法学研究的学术殿堂，而且对我更有人生际遇上的知遇之恩。先生高风雅量，宽厚待人，爱才惜才，醉心学术，在古稀之年，仍然用手工书写的方式完成了 80 余万字的鸿篇巨制——《比较刑法原理：外国刑法学总论》一书，震动学界。先生看重学问，常怀克己之心、追贤之念，秉学人高格、务法律之实，对我等弟子亦各有期许。

2011 年 6 月 22 日，先生因病不治，驾鹤仙游。学门弟子，悲痛心情，无以言表。我曾以诗纪念先生："先生累矣，溘然长眠；学门兴盛，师心所牵。吾侪弟子，克勤克勉；事业有继，慰师安然。师恩难忘，一世情缘；恩师音容，永驻心间。"为了告慰先师，身为弟子，理应承继先生志业，竭尽绵力于一二。

中日刑事法的交流圈子，是先生亲自将我领入的。早在 2002 年的中日刑事法学术研讨会上，马先生就将我郑重介绍给西原先生，并嘱我日后要多多参与、支持中日刑事法的学术交流活动。因此，2007 年，我专门邀请西原先生赴西安讲学，并为西原先生举办了八十华诞学术研讨会。此后，常常在各种不同的学术会议场合与西原先生遇见，相知益深，被先生引为忘年之交，不胜荣幸。

2011 年 10 月 1 日至 5 日，我受日本中央大学的邀请访学东京，其间专门择时拜访了西原先生，先生在东京日比谷公园著名的松本楼接待了我。松本楼是中国民主革命先行者孙中山先生的挚友梅屋庄吉的故居，是孙中山先生与宋庆龄女士的结发场所和旅居之地；在当代，则一向是日方对华友好人士接待中国来宾的重要场所，具有很强的文化意象。其时，恰遇中日关系出现了些许波折，又逢我的恩师马克昌先生新近离世，西原先生设宴松本楼，深具厚意与情怀。席间念及马先生，西原先生不禁肃穆满怀，把酒遥祭，深情追忆了与马先生相识相交的详细过程，言之谆谆，意之切切，令我深为感动。因此，我当场向西原先生提出合作主持出版一套《当代日本刑事法译丛》的意向，一来以此纪念马克昌先生，二来为中日刑事法学的继续深入交流做些实事。西原先生毫不犹豫，欣然应允，答应联署译丛主编并愿意承担一些组织工作。

本套译丛的编委会委员，邀请了部分日方著名的刑法学家，特别是译著的作者；中方编委会成员主要是马克昌先生的部分学生，也邀请了中国刑法学界热心此项工作的部分专家学者。副主编则由黎宏教授与本乡三好先生担任：黎宏教授是马先生的高徒，早年留学日本，如今已成长为中国刑法学界的青年领军人物；本乡三好先生长期担任久负盛名的成文堂出版社的编辑部长，协助西原先生为中日刑事法学的交流发展做出过大量工作，对中国学界有巨大贡献。我的学生付玉明担任本套译丛的执行主编。玉明聪明好学，治学刻苦，曾受马克昌先生与西原先生的惠助，留学日本。他为这套丛书的联络、组织、翻译、出版付出了巨大努力。译丛编辑部主要由留日归来的青年刑法学者组成，他们精研刑法，兼通日文，是中国刑法学界的后起之秀，其中大多也是本套译丛的译者。

北京京都律师事务所的田文昌先生、北京德恒律师事务所的李贵方先生、西北政法大学校友汪功新先生，以及西北政法大学刑事辩护高级研究院，为本译丛慷慨解囊提供出版经费，在此致谢！感谢他们心系学界，关爱学问。

中国政法大学出版社的前社长李传敢先生及现任社长尹树东先生为本译丛提供出版支持，编辑部主任刘海光先生、丁春晖先生具体负责方案落实，辛苦备至，他们勤勉认真的工作态度令我们敬佩有加！

　　法律的故事就是人类的故事，法治的历史实际上就是法律人奋斗的历史。坚硬的法律背后，更多的是温情的人间故事。让我们记住这段当下史，记住这些名字。

　　是为序。

西北政法大学教授、校长

中国刑法学研究会副会长

贾　宇

2015 年 2 月 8 日于古城长安

序

从学说史的角度来看，对当代中国刑法学影响最大的，恐怕是两个外来学说：一是苏联的犯罪学说和刑法学说，该学说从 20 世纪 50 年代到 90 年代末一直在我国刑法学界占据主导地位，奠定了我国当今刑法学的基础，整整影响了几代刑法学人；二是 21 世纪初自日本引进，至今仍方兴未艾的行为无价值论与结果无价值论之争。如果说苏联的犯罪构成体系论奠定了新中国的刑法学基础，那么行为无价值与结果无价值之争使我国刑法学的相关争论进一步精致化、体系化、科学化，成为一门无论出现什么问题，都能从体系当中找到解决问题根据的自洽的学问。

就行为无价值论与结果无价值论的现状来看，应当说，当初结果无价值论占据优势。这恐怕是因为，结果无价值论所提倡的保障人权主张不仅符合我国时下流行的"一切为了人民、一切依靠人民"的政治主张，为前些年我国所广泛称道的"人权入宪"提供了刑法上的理论支撑，同时也契合了我国刑事诉讼法所暗含的基本立场；同时，结果无价值论本身也具有无穷的魅力，在犯罪的认定上，一改传统的刑法理论重实用而轻理论，只要行为符合特定要件就构成犯罪，而对其背后的说理和理论基础不加深究的做法，将违法和责任严格区分，并在不同的层面上加以细化，从而为刑法学者施展才华提供了广阔的空间；而且，结果无价值论在理论展开上所特有的立场鲜明、界限清楚、不拖泥带水的叙事风格也为长期以来对传统学说模棱两可的阐释困惑不已的学子们打开了一扇天窗。

但最近几年，受风险社会刑法观的影响，加上对恐怖主义犯罪、有组织犯罪、网络犯罪、环境犯罪探讨的深入，使得和行为无价值论的刑法立场具有亲和性的积极的预防刑法观日渐隆盛。这种观念认为，结果无价值论所倡导的只有在发生了实害结果之后才能考虑行为违法、才能启动刑法处罚的观念已经落伍。在风险无时不在、无地不在、现代文明本身自带风险的当今社会，一旦风险成为现实，便会造成无可挽回的巨大损失，因此，预防风险变为现实结果，才是刑法存在的价值，而为了实现这一价值，就只能采用行为无价值论，即只要行为违法，就可以断定具有违法性，而不用等到结果最终发生。这种以行为无价值论为基础的观念，受大众媒体所渲染的我们生活的世界危机四伏的舆论的影响，加之一些人对结果无价值论的误解（误以为其中的"结果"仅指"实害结果"），从而为一般人特别是立法者所广泛接受，因此在最近的理论研究中，有取代结果无价值论之势。

在这种背景下，姚培培博士翻译出版日本年青一代的结果无价值论的主倡者小林宪太郎教授的《刑法的归责》一书，就具有了重要的学术和应用价值。

在本书中，作者以过失犯为切入点，以作为行为无价值论的基本方法论的目的主义思考为靶子，对结果无价值论基本立场的妥当性及其具体应用进行了论证。

在构成要件层面，作者认为结果无价值的要求在故意犯和过失犯之间是共通的，在没有结果回避可能性的场合，由于不存在创造结果无价值的事实，因此，没有构成要件符合性。在过失伤害胎儿的效果延及其出生为人之后的场合，由于减损法益的所谓法益侵害与制造受到减损（侵害）的法益不同，因此不能说该行为构成针对胎儿出生后为人的业务过失致人死伤罪。同时，针对被普遍认为仅应用于过失犯领域的信赖原则，作者认为，该原则同样适用于故意犯。如果发生的法益侵害结果不在行为人自我答责领域范围之内的话，则不问故意还是过失，都要否定构成要件符合性。

在违法性层面，作者认为，只要是可以实施的行为，对于所谓的坏人来说也应当可以实施，即违法性阶层解决的是"行为是否具有违法性"这一问题，而行为违法与否的结论对于故意犯和过失犯应当是共通的，否则就会造成同样的行为，对于轻信结果不会发生的人而言可以实施，而对于担心结果发生的人则不允许的结果。作者还特意指出，排除违法性不仅受优越利益原理规制，还允许危险原理正当化。根据作者的观点，一旦行为被认定为允许危险，即便行为人具有造成法益侵害结果的故意，也应当否定故意犯的成立。

在责任层面，作者认为刑罚具有制裁的特性，为了保证这种特性，刑罚必须具有使行为人避免实施不法行为的控制效果，因此，预见可能性、辨认能力、控制能力这三个要件必不可少。作者还认为，预见可能性对故意犯而言也是必要的，即故意犯是在满足了过失犯所有构成要件的基础上，由于另外具有故意而被加重刑罚，而故意加重刑罚的根据在于故意征表了行为人蔑视法益的性格，即性格责任。而且，只要个别行为责任的原则没有崩溃，则在故意的本质上采取性格责任论的做法并无不妥。这样，故意犯和过失犯在刑法中的地位发生了翻转，过失犯在刑法中尽管是少数，但其是犯罪的原型，而故意犯＝过失犯+故意。

以上是小林教授《刑法的归责》一书的主要内容。换言之，在小林教授看来，传统的结果无价值论所提倡的违法与责任区分，是对前者进行客观判断，对后者进行主观判断的见解，在适当地修正之后，仍能满足当下社会的安全刑法观、预防刑法观的需求。

小林教授在表达上述观点时，非常注重问题意识和体系性思考。他认为，为了保障法律判断的安定性，思考必须建立在一定体系的基础之上；而层出不穷的案件又表明现有的体系并非尽善尽美，对现有体系进行改造也是为了避免法学理论上的惰性。他经过一系列深入考察后指出，犯罪论体系在经历了故意责任、故意不法（目的主义）、过失不法（客观归属论）后，以过失责任为焦点的时代已经来临，而正是后者塑造了刑事制裁最下限的特征。在这一结论的论证上，本书虽然大量引用了德国文献，但最终的落脚点仍在于妥善解决本土的司法难题，如日本交通犯罪中的信赖原则问题、以日本千叶地方法院的摩托车沙地赛事故案判决为代表的危险接受问题、以日本最高法院脑梅毒案判决为代表的被害人特殊体质问题、以日本熊本水俣病案判决为代表的胎儿性致死伤问题、由日本最高法院相关判例所引申出的被害人参与对归责判断的影响问题等。这些都是日本的结果无价值论的具体应用的体现。

　　本书译者姚培培博士本科毕业于北京外国语大学法学院，精通法律和英语，大四通过了英语专业八级等级考试。后以优异成绩考入清华大学法学院，在我的名下攻读刑法研究生，在此期间，又自学日语，并很快通过日本语一级能力考试，获得国家留学基金的资助，赴世界名校日本京都大学留学，师从日本刑法学会原理事长盐见淳教授，并于 2020 年 3 月毕业回国，就职于中南财经政法大学刑事司法学院。姚培培博士天资聪颖，基础扎实，涉猎广泛，尤通武侠，这些在其有关金庸小说的刑法分析中可以窥豹一斑。此外，他身上还具有一种成为优秀学者所必备的习惯即笔耕不辍。在读书和写作博士学位论文之余，他经常将日中两国的刑法学最新动态介绍给对方。翻译本书，也是他这种习惯的表现之一。我相信，只要他能够一直坚持下去，假以时日，定会在日中刑法学的研究和交流上大有作为。

　　是为序！

黎　宏

2023 年 6 月 28 日于北京清华园

中译本序

　　本书的原作《刑法的归责——目的主义·客观归属论·结果无价值论》（弘文堂 2007 年）是我在研究生涯第十年的 32 岁之时，为论证我自己认为是妥当的刑法体系，即新结果无价值论而刊行的作品。

　　本书由两部分构成，但实际上，第二部收录的有关应用问题的各篇论文在时间上是先写出来的。在就应用问题进行思索的过程中，我发现了基本问题的所在，并尝试对此进行解明，作为其结果而写出了第一部。

　　如果让我用一句话来表达在本书中展开的基本构想，那就是，犯罪论的核心就在于过失犯的责任。就怎样理解犯罪论的核心这一问题，根据"故意与过失""不法与责任"的组合关系，存在 4（＝2×2）种回答，其中的 3 种实际上也在学说史上产生过支配性影响，即故意责任（李斯特–贝林–拉德布鲁赫的刑法体系）、故意不法（目的主义）、过失不法（客观归属论），而我则认为余下的那一个，即过失责任才是正确的选项。

　　在中国，刑法体系的"选择"问题在更高的层面上存在激烈对立，而我在本书中进行的在日本属于最高层面的问题设定，在中国刑法的教义学中可能只占据中等层次的理论定位。因此，本书虽然就中国的"选择"问题未作探讨，但一般认为，体系论的价值往往由以下问题所决定，即"能够在怎样的程度上遵循自发产生各个问题的原理、概念呢？"而本书所讨论的多数问题，都是只有采用了德国——甚至日本——式的三阶层犯罪论体系才会自发产生的。不过，对于今后的确定性判断，当然，应当交由敬爱的中国读者们来妥当作出。

  最后，对于在本书的翻译上不辞辛劳的姚培培，我想表示极大的谢意。他在翻译本书之际，指出了原文很多的问题点，由此，我不仅在原文中发现了刑法理论上的错误，也发现了多处"日语上的"错误。在这个意义上，于我而言，他不仅是翻译者，同时也是我刑法学和日语上的老师。当然，在此需要预先说明的是，这些错误已经通过他的翻译得到了妥当的订正。

  本书若能得到中国读者的垂青，对伟大中国的刑法学发展有些许有益的贡献，余将不胜欢喜。

2018 年 11 月

小林宪太郎

目　录

第 1 部　刑法归责的基础理论

第2部 刑法归责的应用理论

【出处一览】

第 1 部　新写就

第 2 部

I "信赖原则与结果回避可能性——对有关交叉路口碰撞事故的两个最高裁判决的检讨",《立教法学》第 66 号（2004 年），第 1~45 页。

II "被害人的自我保护义务与结果归责——以危险接受与被害人特殊体质为中心",《立教法学》第 66 号（2004 年），第 47~66 页。

III "论所谓胎儿性致死伤",《立教法学》第 67 号（2005 年），第 104~119 页。

IV "被逼迫的被害人",《立教法学》第 67 号（2005 年），第 84~103 页。

V "所谓'法益相关错误'的意义和界限",《立教法学》第 68 号（2005 年），第 27~51 页。

VI "论所谓推定同意",《立教法学》第 69 号（2005 年），第 27~42 页。

VII "被允许的危险",《立教法学》第 69 号（2005 年），第 43~66 页。

第 1 部

刑法归责的基础理论

序章

在近来的一百年间，将有关刑法体系的对立以最为深刻的形式表现出来的是过失犯。所谓新过失论和旧过失论的争论即为此。但是最近以来，为过失犯的成立奠定基础或者阻却过失犯成立的各种各样的要素在大多数情况下被孤立地加以讨论，并没有相互之间或者与一定的理论关联起来。过去的新过失论和旧过失论的争论几乎呈现出一种可以说是宗教战争的形势，人们认为与过失犯有关的所有问题都应当以该对立为轴进行解决，因此结论也是对立的。最近的这种讨论模式可以说是对这种现象的某种反省吧。

确实，如果设想的是一些简单的案件的话，在新过失论和旧过失论中区分有罪和无罪的情况十分稀少。[1]在具有具体的预见可能性的案件中往往也存在对客观注意义务的违反，反过来，在欠缺具体的预见可能性的案件中往往也不存在对客观注意义务的违反。换句话说，就算前方是绿灯，在能够看见一群飙车族在交叉路口行驶的场合，如果飙车族在交叉路口跟前没有减速或者暂停的话，无论如何都应当就交通事故的发生承担过失犯的责任。反过来说，就算是进入了在道路交通法上被课以减速义务的交叉路口，在交叉道路上有暂停的标识，尤其是在也看不到飙车车辆的场合，即使飙车族没有减速，无论如何也不必对交通事故的发生承担责任。在此限度内，新过失论和旧过失论的对立已经没有意义。

但是如果我们去看看稍微复杂的案件的话，不依据一定的理论来讨论过失犯的成立与否就变得不可能。而且在判例上实际成为问题的往往正是这种"复杂的案件"。

比如说最近，最高裁判所作出了如下的判决〔最高裁判所第二小法庭平成15 年（2003 年）1 月 24 日判决（《判例时报》1806 号 157 页）〕。在该判决中，最高裁判所撤销了认定成立业务上过失致死伤罪（《日本刑法》第 211 条，现在为

—2—

---

〔1〕 西田典之教授准确地指出了这一点，参见西田典之：《刑法総論》，弘文堂 2006 年，242 页。

该条第 1 款前段*）的原审判决和第一审判决，改判被告人无罪。该案案情如下：

被告人于平成 11 年（1999 年）8 月 28 日凌晨 0 时 30 分左右，驾驶普通乘用机动车从事出租车业务，准备直行进入没有实施交通整顿的交叉路口。由于该交叉路口左右方视野不好，因此到其跟前必须减速慢行，在确认左右道路的交通安全之后才能行进。然而被告人却疏于实施这些行为，漫不经心地以 30 公里至 40 公里的时速进入该交叉路口，导致其车辆的左后侧面与 A 驾驶的正巧从左侧道路行进的普通乘用机动车的前部相撞。结果，被告人的车辆撞上了该交叉路口右前方的混凝土围墙，乘坐于后排坐席的 B 被甩出车外，于同日凌晨 1 时 24 分在医院里，死于前述甩出车外所造成的两侧血气胸和脑部挫伤。另外，乘坐于副驾驶席的 C 也遭受头盖骨骨折和脑部挫伤，需要治疗 60 天。

另外，本案事故现场为被告人车辆行驶的约 8.7 米宽的车道与 A 驾驶车辆行驶的约 7.3 米宽的车道相交的交叉路口。虽然各道路前方都设置了信号灯，但在事故发生时，被告人车辆前方的信号灯显示的是黄灯，表明在注意其他交通状况的情况下能够前行，而 A 车前面的信号灯则是红灯，表明必须暂停行驶。而且两条道路中也没有道路标识等指定哪一条是优先道路，各道路的指定最高时速为 30 公里，从被告人行车方向看去交叉路口左右的视野十分不好。

---

* 《日本刑法》［明治 40 年（1907 年）法律第 45 号］第 211 条经历了五次修正，其中 1995 年的修正（平成 7 年法律第 91 号）是对刑法典用语进行平易化的修正，除了在删除有关针对尊亲属行为重罚的规定（《日本刑法》第 200 条、第 205 条第 2 款、第 218 条第 2 款、第 220 条第 2 款）和有关聋哑人责任能力的规定（《日本刑法》第 40 条）方面有实质意义外，在其他方面并没有实质性的内容变更；2001 年的修正（平成 13 年法律第 138 号）在第 211 条的基础上增加了第 2 款，内容为："驾驶机动车犯前款前段之罪的，在伤害轻微时，可以根据情节免除刑罚。"2006 年的修正（平成 18 年法律第 36 号）将第 211 条第 1 款罚金刑的上限提高到 100 万日元；2007 年的修正（平成 19 年法律第 54 号）将第 211 条第 2 款修改为："懈怠驾驶机动车的必要注意而致人死伤的，处七年以下有期徒刑或监禁，或者一百万日元以下罚金。但是，在伤害轻微时，可以根据情节免除刑罚。"2013 年随着特别刑法《有关因驾驶机动车致人死伤行为等的处罚的法律》（自動車の運転により人を死傷させる行為等の処罰に関する法律）（平成 25 年法律第 86 号）的制定，《日本刑法》第 211 条第 2 款的内容被从刑法典中移除，成为《有关因驾驶机动车致人死伤行为等的处罚的法律》的第 5 条。因此，现行《日本刑法》第 211 条只有 1 款条文，其内容为："懈怠业务上必要的注意，因而致人死伤的，处五年以下有期徒刑、监禁或者一百万日元以下罚金；因重大过失致人死亡的，亦同。"本案裁判时适用的是 2001 年修正之前的《日本刑法》第 211 条，而作者写作本书时《日本刑法》第 211 条已经被修正为包含 2 款条文，但现在《日本刑法》第 211 条又只有 1 款条文了，此中经过，恳请读者注意。——译者注

另外，法院还认定 A 为酒后驾驶，以约 70 公里的时速行驶，远远超过 30 公里的指定最高时速，并且其为了捡拾掉在脚边的手机而没有注意前方行驶状况，在前方信号灯为红色的情况下，仍然这样驶入交叉路口。

本案裁判要旨如下：

-3-

"除开有关过失存在与否的评价的点外，本案中客观的事实关系如上述认定那样。……在这样的状况下，在驶入左右视野不好的交叉路口之时，被告人没有实施任何的减速行为，并且继续以 30 公里至 40 公里的时速驶入的行为，不得不说违反了《日本道路交通法》第 42 条第 1 项所规定的减速义务，并且，从业务上过失致死伤罪的观点看来也可以看作是危险行驶，特别是作为出租车司机处于确保乘客安全之立场的被告人以上述方式行驶这一点上，不得不说其自身就应当受到谴责。

但是另一方面，本案是以 A 车的前部撞上被告人车辆的左侧后部的形式发生的碰撞事故。就本案事故的发生而言，有必要留意到 A 车异常的行驶状况。……考虑到 A 车这样的行驶状况，对被告人而言，其是否可能避免本案事故，有必要进行慎重的讨论。……即便被告人减速至每小时 10 公里或者 15 公里驶入交叉路口，考虑到采取紧急制动之前的时间，不得不说要断定被告人车辆能够在事故地点跟前停止从而避免碰撞是困难的。于是，在没有其他特别的证据的情况下，本案中就如果被告人车辆在交叉路口跟前减速至每小时 10 公里或者 15 公里并且确认了交叉道路的安全的话，就能够避免与 A 车碰撞这一事实，存在合理怀疑的余地。"

单纯地阅读这个判决，可以看出这个判决是说由于即便被告人遵守了道路交通法规定的减速义务结果也还会发生，因此不存在过失。但是就这样的判断是否合适而言，不依据一定的理论的话，无法作出判断。

当然，也可能存在一种实用主义（pragmatic）的立场，认为既然判例上已经确立了"没有结果回避可能性就没有过失（或者因果关系）"的命题，所以只要直接套用这个命题就可以了。但是在该命题的适用对象偏离了哪怕一丁点的案件出现的时候，这种立场就立刻丧失了作出有罪、无罪结论的指针作用。

首先要考虑的是，在平成 15 年（2003 年）判决的案件中，如果被告人车辆的制动性能更好一点，具有结果回避可能性的话又会怎么样。事实上，

-4-

对于这样的案件，最高裁判所也作出过判决〔最高裁判所第三小法庭昭和 48 年（1973 年）5 月 22 日判决（《最高裁判所刑事判例集》27 卷 5 号 1077 页）〕，在该判决中，最高裁判所通过适用信赖原则否定了注意义务的违反。但是在实务中有人这样评价道：虽然昭和 48 年（1973 年）判决中的被告人的车辆确有行驶，但与平成 15 年（2003 年）判决有所不同，前者是在国道上行驶，这一点得到了重视。如果是这样的话，就不能直接说"虽然具有结果回避可能性，但根据信赖原则而无罪"。就算这样的评价没有切中要害，由于最高裁判所也完全有可能没有作出昭和 48 年（1973 年）判决，因此也并不能窃喜道"有了先例真是太好了"。

接下来要考虑的是，在平成 15 年（2003 年）判决的案件中，如果被告人以 150 公里的时速飞驰的话，又会怎么样。如果如金科玉律般遵守前述命题，即"没有结果回避可能性就没有过失（或者因果关系）"，并且将对其机械性的适用彻底化的话，同样也会得出被告人无罪的结论。但是这样合适吗？尽管如果被告人车辆的制动性能更好一点，就能从该命题的适用对象中偏离出来而进入昭和 48 年（1973 年）判决的规制范围之内，而如果是这样的话，信赖原则就无论如何不能得到适用。而且，如果有罪结论是合适的话，下一次又会产生别的问题。建造了抗震性能极差的建筑物，结果在大地震发生之时建筑物倒塌导致周边居民死伤，但是即便遵守了建筑基准法所规定的抗震基准，从地震规模来看也无法否定同样事态发生的可能性。在这种场合，能够对行为人就死伤追究过失犯的责任吗？

进一步说，在平成 15 年（2003 年）判决的案件中，如果被告人由于要见即将离世的父母最后一面而赶时间，他想道"如果不巧的话，可能会撞到从交叉路口飞驰出来的车辆，但也只能祈祷这样的事情不要发生"，此时又怎么样呢？人们可能会说，由于这是故意犯，因此没有讨论结果回避可能性、信赖原则的余地了。但是这样真的合适吗？对于过失犯而言是必要的但对于故意犯而言是不必要的成立要件，到底是根据怎样的观点来确定的呢？

除此之外，还有各种各样的疑问层出不穷。[1] 归根结底，重要的是"在

---

[1] 另外一个重要的疑问有关预见可能性。即学说中有见解认为平成 15 年（2003 年）判决否定了预见可能性，那么问题就是这跟否定结果回避可能性的做法有什么关系，或者说要求预见可能性的做法原本具有怎样的含义。参见大塚裕史："過失犯における結果回避可能性と予見可能性——黄色点滅信号事件最高裁判決を手がかりに"，《神戸法学雑誌》54 卷 4 号（2005），1 頁以下。

稍微复杂一点的案件中，如果不诉诸一定的理论，个别性地讨论过失犯的成立与否就不可能"。而且规制复杂案件的一定理论，必须也能够规制简单的案件。某个案件到底是复杂的还是简单的，实际上并不是在一定的理论之外事先（a priori）就决定好了的，只不过是把在一定的理论与对立的理论之间结论存在不同的余地的案件称作复杂，而将并非如此的案件称作简单，仅此而已。[1]换言之，特定的理论之所以看起来好像并不规制简单的案件，只不过因为其与对立理论得出了同一个结论而已，而且这也是源于简单的案件这一语言上的定义如此而已。

如此看来，时至今日，我们根本不过是一边设想结论不会特别改变的案件，一边在"仅限于此（ad hoc）"的意义上讨论过失犯的成立要件，并因仅仅对此进行精致化而满足不已。我们现在必须要做的并不是这个，而是再一次从正面投入到以新过失论和旧过失论为首的过失的一般理论中去。毕竟如果认真地进行这项工作的话，就必须进一步深入到处于背景的刑法体系的对立中去。比如说，如果不提出"为什么过失犯的刑罚比故意犯要轻"——严格来说这已经超出了过失犯的理论——这有关刑法体系本身的发问，过失的一般理论云云就非常空洞。换言之，认真思考过失犯的过程就是重新构建刑法体系本身。因此，本文以过失犯理论为入口，尝试对既处于其背景之中 -6- 又制约着过失犯理论的刑法体系本身进行重新定位。[2]

本文由过失犯的构成要件（第1章）、过失犯的违法性（第2章）和过失犯的责任（第3章）三章内容构成。在各个部分中探讨过失犯的一般理论在犯罪论各阶层中有着怎样的构想，以及在其中又存在怎样的问题，以此为契机，最终也会讨论到刑法体系本身的应然之态。在其中会有一些与之前的刑法体系的构想大相径庭的部分，因此可能也会招致一些反对声音。但是我认为就其妥当与否进行认真思考这一工作本身就已经再一次对理论刑法学的发展作出较大的贡献了。 -7-

---

[1] 完全相反的用法也可能存在。即在一定的理论与对立理论之间，也有可能将结论不同的典型例子称为简单案件。在讨论折中相当因果关系说和客观相当因果关系说的对立之际，认为所谓的血友病事件是简单案件就是这种用法。

[2] 由于我的刑法体系，从血缘上来看受到山口厚的颇多影响，为了摆脱先入之见，对于其著作，特别是《問題探究 刑法総論》（有斐閣1998年）和《刑法総論〔補訂版〕》（有斐閣2005年），本部分有意地一次都不引用。

第1章　过失犯的构成要件

第1节　总说

有一种思考方法被称作"Finalismus"。这个词在日本一般被翻译为"目的主义"或者"目的行为论"（后者多被用作"Finale Handlungslehre"的翻译）。这种思考方法最初由韦尔策尔（Hans Welzel）所提出，[1]使之前的刑法体系的范式（paradigm）彻底改头换面。根据之前的刑法体系，故意犯与过失犯在不法层面完全共通，基础都在于对法益侵害、危殆化的因果性引起。两者的差别仅仅存在于责任层面。对此，目的主义提出了异议，即故意犯与过失犯在不法层面就完全不同，因此限定过失不法的要素也有可能并不限定故意不法。由此诞生的就是新过失论。

现在日本最有力的目的主义者（一般这样称呼支持目的主义的人）对此作了如下精准的表达："新过失论要求存在作为过失犯所特有的客观构成要件要素的欠缺客观注意的外部行为，因此能够承认这种情况存在，即'就某客观行为而言，虽然只要有故意就成为故意犯的实行行为，但在没有故意的时候（即使有结果预见可能性），也不构成过失犯的实行行为'。在这个意义上，所谓新过失论，就是并不将故意犯和过失犯进行完全平行思考的见解。是否采取新过失论的分水岭，就在于是否承认'即便是只要有了故意就成为故意犯的实行行为的行为，也有可能不构成过失犯的实行行为'这一点上。"[2]

────────────

〔1〕 不过首倡这种思考方法的还有赫尔穆特·冯·韦伯（Hellmuth von Werber）和赫尔穆特·迈尔（Hellmuth Mayer）。

〔2〕 井田良：《刑法総論の理論構造》，成文堂2005年，112頁。论者在其他地方也论述道："使暴露于……社会生活上一般被允许的危险……的行为，在具有'故意'的时候也无法肯定杀人罪、伤害罪的实行行为性。"参见井田良：《刑法総論の理論構造》，成文堂2005年，47頁。以希尔施（Hans-Joachim Hirsch）为首的有力的目的主义者接受了客观归属论的批判，在故意犯中，也

就像在后面所看到的那样，目的主义的体系转换影响到了各种各样的场合，但其中最重要的在于以上这一点。

但是，我并不认为这种思考方法是恰当的。不，更进一步说的话，至少可以说目的主义所犯的最大错误可能恰恰就是分裂了故意犯与过失犯的构成要件。与此相比，目的主义所带来的另一个被认为成为问题的行为无价值[1] 论之类的就是小问题了，因为正如第 2 章第 1 节 2 (2) 所述，行为无价值论就算得不到支持，也不能说是错误，仅仅是不妥当而已。现在与韦尔策尔并列，被认为塑造了新过失论，更准确地说是过失客观化的恩吉施（Karl Engisch）强烈主张故意犯与过失犯的不法内容没有差别，因此故意与过失仅仅是责任形式（Schuldformen），并对目的主义发起了激烈的攻击。[2]

对于轻信"大概没事吧"的人来说是被允许的，但对于担心"啊呀，危险"的人来说却是被禁止的行为举动。说起来目的主义究竟是出于什么目的特地要创

-9-

（接上页）已经承认有可能就具体发生的结果，（因欠缺危险性、行为支配而）欠缺比如说杀人行为的客观侧面，即客观构成要件，前述说法是学习了这一观点（因此，这是因为欠缺故意就是说从客观上来看，意思指向的是对不法而言不重要的事项）。Z. B. Hans-Joachim Hirsch, Zur Lehre von der objektiven Zurechnung, in：Festschrift für Theodor Lenckner, 1998, S. 119ff. 而且，希尔施还认为因为故意犯的不法与实行的着手同时开始——这也是根据客观的观察——其在时间上就有可能比过失犯的不法还要迟。ders., Zum Unrecht des fahrlässigen Delikts, in：Festschrift für Ernst-Joachim Lampe, 2003, S. 518f. 确实，根据目的主义的方法论，这些客观要件被认为是行为概念前法律的要求。但是因为只要遵守了社会生活上的规则（没有过失不法），风险在社会生活上就应该一般性地被允许（没有故意不法），在论者的体系里，这个表述经常出现，几乎可以说达到异常的程度。本文决定忽视这个表述。因为如果不忽视的话，对于后面马上要看的客观归属论，目的主义就会丧失其同一性。Vgl. Günther Jakobs, Bemerkungen zur objektiven Zurechnung, in：Festschrift für Hans-Joachim Hirsch, 1999, S. 45ff. 刚好韦尔策尔在其初期通过社会相当性，不仅对过失犯，对故意犯也限定了其构成要件，而这种做法引起了目的主义者的批判和客观归属论者的追捧，这也如实说明了上述道理。Hans Welzel, Der allgemeine Teil des deutschen Strafrechts in seinen Grundzügen, 1940, S. 33; Hirsch, Soziale Adäquanz und Unrechtslehre, ZStW74 (1962), S. 78ff.；Armin Kaufmann, „Objektive Zurechnung" beim Vorsatzdelikt?, in：Festschrift für Hans-Heinrich Jescheck, 1985, S. 268ff. 克劳斯・罗克辛（Claus Roxin）："客観的帰属論"，《ノモス》6 号（1995），231 頁。

[1]　需要注意的是，这里所说的行为无价值并非主观的不法要素，即并非纯粹的"志向无价值"，而是包括外部的行为样态。Vgl. Günther Stratenwerth, Strafrecht：Allgemeiner Teil I：Die Straftat, 4. Aufl., 2000, § 8, Rn. 60. 换言之，并不是想要引起结果这种意图本身，而是行为样态的外形偏离一定的准则。若非如此的话，就只能说明故意作为犯——特别是对于除去了附随性结果的真正目的的故意作为犯——的行为无价值，而且也有偏离行为主义的危险。Vgl. Hirsch, Handlungs-. Sachverhalte- und Erfolgsunwert, in：Gedächtnisschrift für Fieter Meurer, 2002, S. 3ff. 不过，早期的目的主义者就是将行为无价值理解为志向无价值，对此参见后文。

[2]　Karl Engisch, Der finale Handlungsbegriff, in：Festschrift für Eduard Kohlrausch, 1944, S. 141ff. 除此之外，他还指出了不作为犯的问题等，主张社会行为论（更准确地说，是客观的目的行为论）。

造出这样的范畴呢？由此范畴推导出的结论是如此地严酷，令人无法想象。在这种见解之下，胆小的人就无法生存了。比如说一方面遵守着交通规则另一方面战战兢兢地想着可能会有突然跳出来而驾车驶入交叉路口的司机，和一方面祈祷着不要被流浪汉拿去吃掉另一方面战战兢兢地把腐坏了的便当扔到垃圾箱里的住在公寓里的人[1]等。一旦法院采用了这种目的主义的想法，他们/她们就会面临这样的状况：在担心着不好结果的情况下，就再也不能驾驶汽车，甚至进一步说再也不能往垃圾箱里扔腐坏了的便当了。这种做法就是一边优待着什么都不想只管讴歌自由的人，一边封杀了这种胆小的人所有的社会活动。[2]

当然，论者在说"具有故意"的时候，设想的恐怕并不是"胆小的人"，而是怀有恶意的"坏人"吧。但是，在具有故意这一点上，抱着"对不起，死也是没办法的事情"念头的人与怀有"活该，去死吧"想法的人之间，应该没有任何差别。而且就算这一点姑且不论，本来可以做的事情对于坏人来说也应该是可以做的。下面这件事也象征性地体现了前述道理，即一般认为就算是像格斗比赛等这样以给对手造成伤害为目的的运动，也跟只要认真遵守规则就只不过偶尔会给对手造成伤害的橄榄球等运动一样被允许。此外，某位目的主义者将自己的学说贯彻到底，比如认为一边意图伤害其他选手一边遵守着规则比赛的运动员成立故意伤害罪，[3]*可是这样的结论已经与我

---

[1] 论者举的事例为："流浪汉 A 一直徘徊在 X 家的附近，多次通过捡拾 X 家大门旁边的垃圾桶度日。某天，X 向该垃圾桶里扔了吃了容易食物中毒的腐坏了的食物，而 A 因吃了该食物而死亡。"井田良：《刑法総論の理論構造》，成文堂 2005 年，112 頁。对此，植松正引用了该事例，并且认为："如果 X 想要使 A 食物中毒而故意这么做的话，他的行为就有可能具有伤害或者杀人的实行行为性。与此相对，如果没有故意的话，即使具有结果的预见可能性，在此由于欠缺客观注意义务的外部行为要件被否定，因此可以认为不是过失犯的实行行为。之所以要否定客观的注意义务违反，是因为如果不这样的话，'垃圾桶就不能扔腐坏的东西了，这样垃圾桶就丧失了其作用。法规范不应该提出这种要求。垃圾桶正是为了扔这种东西而存在的'。"平野龍一编：《自習刑法 35 問》，有斐閣 1965 年，76 頁。但是，如果这样的话，对故意犯也不应该处罚。因为否则的话对于胆小的人来说，垃圾桶还是会丧失其作用。

[2] 而且这种担忧并不仅仅是纯粹的想象。最近参考了实际判例，与详细的理论根据一起提示了这个道理的有：Ingeborg Puppe, Strafrecht: Allgemeiner Teil im Spiegel der Rechtsprechung, Band 1, 2002, S. 265ff.

[3] Jürg Rehberg, Zur Lehre vom „Erlaubten Risiko", 1962, S. 99, 233f. 不过，雷贝格（Jürg Rehberg）是少数追随毛拉赫（Reinhart Maurach）的学者之一，并将过失犯中的被允许的危险定位于不法，而是定位于后述的犯行答责性的层面。

* 《日本刑法》中没有"故意伤害罪"的罪名，该法第 204 条的罪名是"伤害"，原作者在此处有意强调其故意性，所以使用了"故意的傷害罪"这样的日语表述，对这一点恳请读者注意。——译者注

们的当罚性感觉相去甚远了。

　　这样看来，应当认为没有故意就不构成不法的行为，即便具有故意也同样不构成不法，即故意犯与过失犯的构成要件完全一致。在序章中平成 15 年（2003 年）判决的案件中，虽然考虑了被告人存在未必的故意的场合，如果认为结果回避可能性和信赖原则在过失犯的构成要件该当性判断中有意义——对此会在后面进行论证——这一点对故意犯而言也必须同样适用。即在这种场合中也不存在故意犯的构成要件该当性。当然在故意犯的场合还必须考虑是否成立未遂犯，这另当别论。　　　　　　　　　　　　　　　　　　　　　-11-

　　据说目前在德国目的主义也正在衰退。这并非行为无价值论受到排斥的缘故，而是人们认为各种限定过失犯构成要件的要素也应当限定故意犯的构成要件。这种思考方法被称为客观归属论。[1] 这种思考方法过去用的是客观注意义务违反的用语，现在放弃了这一用语而改用危险创出，在其主张中已经完全不存在行为规范或者与之类似的表达了。为此从行为的存在论构造出发展开行为规范论的目的主义对此批判道，这是过度的规范主义，即在构成要件阶段就包含了"被允许/不被允许"这样的评价。[2] 但是，所谓危险创出，实际上就是目的主义所说的不遵守社会生活上的规则（客观注意义务），因此实质上并没有什么改变。而且在日本，很多人将这种思考方法定义为

---

[1]　虽然在这里写得理所当然，但实际上首倡这种思考方法的罗克辛（Claus Roxin）自己真正将其含义教导给我们的场合，是在写给最具有目的主义者气质的目的主义者阿明·考夫曼（Armin Kaufmann）的追悼纪念论文集里的论文中。Claus Roxin, Finalität und objektive Zurechnung, in: Gedächtnisschrift für Armin Kaufmann, 1989, S. 237ff. 无论是"目的主义和客观归属"这个标题，还是发表的场合，抑或其内容，实际上都具有讽刺意味。

[2]　最近的包括性批判有：vgl. Hirsch, Grundlagen, Entwicklungen und Missdeutungen des „Finalismus ", in: Festschrift für Nikolaos K. Androulakis, 2003, S. 225ff. ［不过这里主要的论敌不仅是罗克辛，还包括雅各布斯（Günther Jakobs）］反过来，对于目的主义，方法二元论批判道，这是从存在论上推导出法律的当为，基础在于自然法的思考。这是支持新康德主义的梅茨格尔（Edmund Mezger）以来的传统批判。Vgl. z. B. Edmund Mezger, Moderne Wege der Strafrechtsgodmatik, 1950. 当然，目的主义一方也反驳道，法律就是以所给出的现实的构造为前提而对此进行规制的，这跟自然法学完全没有关系（当然也不是说就赞同法律实证主义）。其典型例子就是井田良认为"这只不过是主张了再当然不过的事情，不应该将其与法哲学上的一定的立场（特别是自然法论）结合起来把握"。井田良：《刑法总论的理论构造》，成文堂 2005 年，28 页注 16。而且还反过来对新康德主义批判道，康德（Immanuel Kant）认为对事物规定了法则的理性不是人类的理性，而不过是作为范畴之综合性统一的纯粹理性。Welzel, Abhandlungen zum Strafrecht und zur Rechtsphilosophie, 1975, S. 274ff（以下简称为"Abhandlungen"）。

-12- 对保护目的理论、危险增加理论的集中命名。怎样进行定义是个人的自由，但是仅仅是集中命名的话就没什么意义，[1]因此本文基本上不采用这样的定义。

　　而到了日本，甚至主张"只考虑客观归属论是不充分的。应该连行为无价值论也一并抛弃"的人也已经不在少数。平野龙一及以其弟子一脉为中心的结果无价值论者即属于此。甚至在其中有论者认为过失犯的构成要件比故意犯的还要狭窄。虽然也有客观归属论者表达了同样的意见，[2]因此这可能并不是什么惊世骇俗之言，但这忽略了为何目的主义行不通，其最本质性的地方。

　　当然根据行为所追求的目的的不同，行为的价值大小也不同，结果对此进行容许或禁止的结论也不同的情况也有可能发生。一般认为直接安乐死（为了使病人免除痛苦而采取意图性的积极的引起死亡的措施）与间接安乐死（为了去除或者缓和痛苦而采取了措施，但这种治疗措施同时存在提早死期的可能性）之间的容许性要件存在不同，前者更为严格也象征性地体现了这一点。换言之，由于并不认可濒临死亡的患者有自杀——更准确地说是借行为人之手自杀——的权利，因此与以消除痛苦为目的不同，以使其死亡为目的的行为价值不能积极地算入。[3]实际上前述部分客观归属论者所援用的正是

-13- 这一点。但是行为人通过行为追求怎样的目的，在逻辑上与行为人是否具有故意没有关系。论者忽略了这一点。

────────────

[1] 在日本，很多人争论道"客观归属论不过是在危险创出、实现的标题下汇集了各种各样的归责原理"，"不，是统合在危险创出、实现的标题下"等，但这些论者各自的最终意图则未必明确。

[2] 其中最为知名的是许内曼（Bernd Schünemann）。在 1997 年的日本刑法学会上，我们得以直接听到他的主张。Bernd Schünemann, Über die objektive Zurechnung, S. 20.（此为其惠赠的演讲原文。）近年来也影响到其弟子一脉。Z. B. Mariana Sacher, Sonderwissen und Sonderfähigkeiten in der Lehre vom Straftatbestand, 2006（以下简称为"Sonderwissen"）。不过实际上连罗克辛当初也说过相同的话。Roxin, Gedanken zur Problematik der Zurechnung im Strafrecht, in：Festschrift für Richard Honig, 1970, S. 144.

[3] 详情参见小林宪太郎："判批"，《刑事法ジャーナル》2 号（2006 年），84 頁以下。

第 2 节　各说

1. 信赖原则

（1）答责领域理论。

在故意犯与过失犯之间共通的对构成要件进行限定的要素中包含有各种各样的内容。不过，在此处为了避免过度复杂，仅就一直以来在学说和实务上经常被讨论的部分来进行探讨。

首先重要的是信赖原则。学说中有观点认为这一原则不过是仅仅表达了应该对预见可能性进行慎重认定这一道理而已（无效果说）。[1]但是在必须慎重进行认定这一点上，其他可罚性要件也是相同的。实际上，应当这样理解，即信赖原则表达了这样一种观点：只要没有特殊情况，人们可以将他人不违法作为前提，换言之，就算他人违法了，就由此产生的损害而言，也只有这个违法的他人应当承担责任。即就他人违法行为造成的损害而言，原则上应当否定构成要件该当性。如果认为信赖原则就是这样的话，那么其对故意犯也应当同样适用。因此，很多教科书在过失犯的章节中说明这一原则，至少从理论观点看来犯了错误。

这种意义上的信赖原则在讲学上被称为"答责领域理论"。即每个人都各自有只有自己应该负责的固有领域（答责领域）。而且在个人主义（个人责任原则）被认为是妥当的现代社会中，由个人所犯的违法行为产生的损害原则上属于其本人的答责领域，而并不越到他人的答责领域之中去。

或许由于名字并不是日语式的，此理论在日本并未得到渗透。但是，其内容非常符合我们的日常感觉。"这事儿那个人在做，所以就交给他吧。虽然他可能会偷懒，但这跟我们没有关系。我们就以他会在截止日期之前好好完成为前提来订立我们工作的计划吧。"这种想法的理论化正是答责领域理论。而且就算我们将场景从工作换到道路交通上，突然认为这种想法不妥当的做法也不具有逻辑上的一贯性。不过，构成答责领域理论适用上最大的例外就

−14−

---

[1] 最近出版了收录很多关于信赖原则的优秀作品（前田雅英："予見可能性と信頼の原則"；塩谷毅："信頼の原則に関する序論的考察"；深町晋也："信頼の原則について"等）的论文集[《神山敏雄先生古稀祝賀論文集（第 1 卷）過失犯論·不作為犯論·共犯論》，成文堂 2006年]，其体系性定位暂且不说，这些论文在并不赋予其特别的法律效果这一点上是一致的。

是行为人具有保障人地位的场合，对此只要想起这个例子我们也马上就能理解了。在这种场合，此理论被称为"答责领域被扩张"。即在自己是直属上司的场合，前述主张就不能成立，必须要好好监督部下在工作上有没有偷懒。

在昭和48年（1973年）判决中，最高裁判所实际上适用了信赖原则。虽然学说、实务上对此存在批判的声音，但可以说在理论上这是妥当的判断。不过需要注意的是，不应当将适用信赖原则的根据理解为对交叉道路行驶的车辆的预见不可能性。因为如果预见是不可能的话，直接根据这一理由本身来否定可罚性就足够了（前例中所说的认真的人如果无法预见别人会对工作偷懒的话，就算意图失败计划落空了，也不得仅以此为理由追究其责任）。还是应该重视在交叉道路上行驶的车辆负有必须暂停这种法律上的义务本身。而且若非如此的话，在被告人偶然知道了该交叉路口违反交通规则的情况很多（具有预见可能性）或者由于是新手司机在所有的交叉路口上都战战兢兢地担心是不是违反了交通规则（连预见都具备了）的场合，就无法适用信赖原则，这将极大有损于日本现行道路交通法的妥当性以及日本法治国家的性质。

（2）信赖的界限。

-15-

信赖原则在具体事例上怎样适用才好这个问题实际上并不是什么难题。例如昭和48年（1973年）判决就可以说提供了一个模范。倒不如说关键的问题是，究竟在怎样的场合这个原则会迎来其适用上的界限。不过仅在抽象层面上讨论这个问题是困难的。举例来具体说的话，比如说在交叉道路上行驶的车辆是正在下坡的无人车，或者虽不是无人车但被告人曾一度减速通过的时候，就不应该适用信赖原则。

第一个例子很明显，由于应当信赖的他人原本就不存在，答责领域理论将此表达为"答责主体的欠缺"。当然，就算车里有人，在进行驾驶的是无责任能力者或者小孩子的场合，也能得出相同的结论。

与此相对第二个例子就可能有点难以理解了。我认为，在行为人通过这样的行为提高了其他人违法的危险性的场合，对于由此产生的危险，行为人处于必须将其消除的保障人地位。这与在（1）中所举例子中上司的情况一样。近年来，有很多论者将危险创出作为保障人地位的发生根据，[1]可以认

---

〔1〕 比如说岛田聪一郎："不作为犯"，《法学教室》263号（2002），113頁以下。

为在想法上与我的观点具有共通之处。[1]

不过，即便如上所述无法适用信赖原则，在此之外也必须慎重检讨预见可能性等过失犯的其他成立要件。反过来说的话，直到这一步预见可能性才开始登场。比如说在第一个例子的场合，如果从一开始行为人就不可能认识到车辆正在下坡或者这是无人车的话，预见可能性就被否定。而且正是有了在这之前的"如果有人的话，就不存在应当预见的犯罪事实"这样的信赖原则才能对后者否定预见可能性。

–16–

（3）具体适用。

前面的讨论表明，信赖原则作为归责的元原理*，从一开始就划定了行为人能够承担责任的损害的范围。因此对其的讨论不仅要先于预见可能性，也要先于结果回避可能性。从这一点出发，在平成 15 年（2003 年）判决的案件中也直接适用此原则就好了。当然，由于信赖原则在很大程度上是规范性判断，如果能够认定欠缺结果回避可能性的话，由此得出无罪结论的实务上的考虑[2]也值得充分尊重。但是正如在第 2 章第 2 节中所述，本判决所采用的判断结果回避可能性的方法存在疑问。也就是说，我认为在本判决的案件中若能适用信赖原则的话则更妥当。正所谓"欲速则不达"。

另外，到此为止我都是以道路交通为中心来说明信赖原则的具体适用及其界限的。但是在学说上，作为该原则的适用对象，还讨论其他一些事例。最后在其中，我想就最重要的两个事例进行讨论。

第一个事例就是交通事故的被害人死于医疗事故的案件。当然，在起初的事故升高了医疗事故的危险性的场合，比如说像被害人头部受到重伤，必须细心注意地进行手术的场合，就不适用信赖原则，起初事故的加害人对死亡结果也要承担责任，准确地说具备了构成要件该当性（当然也还要慎重讨论因果关系等其他的归责要件）。但是在其他场合，比如像在将被害人运往医

---

[1]　另外，在排除适用信赖原则的法理中，还存在一种称为具体性征兆（违反法律的具体性征兆）的东西。用（1）中所举的例子来说，虽然到了截止日期的前一天，但工作还是一动没动堆积在那里，并且本人还在玩电子游戏。在看到这些的时候，就不能信赖在截止日期之前能完成工作。
　　*　日语为"メタの帰责原理"。——译者注
[2]　参见《判例时报》1806 号，158 页（匿名コメント）；永井敏雄："黄色点减信号时的交差点事故について"，《小林充先生・佐藤文哉先生古稀祝贺刑事裁判论集（上卷）》，判例タイムズ社 2006 年，379 页。

院的时候，为了治疗偶然通过血液检查发现的肝炎而对其用药，然而存在误诊的场合，就应当适用信赖原则，当初事故的加害人对死亡不负责任，准确地说就是不具有构成要件该当性。

-17-　　涉及信赖原则的第二个事例就是通过日常行为而参与他人犯罪的场合。比如说五金店老板向客人出售菜刀，结果被用来杀人的案件。有力学说为了认定老板不成立杀人罪的帮助，提出不存在故意这样的解决方案。[1]但是，仅仅根据这个理由无法否定过失犯的罪责。当然，通过在过失犯中也采用限缩的正犯概念，也有可能将其评价为不可罚的过失帮助*，不过我认为应当在此之前通过适用信赖原则来否定老板的罪责。即，就算对过失犯采取统一正犯体系，或者肯定过失帮助的可罚性，仍应该认为老板是不可罚的。

　　2. 结果回避可能性

　　(1) 结果回避可能性为何是必要的？

　　如果不实施行为就能回避结果，这一要件原本就是故意犯与过失犯所共通的构成要件要素。

　　原则上，即只要没有特别的违法性阻却事由，刑法禁止实施法益侵害行为。但是在即便放弃行为结果也还是会发生的场合，与其判断为"作为刑法，不得不忍受这样的事态"，不如说该行为并没有引起坏的事态。我将这种情况表达为不存在各构成要件所着眼的属性（法益状态）的不良变更。[2]即在这样的场合下，行为造成法益更坏的状态这一意义上的结果无价值的否定性评价无从发生。反过来说，结果回避可能性是结果无价值的构成要素。而在结果无价值不存在的时候，原本也就不存在构成要件该当性。这刚好与违法性阻却事由以结果无价值的发生为前提，通过实现高于结果无价值的结果价值

-18-　　来允许行为的做法形成对比 [近年来，罗克辛门下的耶格尔（Christian Jäger）以答责性与比例性原理在总论中也表达了相同的意思]。就算不说到这一步，结果无价值——只要不采取一元的行为无价值论——对于故意不法和过失不法都同等重要。

　　这并不是什么特别奇怪的解释。不仅如此，无视这一点来建立刑法理论

────────────

〔1〕 西田典之：《刑法総論》，弘文堂 2006 年，322 页。

　　* 日语为"過失による幇助"，即通过过失行为实施的帮助行为。——译者注

〔2〕 参见小林憲太郎：《因果関係と客観的帰属》，弘文堂 2003 年，23 页以下。

之类的工作完全是不可能的。如果对这一点感到奇怪的话，那也仅仅是因为这一想法已经在我们的大脑中根深蒂固，以致我们连将其理论化都觉得厌烦了而已。这就跟苹果从树上掉下来是太理所当然了，一旦公式化了我们反而不能立刻领会的道理是一样的。我们应该想起近代刑法学之父费尔巴哈（Paul Johann Anselm Ritter von Feuerbach）早就在死刑执行官案中说到在这里仅存在违反有关死刑执行的职务规定的违法性了。[1]

　　试想比如说在通过敲打砸向被害人头部的石头来改变石头运行轨道，从而命中被害人肩部的场合（在教学上将此称为"危险减少"）。一般认为，这里比起头部可能发生的伤害，只要肩部受伤更轻，就没有"伤害"这样的结果——由于伤害行为是伤害结果所归属的行为，因此同样可以说没有行为。这一道理正是从前述逻辑中推导出来的。不仅如此，在下面这些情况中都同样欠缺结果无价值：将别人的由于疾病而即将死亡的家畜杀死（横竖都会死），将居民由于龙卷风袭来而放置于庭院避险的三轮车盗走（横竖都会被吹走），将朋友由于玩腻了以后不会再玩的游戏软件擅自处分了的推定同意的一个类型的场合（反正知道了的话也会同意），[2]造成先天性残疾的胎儿性致死伤的场合（在针对人的犯罪中，不论是在怎样的健康状态中出生的，反正也只作为这样的人加以保护），在第三人已经投入致死量的毒药的被害人即将喝的咖啡里再投入同种同量的毒药（反正仅由于最初的毒药也会在相同时刻死亡），[3]欺骗债务人使其比清偿期稍微早一点清偿（反正也马上就会清偿）等。当然，在故意犯的场合，只要存在处罚规定，还必须讨论未遂犯的罪责， —19—

---

〔1〕Paul Johann Anselm Ritter von Feuerbach, Lehrbuch des gemeinen in Deutschland gültigen peinlichen Rechts, 10. Aufl., 1828, S. 28. 严格来说，死刑执行官案（Scharfrichterfall）本身是恩吉施想出来的。而且我本人认为不应该将死刑执行作为替代原因加以考虑。参见小林宪太郎：《因果関係と客観的帰属》，弘文堂2003年，51、52页。不过在此语境中这是细枝末节的东西。

〔2〕在其他的场合都只是假定了"不实施行为"，为什么单单在这里还假定"知情的话"呢？从结论来说，这是因为这里被认为是假定的替代原因的不是"同意"，而是"知情的话同意"，即认为游戏软件怎么着都可以这样的潜在价值观。在现实作出同意之前，即在行使法益处分自由之前，其就丧失了原本值得被称为法益的实体。根据这种价值观，怎么着都可以的游戏软件在决心要扔掉之前原本就没有价值了。打个比方来说，这就像是在推定同意的一个类型中，在逻辑上先于现实的同意而考虑推定同意。对此，详见小林宪太郎："いわゆる推定の同意について"，《立教法学》69号（2005），32页以下（＝本书第2部Ⅵ）。

〔3〕不过第三人也能成立杀人罪既遂。详见小林宪太郎：《因果関係と客観的帰属》，弘文堂2003年，23页以下。

但这是另外一回事。

以上举了大量的例子，重要的是哪怕就上述例子中的一个赞成本文的主张，就其他全部的例子也必须赞成本文的主张。这并非妥当与否的问题，而是逻辑的问题。

（2）胎儿性致死伤。

在（1）中所举的例子中，特别有必要单列一项进行说明的是胎儿性致死伤的场合。读者中可能会有人感到不能理解，为什么因为结果无价值要求不良变更就能解决胎儿性致死伤问题。不，认为两者没有关系的人可能更多。但这是误解。

成为处罚对象的行为由于对在这个世界上现实存在的法益状态造成了不良变更因此成为结果无价值这一否定性评价的对象。仅仅从这个世界上创造出处于已经被不良变更或者可能被不良变更的状态的法益则并不足够。举例而言，之所以不能说生下一个带有只能活一个小时的残疾的孩子的行为侵害了人的生命，就是因为作为保护对象的生命原本就只有一个小时的价值，因而不存在"原本可以活得更长的剩余生命被缩短到了一个小时"这个意义上的不良变更。在这里仅仅实现了充其量不过是针对与人相区别的胎儿的不良变更，而且这是比在生下成人之前在母体内杀害胎儿这种典型的堕胎还要小的不法。在这一点上，其与对正常存活的孩子造成仅能活一个小时的残疾的行为侵害人的生命是完全不同的情况。而且，就造成生命原本就只有一个小时的价值这样的状况的原因而言，天生残疾*的场合和天生命运**的场合在价值上并没有差异。因此，如果不能说在胎儿阶段造成残疾的行为侵害了人的生命的话，那对比如说设定在预定的出生时刻一个小时后爆炸的定时炸弹的行为也必须做同样理解（当然有可能成立不作为犯，但这是另外的问题）。又或者时不时被拿来举例的事例，[1]在杀害婴儿贩卖器官的掮客为所欲为的区域，怀孕、产子的行为也不构成杀人罪的片面共犯（不过在这种场合下不同的是，不仅对人，对胎儿也没有造成不良变更）。这就跟创造、增加征税对象的行为不构成逃税的共犯，还有通过诡计使人进行多余的业务不构成对该业

---

* 日语为"もって生まれた障害"。——译者注
** 日语为"もって生まれた運命"。——译者注
[1] Vgl. z. B Martin Binns, Inus-Bedingung und strafrechilicher Kausalbegriff. J. L. Mackies Kausalanalyse und ihre Übertragung auf das Strafrecht, 2001, S. 83.

务本身的妨害的道理是一样的。

乍一看上面的结论，可能会觉得这严重违反了我们的当罚性感觉。但是如果联想到其他在构造上类似的事例，就未必能这么说了。例如，在小屋外侧的墙壁上涂上油漆的行为构成损坏建筑物罪（《日本刑法》第 260 条前段），[1]但是先在建造小屋用的木材上涂上油漆，由此而建成一个外侧墙壁涂上了油漆的小屋，这样的行为应该不能超越对木材的损坏器物罪（《日本刑法》第 261 条）而成立对小屋的损坏建筑物罪了吧。而且，刺（杀）被害人，结果造成一个带有伤痕的尸体，一般也认为仅以此并不成立损坏尸体罪（《日本刑法》第 190 条）（埋葬义务人要承担不作为的罪责则另当别论）。而且，即使死后伤痕受到风化，尸体的损伤变得更严重，对这一结论也没有任何影响。如果要与这些结论保持逻辑上的一致性，在胎儿性致死伤的场合，妥当的做法是其认为也不成立对人的犯罪。

从更理论性的观点来看，站在被害人的同意使得法益性本身丧失的通说性前提之上时，考虑到与胎儿性致死伤具有相同构造的行为后撤回同意的事例，这一点就更明确了。例如，试想这样一个案例，被害人为了展示蛮勇，不怕多少受点伤而准备徒手跟土佐犬*搏斗，于是请求行为人将自己房间里的土佐犬释放出来。但是行为人已经预想到了平时胆子就很小的被害人肯定会反悔，改变主意不想受伤（行为后同意的撤回一般通过"反悔具有异常性"这一相当因果关系论或者"没想到会反悔"这一错误论来处理，为此先将这些解决路径封死）。尽管如此，行为人还是按照被害人请求的做了，不一会儿，果然被害人就一边喊着"救命"一边满屋子逃跑。但是行为人没有力气将一度释放的土佐犬抓住（即不能以行为后的不作为来加以处罚）。这样，在被害人被土佐犬咬伤的场合，行为人是否要对此承担责任呢？恐怕不需要吧。否则的话只要有被害人反悔的可能性，对基于同意的行为，都可以为了保护因同意而丧失要保护性的法益[2]而实施紧急救助（为了第三人利益的正当防

－21－

---

[1] 当然这种解释的妥当性本身又会另外成为问题。最近最三小决平成 18·1·17 刑集 60 卷 1 号 29 页指出用喷漆在公园公共厕所的外墙壁上喷上油漆的行为，构成《日本刑法》第 260 条前段所说的建筑物的"损坏"。对此也存在批判意见。

* 日本大型竞技斗狗，训练后的土佐犬被誉为世界上最凶猛的犬类之一，东方斗犬之王。——译者注

[2] 当然，如果是为了保护其他法益就可以。在胎儿性致死伤场合中，能够想象胎儿这一与人不同的法益，在这一点上两者不同。

卫）了。当然也有观点以这属于自招侵害为理由认为对紧急救助进行限制就可以了。但是应当说此时大概不能使其不实施行为。此外还无法诉诸家长主义。因为被害人接受的怎么都不能说是生命侵害之类的东西，而不过是"多少受点伤"而已。

-22-　　在行为后撤回同意的场合，其构造为在行为的时点上（因被害人同意而）不存在的法益到了结果发生的时点上（因被害人撤回了同意而）又存在了。而在胎儿性致死伤的场合，其构造为在行为的时点上（因还是胎儿）不存在的人到了结果发生的时点上（因出生而）又存在了。两者呈对应关系。因此，如果在前者的场合行为人对结果的发生不负责任的话，后者的场合也必须同样如此。

　　当然可能也有人认为"不管怎么说，在胎儿性致死伤的场合刑法后退的话有点奇怪"。这是一种非常棒的想法。但这么想的人对现行刑法及其一般性理解也不得不提点意见，即"胎儿难道不是人吗"。即必须认为堕胎罪不是针对与人相区别的胎儿的犯罪，而是本来属于对人的犯罪的特别减轻类型（如果认为对人的生命价值赋予轻重差别违宪的话，恐怕要理解为责任减少类型）。只有这样刑法才能在胎儿性致死伤的场合介入。总之，在考虑胎儿性致死伤的问题之时，有必要更加认真思考一下归责的一般理论。

　　实际上到现在为止所说的归责理论并不是逻辑上唯一可能的理论。例如也可能有观点认为，对于创出法益的行为，仅仅不得对该法益的侵害进行归责，而对除此以外的行为则在肯定归责的基础上，通过包括构成要件相互关系在内的广义的罪数论进行处理就够了。但是认为不需要那么费事，对于归责而言只要求法益在产生后发生了新的状态恶化或者在对客体的侵害发生作用的时点法益已经存在等观点也并非不可想象。但是无论如何，这种一概忽视归责理论，而只靠"伤害""损坏""妨害"之类的法条的形式文言——当然这些也很重要——的方法论，迟早会迎来其局限性。

　　（3）真的不需要结果回避可能性吗？

　　在日本——实际上在德国也是一样——存在观点主张原本就可以不考虑
-23-　结果回避可能性、假定的替代原因等要件。至少有不少观点认为在故意犯中不必考虑这些——明明这些观点都没有采取一元的行为无价值论。这种观点按照其字面意思理解的话就自我矛盾。而且，仔细看这些论者的主张的话，就会发现他们实际上在某处偷偷地考虑了这些要件。借用毛拉赫[1]的名言，就是"极端点说，这就是先在犯罪论体系的前门得意洋洋地将结果回避可能性赶开，然后又偷偷摸摸地从后门将其迎进来"。

当然，不管什么争论点都有折中说。此处也是一样，学说中有观点仅在将结果回避可能性=结果无价值的欠缺作为唯一的动机而实施行为的场合否定可罚性（只要并非如此，即使认识到了结果回避可能性的欠缺，也成立仅有行为无价值就足以的未遂犯）。[2]法哲学学者中有观点仅在将他行为可能性的欠缺作为唯一的理由而实施行为的场合否定责任，[3]两者的想法是相同的。但是，虽说折中说在很多场合也都妥当，但是在这里不能成立。其理由很明显，并不存在仅仅就结果回避可能性进行这样思考的根据。当然，如果将这样的逻辑推而广之，比如说仅在将相当因果关系的欠缺作为唯一的动机而实施行为的场合否定可罚性的话，反而是这样的批判本身不能成立。但是这就是将以中庸为目标的折中说的宗旨全部舍弃的解决方法。

事实上我已经在各种各样的场合实际证明了，不管哪种见解，都考虑了结果回避可能性、假定的替代原因。[4]此处仅举一个代表性例子，即背信罪（《日本刑法》第 247 条）中财产上的损害的具体判断方法。日本最高裁判所认为，"《日本刑法》第 247 条中所谓'给本人造成财产上的损害'，是指从经济性角度评价本人的财产状态，因被告人的行为，本人的财产价值减少了或者应当增加的价值没有增加"（最一小决昭和 58·5·24 刑集 37 卷 4 号 437 页＝信用保证协会事件）。但是在具体适用的时候恐怕不得不考虑假定的替代原因吧。而且在背信罪中当然可以考虑的话，在其他犯罪中难道就可以不考虑吗？

我在思考自己的学说之时参考了德国的普珀（Ingeborg Puppe）的见解。

–24–

---

[1] Reinhart Maurach, Adäquanz der Verursachung oder der Fahrlässigkeit? –Gedanken zum Urteil des BGH vom 3. Juli 1959（4 StR 196/59），GA 1960, S. 101f.

[2] Arthur Kaufmann, Die Bedeutung hypothetischer Erfolgsursachen im Strafrecht, in: Festschrift für Eberhard Schmidt, 1961, S. 229ff.

[3] 瀧川裕英：《責任の意味と制度——負担から応答へ》，勁草書房 2003 年。

[4] 客体的价值减少、没有损害、不存在作为不良变更的结果或者结果不法（结果无价值）、没有对保护规范（保护请求权、保护要求）的侵害、属于客体不能、不存在可罚的违法性等，为了替换表达结果回避可能性的欠缺，我动用了一切的表达方法。参见小林憲太郎：《因果関係と客観的帰属》，弘文堂 2003 年，4 頁以下；小林憲太郎："信頼の原則と結果回避可能性——交差点衝突事故に関する二つの最高裁判決の検討"，《立教法学》66 号（2004），1 頁以下（＝本书第 2 部 I）。如果当时将投入到这种换贴标签作业上的精力放到其他地方去就好了。

我想采取基本相同见解的林阳一〔1〕也是如此。普珀在论证自己学说之时首先使用的是与日本背信罪同样被认为是针对整体财产的犯罪的德国的诈骗罪（《德国刑法典》第 263 条第 1 款），〔2〕对此不由得感到一种奇妙的同步性（synchronicity）。因为完全没有任何理论上的根据将这一道理仅限在财产犯，特别是针对整体财产的犯罪中。在针对整体财产的犯罪中，实施了行为的场合与未实施行为的场合的财产状态的差距构成了法益侵害。与此相对，在针对个别财产的犯罪中，行为所引起的个别财产的侵害，只有在没有行为也可能会产生之时才不构成法益侵害。两者仅存在这样的差别。换言之，对于两者来说，都是如果不考虑或大或小的假定的替代原因的话，都无从判定法益侵害的有无。实际上，普珀自己在论证自己学说之时还使用了其他犯罪。

3. 因果关系

（1）不真正的合法则条件关系。

–25– 学说上常常以条件关系所得到的事实性关联为根据，来进行其是否在经验上是通常的这一相当因果关系的判断。但是在根据一般生活经验因果经过通常不可能存在的时候，由于不存在对此因果性说明所必要最小限度的经验法则、盖然性法则，在任何意义上因果关系都不可能得到肯定。换言之，只有相当因果关系才是真正的因果关系的要件。过去为了使相当因果关系具有这样的内涵，我将其称为合法则条件关系。〔3〕

对此最多的质疑就是"合法则条件关系并不是这个含义"。但是要是这样

---

〔1〕 林陽一：《刑法における因果関係理論》，成文堂 2000 年。

〔2〕 Puppe, Der Erfolg und seine kausale Erklärung im Strafrecht, ZStW92（1980），S. 883f. , 886.

〔3〕 参见小林憲太郎：《因果関係と客観的帰属》，弘文堂 2003 年，197 頁以下。不过在此处没有特别拿出来讨论所谓的心理因果性。近年来，受到戴维森（Donald Davidson）异态一元论（anomalous monism）的影响，这正逐渐成为华丽的题目，但是作为因果性前提的法则概念的稳固性，基本上与分析哲学具有同等价值了。Donald Davidson, Essays on actions and events, 2nd ed. , 2001. 甚至是在承认心理特征对物理特征的附随性（supervenience）的同时，还想要将心理事实还原为单纯的描述方法，这种——与原本就否定行为与理由的因果性，即否定意图与行为之间的经验性关系的维特根斯坦（Ludwig Josef Johann Wittgenstein）、安斯科姆（Gertrude Elizabeth Margaret Anscombe）式的后现代主义相反意义上的——冷淡的立场中。而且这里存在问题。Vgl. Jörg Ziethen, Grundlagen probabilistischer Zurechnung im Strafrecht, 2004. 康德的第三个二律背反原本就与论者的意图相反，并不是要求心理性东西的非法则性等这样的单调的消解之类的东西，关于康德式的消解，换言之，就像假言命题的前件那样，由决定因素的类型所规定的自由的观念在刑法学特别是责任中所具有的意义，就这一点参见终章。

的话，合法则条件关系到底是怎样的含义呢？就这一点，我们就通过追溯合法则条件关系这一概念的出处来详细看看。

如果将条件关系理解为结果回避可能性，在择一的竞合的事例中就会否定条件关系，合法则条件关系本来就是为了避免这样的结论而登场的。例如 X 和 Y 在没有意思联络的情况下，单独先后往 A 喝的饮料中投入了达到致死量的毒药。不管怎样强调只有 X 的毒药 A 也会在相同时刻死亡，既然 Y 的毒药也发生作用了，认为 Y 的行为与 A 的死亡结果之间没有因果关系无论如何都是很奇怪的。但是只要将条件关系理解为结果回避可能性的话，就必须否定两者之间的因果关系。于是，德国学者恩吉施就在其划时代的专著《作为刑法构成要件要素的因果关系》(Die Kausalität als Merkmal der strafrechtlichen Tatbestände) 中，提出了将条件关系的内容理解为 "毒药发生作用" ＝合法则条件关系的方案。[1]这就是所谓合法则条件说的登场。

这一方案迅速获得支持，在现在的德国几乎成为通说。但是在这里必须注意的是，这仅仅是说条件关系只要是合法则条件关系就足够，并没有说到不需要结果回避可能性这一步。例如，通说的代表人物雅各布斯就 Y 的责任认为，Y 的行为与 A 的死亡之间具有条件关系，但是仔细考虑的话，对于 A 的死亡，X 已经提供了足量的条件 (perfekt bedingt)，因此 Y 的行为对 A 的死亡结果可以说是提供了过量的条件 (überbedingt)，换言之，不能将 A 的死亡归责给 Y 的行为。虽然有条件关系，但没有提供条件。[2]这个含义能不能理解呢？总而言之就是没有条件关系吧。

由此而知，所谓合法则条件说，只不过具有在横竖都被否定的归责中，酿造出一种在一瞬间肯定的氛围这种接近暂时性安慰的机能。直截了当地说这在刑法上没有什么意义，如果说这才是合法则条件说真正的含义的话，那么在刑法理论中就很难找到其存在的位置。

（2）真正的合法则条件关系。

于是，合法则条件关系就应该理解为要求在行为与结果之间存在最低限度的经验法则性的或者盖然性法则性的关联，反过来说，如果没有该要件的

---

〔1〕　Engisch, Die Kausalität als Merkmal der strafrechtlichen Tatbestände, 1931.

〔2〕　Jakobs, Risikokonkurrenz- Schadensverlauf und Verlaufshypothese im Strafrecht, in: Festschrift für Karl Lackner, 1987, S. 53ff. 其弟子勒（Lars Röh）进行了更为详细的展开。Lars Röh, Die kausale Erklärung überbedingter Erfolge im Strafrecht, 1995.

话，行为与结果就完全没有关联的唯一真正的因果关系的要件。因为第 1 章第 2 节 2 (1) 中所见的结果回避可能性与因果关系完全没有关系，因此合法则条件关系也超越了结果回避可能性。虽然其内容的实体是相当因果关系，但要注意的是哪怕稍微作了一点的缓和，行为与结果就会丧失关联性。在有名的大阪南港事件［最高裁判所第三小法庭平成 2 年（1990 年）11 月 20 日决定（《最高裁判所刑事判例集》44 卷 8 号 837 页）］中，很多学说都认为即使从经验法则上看第二行为是完全异常的事态，只要第二行为没有变更已经形成了的死因，就第一行为也可以肯定因果关系。但是，这是不被允许的解释。不论在怎样的意义上，如果没有因果关系，未变更死因之类的说理就都是苍白无力的。

于是，"如果实体是相当因果关系的话，就没有必要特意把名称改成合法则条件说，直接称呼为相当因果关系就足够了"这样的疑问就得到消解了。因为相当因果关系这一用语会给人一种还存在不相当的因果关系的印象，非常具有误导性。当然，如果认为所谓的不相当的因果关系就是仅由条件关系构成的东西的话，这倒也没有什么大问题。但真正产生问题的是，含有贡献程度、物理性危险的实现、死因变更的有无之类的夹杂物的场合。大阪南港事件及其之后的学说的趋势就很好地体现了这一点。

（3）具体适用。

因果关系由于是为了能够说由行为发生了结果而必要的东西，因此是共通于故意犯和过失犯的构成要件的核心要素。就医疗事故案件而言，即使手术中失误的危险被起初的事故所提高，因此无法适用信赖原则，但在该失误非常重大通常难以想象之时，也应当否定起初的事故与死亡之间的因果关系。

虽然是下级审裁判例，但作为过失犯中否定相当因果关系的案件，有后视镜事件［福冈高等裁判所那霸支部昭和 61 年（1986 年）2 月 6 日判决（《判例时报》1184 号 158 页）］[1]。案情如下所述：

被告人驾驶普通乘用机动车以 50 公里的时速在国道上行驶，由于想要掉头，于是一边减速，一边打开向右的方向指示器，瞥了一眼车内后视镜确认后方情况，没有发现后续车辆。此时，被告人车辆的时速降为约 30 公里，但

---

[1] 当然，过去还有著名的美国兵肇事逃逸事件（最三小决昭和 42·10·24 刑集 21 卷 8 号 1116 页）和東京高判昭和 45·5·6 高刑集 23 卷 2 号 374 页等。

由于道路太窄又一边进一步减速，一边向左打方向盘，使自己车辆靠近道路左侧边缘后再向右打满方向盘，以约 10 公里的时速开始右转弯掉头，但此时被告人完全没有确认后方安全。另一方面，驾驶电动车的被害人虽然发现了前方被告人的车辆，但由于被告人车辆表现出要进入自己车辆前进路上的样态，于是想着从右侧超车，刚进入对面车道没想到被告人车辆以横跨该车道的方式掉头，被害人感到有相撞的危险于是采取了紧急制动措施。但是被害人驾驶的车辆失去平衡横向滑倒，激烈碰撞上被告人车辆右侧面最后部附近，导致被害人负伤。

判旨如下：

"即使被告人在前述⑦的地点（即重新向右打满方向盘开始右转弯掉头的地点——笔者注）确认了后方安全，被告人……也难以认识到该车（即被害人驾驶的车辆——笔者注）以前述认定的高速度疾驰而来，考虑到……前述被害人驾驶的车辆与被告人车辆之间的距离，在本案的场合，应当说属于就掉头的驾驶员被告人来说，如前所述，信赖后续车辆即被害人驾驶的车辆遵守交通法规进行避免追尾等事故的驾驶，因此开始掉头也没有什么障碍的案件……结果就是，不得不说被告人在前述⑦的地点违反确认后方安全的注意义务的行为与本案事故之间没有因果关系。"

通过上述裁判例也能发现，确实存在一定数量的通过过失犯中的因果关系区分有罪、无罪结论的案子。评释、教科书、判例教材大多将此定位为否定了结果回避可能性的裁判例，但是这种解读方法稍微有点不自然。因为裁判例特意指出无法认识被害人异常的举止，没有相当因果关系。

—29—

4. 救助事故

救助事故是教学上经常讨论到的事例类型，但在判例上（至少在日本）还没成为过大问题。但是在德国，这种事例类型在客观归属论的展开中发挥着重要的作用，而且在学说上也存在严重对立。因此我决定讨论一下这个问题。救助事故的具体例子如下：

X 不小心把某人家里点着了火，但是小孩子还留在家中。此时知情的 A 为了救助孩子，抱着死的信念跑进大火熊熊燃烧的家中。结果果然将孩子平安无事救出来了，但是遭受火伤的 A 不久就死去了。

在上述事例中，能否就 A 的死亡追究 X 的责任存在争论。但是对于这种乍一看具有特殊性的事例，实际上可以与日本判例上经常处理的强制被害人接受侵害或危险的场合[1]进行完全相同的处理。而且由此也可以知道，即使 X 具有故意道理也是一样。对此稍微详细说明一下。

大致来说，判例在被害人为了避免被告人施加的重大危害而不得已——即满足补充性——奔赴侵害或危险的场合中，采取了就连最终的结果也对被告人追究责任的立场。换言之，在被告人将被害人置于重大利益冲突状况中的场合，就不得已而丧失的利益也追究其责任。在被害人任意性地接受了侵害、危险的场合，对于由此产生的结果，行为人不承担责任。就这一点而言学说上基本没有什么争论。[2]但是在为了保护重大利益而不得已牺牲其他利益的场合，由于这无法评价为具有任意性，因此判例的这种立场基本应该得到支持。[3]

但是在救助事故中，并不是在被害人内部发生利益冲突状况，而是孩子的生命、身体与 A 的生命、身体（或者其安全）这种属于别人的利益之间发生冲突。强调救助事故特殊性的见解在此发现了讨论任意性的困难性，尤其想要提出客观归属论等独自的归责原理。

但是从结论上来说，即便在救助事故中，也仍然有可能在被害人内部找出一定的利益冲突状况。只要考虑到 A 是孩子的父母的场合，这就很容易理解了（通常情况下，不是父母也不会实施这样的救助行为吧）。甚至还有可能

-30-

[1]　较早的判例有广岛高判昭和 29·6·30 高刑集 7 卷 6 号 944 页和福冈高宫崎支判平成元·3·24 高刑集 42 卷 2 号 103 页，较新的判例有最二小决平成 15·7·16 刑集 57 卷 7 号 950 页和最三小决平成 16·1·20 刑集 58 卷 1 号 1 页。关于最后一个判例，参见小林宪太郎："判批"，《ジュリスト》1319 号（2006），175 页以下。

[2]　不过要说明其理论根据实际上是极为困难的工作，因此关于这一问题的详细讨论留待他日。

[3]　这里为了优先实现理解上的容易性，仅表述了"补充性+损害的某种程度的平衡"。这是因为"唯一的逃生道路往往看起来会比实际上要多多少少好一点"。当然，追根究底思考的话，下面这些问题就会不断冒出来：补充性的具体内容是什么，判断补充性和衡量损害之际在怎样的程度上考虑被害人的价值观，如果达到怎样程度的损害的失衡就不应考虑，如果被害人意外地冷静，只是为了显示蛮勇而故意选择危险的回避措施的话又如何处理等。但是只要回到"为什么被迫陷入利益冲突状况的被害人就缺乏任意性"这样的问题来讨论的话，上述这些问题就自然而然看到了解决的指针。

认为 A 想要救孩子的偏好在 A 所有的选择偏好中处于最上位的位置。于是这种偏好=利益就与 A 的生命、身体（或者其安全）的利益，在 A 的内部发生了冲突。这样一来，对于 A 不得已牺牲了后者的利益，即实施危险救助而死亡的事实，X 就要承担责任，更准确地说是具备了构成要件该当性。　　−31−

第 2 章　过失犯的违法性

第 1 节　被允许的危险

1. 被允许的危险是什么

（1）被允许的危险的构造。

正如第 1 章第 1 节所述，本来就可以做的事就算是坏人也可以做，因此必须认为过失犯不仅在构成要件上，而且在违法性上也与故意犯完全相同。因此，如果认为故意犯的违法性阻却原则上受优越利益原理所规制的话，那么过失犯也必须同样如此。

不过违法性并不是只能通过优越利益原理本身而被否定。即存在因为行为的实施本身通过优越利益原理而得到允许，因此包括结果的发生在内也被允许的场合。因为如果允许行为的实施本身的话，对于只要不放弃实施该行为就无法避免的结果的发生也不允许的话，就没有意义。这种通过优越利益原理和当然解释组合起来得到承认的违法性阻却事由，称为被允许的危险。如果对医生说可以实施没有失误而有失败危险的手术，但如果没有失误的手术失败的话就对其进行处罚，那么医生到底怎么做才好呢？这种让医生能够安心手术的逻辑本身不外乎就是被允许的危险。换言之，实施了对于治疗而言必要的危险手术，没有失误但失败了的医生不过是实施了被允许的危险而已。

有学说认为，如果采取了结果无价值论，既然发生了结果，就无法阻却违法性。而且这不仅仅出现在行为无价值论批判结果无价值论的语境中，连结果无价值论也将此作为自身的结论而淡然地提出。确实，虽然被允许的危险这一概念的产生是在行为无价值论登场以前，但以清晰明确的方式通过当然解释对此进行说明的是韦尔策尔。[1]这是无法否定的历史事实。但是话虽这么说，也不能理解为对于当然解释这一所谓最强的解释手法，只有结果无价值论不得使用。因此，结果无价值论当然也可以承认被允许的危险。

　　另外，还有学说试图将被允许的危险消解于预见可能性的判断中。但是这本身就是困难的尝试。因为完全有可能存在很多即便具有预见可能性，或者即便预见到了，也应当被允许的情形。只要失败的危险曾一度通过医生的大脑就直接认为违法，这才是不能被允许的理论归结。在这一点上，有观点指出"只能说折中（相当因果关系——笔者注）说的论者就过失犯中客观注意义务违反的论述是不可理解的"，[2]只要客观注意义务不包括被允许的危险，前述观点就具有妥当性。反过来说，折中说的论者在过失犯中讨论被允许的危险的做法是可以理解的。只不过在故意犯中也应当讨论被允许的危险。

　　（2）被允许的危险的射程。

　　严格来说，允许行为的实施本身的逻辑并不限于优越利益原理，反过来优越利益原理也并不总是允许行为之实施本身。而且，对于被允许的行为的实施，在怎样的范围内能够对此进行抵抗，对其的参与行为又该如何评价也是重要的问题。但这些不如说是违法性阻却的一般原理的课题，而构成被允许的危险的特征的不过是对其进行的可以说是中立的当然解释这个一般性的解释手法。在这个意义上，虽然就允许行为的实施本身的逻辑在这里不能进行详细展开，但想简单说明三点。

－33－

　　第一，到目前为止在被允许的危险的名目下讨论的事项之中，本来就包含了为行为的实施本身的容许性奠定基础的逻辑。例如，如果可以实施正当防卫那么想要实施正当防卫的行为也是被允许的，在法律以得出一定的成果为条件而将行为正当化之时，为了得出该成果的行为作为其本身也被允许[3]等都

---

[1]　比如说他认为："如果某个举止在其实施之际并不违反法律的话，就不能因为发生了该法律无论如何都算入可能性的事态而事后（回溯性地）认为其违反法律"，"被不可避免地包含在被允许的危险中的可能的侵害，只能通过禁止所有的危险行为来避免"。Welzel, Abhandlungen, S. 315ff.

[2]　西田典之：《刑法総論》，弘文堂 2006 年，96 頁。

[3]　参见对最三小决平成 13・11・14 刑集 55 卷 6 号 763 頁（兴奋剂取缔法违反、关税法违反被告事件）的评释，即小林宪太郎："判批"，《ジュリスト》1262 号（2004），165 頁以下；最二小决平成 17・4・21 刑集 59 卷 3 号 376 頁（出入国管理以及难民认定法违反被告事件）的评释，即島田聪一郎："判批"，《ジュリスト》1325 号（2006），243 頁以下。由此可以看出，这种逻辑的主要作用在于，在行政机关的特别许可被认为是正当化事由的场合，使其正当化效力溯及性地发挥作用。

是如此。这些讨论与本来的被允许的危险在当然解释这一层面上是共通的。[1]

第二，也存在通过被害人的参与而使行为的实施本身被允许的场合。具体来说，危险接受的场合正是如此。当然，在行为的实施蕴含着对生命的危险的场合，从与《日本刑法》第 202 条的关系出发，很难说仅以被害人的参与为理由就使得行为完全得到允许。但这又是另外一回事了。

第三，作为稍微有点特殊的情况，也存在因正当防卫而使得行为的实施本身被允许的场合。[2]例如，因被强壮的男性袭击而想要反击，但不得不借助其他人的力量。此时，即使（这些人本身并不满足紧急救助的要件，或者）击退之后这些人还不停止追击，并且该追击行为与当初正当防卫的共谋之间具有因果关系，也不得对此追究责任（因此，对于仅仅参与了的人，即使其自身不满足紧急救助的要件，他们的行为也被允许）。因为此时追究责任的话，就等于是说原本就不得反击（当然解释）。因此，如果要追究责任的话——只要没有新的共谋这一作为——只能采取以正当防卫为先行行为的未除去因果关系这一不作为犯的形式。[3]

日本最高裁判所处理过类似的案件［最高裁判所第三小法庭平成 6 年（1994 年）12 月 6 日判决（《最高裁判所刑事判例集》48 卷 8 号 509 页）］。学说上也存在各种各样的见解，[4]在此主要的问题是被允许的危险和不作为犯。虽然也存在提出正当防卫的共同正犯这一法律形象的学说，但共同正犯的成立与否原本是构成要件层面的问题。换言之，既有可能共同正犯人的双方都满足正当防卫的要件，也有可能只有一方满足，当然还有可能双方都不

---

〔1〕 当然，这些也可能另外跟被允许的危险结合起来。例如关于所谓"基于两个行为的正当化（zweiaktige Rechtfertigung）"，林克（Klaus Rinck）认为，在判明了实施第一行为之际或者之后第二行为的实现变得不可能的时候，就必须基于被允许的危险的观点，认为行为人也（回溯性地）得到了正当化。Klaus Rinck, Der zweistufige Deliktsaufbau, 2000, S. 307. 另外，反过来在第一行为的时点并没有还要实施第二行为的打算但后来改变想法，还是实施了第二行为的场合，他认为涉及的是中止未遂。

〔2〕 也可以说紧急避险就是优越利益原理本身。关于基于我们通常所设想的紧急避险，而使行为的实施本身得到允许的场合，参见小林宪太郎："事例 7"，《法学教室》314 号（2006），30 页以下。

〔3〕 日本最初讨论这一问题的是佐伯仁志："防衛行為後の法益侵害防止義務"，《研修》577 号（1996），3 页以下。

〔4〕 只不过在本案中被告人是紧急救助人，而且原本还有因果关系不存在的怀疑。从后者的观点来否定归责当然是可能的。参见佐伯仁志："判批"，《ジュリスト》1125 号（1997），148 页以下。因此本文说的是不可能否定归责，即因果关系存在的场合。

满足。因此这样设定问题的方式是很奇怪的。在这里从共犯看来真正应该讨论的争论点反而是击退后的基于不作为的共犯的问题。

2. 被允许的危险与特别规范

（1）作为衡量之指针的特别规范。

如 1（1）中所见，被允许的危险原则上通过"优越利益原理+当然解释"而得以承认。但行为的实施本身能否通过优越利益原理而被允许实际上并不能够如此简单地判断。教科书经常将对财产的侵害通过生命的保全而被允许的案件作为优越利益原理的适例加以列举。但是在实际社会上发生的案件中，在很多场合下讨论的都是非常抽象的利益，很难直接判别两者之间哪一个更大。例如，在建筑物的抗震性与所花费的费用成比例关系的场合，对于究竟要花多少费用建造具备怎样程度的抗震性的建筑物才能使发生地震时的危险与提供便宜建筑物这一社会经济效用达到平衡，果真存在能够对此直接进行判别的法官吗？ —35—

在此场合，起作用的是以行政取缔法规为中心的所谓特别规范（其中包含体育规范、医疗准则，最终说来，还包括更为一般性的社会生活上的规则）。因为这可以被理解为是在设想了一定的事例类型的基础上，将涉及的利益之间的衡量结果表示出来的东西。说到前述的例子，就可以认为建筑基准法所规定的抗震基准就是使建造行为因优越利益原理而被允许的要素。因此，只要遵守了该基准实施建造行为，即使发生地震建筑物倒塌人们被压在下面而死亡，也是被允许的。

不过虽说特别规范指示了衡量的指针，但这只能说是在设想了一定的事例类型的基础上进行的。因此，在讨论的案件不属于该事例类型之范围的场合，即使遵守了该特别规范也不被允许。例如，"遵守交通信号灯"这一规则并不是发出了"就算是交叉道路有飙车车辆接近，也要通过遵守对面绿灯信号进入交叉路口来实现比该飙车车辆驾驶员的生命、身体、财产安全更大的利益"之类的命令。因此，在交叉道路有飙车车辆接近的场合，遵守对面绿灯信号进入交叉路口的行为就不被允许，充其量不过在如下章所述那样无法认识该飙车车辆之时，即无法认识到成为问题的案件不属于"遵守交通信号灯"这一规则所设想的事例类型的范围之时，否定作为责任要素的预见可能性而已（要想否定这一做法就有必要提出"不能预见的话就可以做"这样的

元逻辑*。但是正如下一章所说，没有预见可能性之时只能说无法进行行为控
-36- 制，但并不意味着可以实施这种行为)。[1] 这与建筑基准法规定的抗震基准、
消防法规定的防火基准是提出"通过遵守该基准，以实现国民的生命、身体、
财产安全与社会经济性利益之间的平衡"这一命令形成鲜明对比。

（2）特别规范与行为无价值论。

最近，有目的主义者主张根据罪刑法定主义和一般预防，能够通过特别
规范提供行动指针的行为无价值论是妥当的。[2]但是正如在（1）中所述，
结果无价值论也同样能够考虑特别规范，只不过考虑的方法稍微有所不同而
已。倒不如说目的主义在故意犯中对于特别规范的意义一概不予承认的做法
才有严重的问题。

而且行为无价值论与结果无价值论的对立原本就与罪刑法定主义、一般
预防无关。罪刑法定主义所要求的原本只是"对于损坏了他人的财物就要处
罚这一规范，必须事前预先通知"而已。如果认为罪刑法定主义的要求是对
于具体每一个案件是否有可能适用这样的规范都要进行事前预先通知的话，
那么没有做到这一点的现行刑法就会因违宪而无效了吧。还有，一般预防不
过是处罚的效果或其说明方法，从中并不能积极地得出什么结论。只要没有
采取太奇怪的做法，无论如何只要处罚了犯罪就会减少，由此认为只有行为
无价值论的方法是正确的，这样的说法从道理上也很难说得通。[3]

当然，这里所设想的罪刑法定主义、一般预防意味着刑法必须在具体的
案件中成为具体的行动基准。但是即使如此，如果法院采取了结果无价值论，
-37- 国民也并不会因无法得知在生活的所有场合中为了不受刑法处罚而如何做才
好而产生行动萎缩，反过来也不会造成无法防止出现犯罪的局面。因为罪刑
法定主义、一般预防并不仅仅通过违法宣告，也通过犯罪（乃至刑罚）的宣
告来实现。换言之——后文中会进行详述——在实现罪刑法定主义和一般预

---

　　* 日语为"メタの論理"，即英语的 metalogic。——译者注
〔1〕 勒德尔（Hermann Roeder）将这种场合称为社会上相当的危险，区别于通常的被允许的危险。
Hermann Roeder, Die Einhaltung des sozialadäquaten Risikos und ihr systematischer Standort im Ver-
brechensaufbau, 1969, S. 65ff. 不过如下章所述，我跟他不同，认为这种社会上相当的危险也跟
被允许的危险相同，在故意犯中也有意义。
〔2〕 井田良：《刑法総論の理論構造》，成文堂 2005 年，1 頁以下；照沼亮介：《体系の共犯論と刑
事不法論》，弘文堂 2005 年，3 頁以下等。
〔3〕 参见小林憲太郎："書評"，《刑事法ジャーナル》3 号（2006），128、129 頁。

防方面，结果无价值论同时还动用了责任这一犯罪范畴。

第 2 节　基于被允许的危险的结果回避可能性

第 1 章第 2 节 2（1）表明，如果不实施行为原本就能够避免结果这一要件是构成要件要素，那么，特别场合除外，基于被允许的危险能够避免结果这一要件也是构成要件要素。因为被允许的危险也是被判断为"在刑法上，不得不忍受这样的事态"的事态。于是，例如，在因建造了抗震性极其差的建筑物，在大地震发生时建筑物倒塌导致周边居民死伤的案件中，如果从地震的规模来看，即使遵守了建筑基准法规定的抗震基准，也不能否定会发生相同事态之可能性的话，就欠缺业务上过失致死伤罪的构成要件该当性。而且从本文的立场即认为故意犯的不法与过失犯的不法完全一致的观点出发，[1]即使行为人有故意，比如想着发生地震周边的居民死了就好了，而特意建造了这样草草了事的建筑物，也无法成立杀人罪，充其量不过是其未遂成为问题。

学说中存在不少观点一方面认为如果不实施行为就能避免结果这一要件   -38- 不是构成要件要素，另一方面认为基于被允许的危险能够避免结果这一要件是构成要件要素。但是其理由未必明确。如果只想着保护所涉及的利益的话，比起实施被允许的危险的行为，更好的选项应该是不实施行为本身。因为被允许的危险也是考虑了其他的利益，从而对所涉及的利益强行要求了一定程度的让步。这样的话，连通过对救助所涉及的利益而言不过是次善之策，即对于避免结果来说不是万全之策的被允许的危险而不能避免结果的场合都否定构成要件该当性，而在通过不实施行为本身这一万全之策都不能避免结果的场合却不否定构成要件该当性，这是自相矛盾的。

看看现在德国的学说状况，这一道理就很明朗了。罗克辛首倡[2]的危险

---

〔1〕　实际上正如本文开头（前文第 10 页注〔2〕）所说，在目的主义者之中，也有人认为在必须构成实行的着手这一意义上，在客观的侧面上，故意行为就已经比过失行为更加得到限定，因此在本文所说的场合——甚至在基于被允许的危险具有结果回避可能性的场合中也——否定杀人罪的成立。但是本文在此处也指出了，从纯粹客观的侧面限定故意行为的做法是目的主义的自杀。而且就算姑且不论这一点，也不存在故意行为本身必须构成实行的着手的必然性。正确指出这一点的，参见照沼亮介：《体系的共犯論と刑事不法論》，弘文堂 2005 年，63 页以下。换言之，目的主义在这种场合否定杀人罪的成立是困难的。

〔2〕　Roxin, Pflichtwidrigkeit und Erfolg bei fahrlässigen Delikten, ZStW74（1962），S. 411ff.

增加理论也说明了这个道理。该理论简单来说就是认为即使结果回避可能性的程度很低也没关系。反对说（关联说、回避可能性说）主张结果回避可能性必须达到与确实性极为接近的盖然性的程度，[1]与此相对，该理论反过来则主张只要不是确实无法回避结果就可以肯定归责。从这点出发很重要，虽然这个理论在基于被允许的危险的结果回避可能性的问题上被非常有力地主张，[2]但有关如果不实施行为就能避免结果这一要件上却停留在少数说。[3]

-39- 这可以说表现了不实施行为的话就能避免结果这一要件是优先性更高的归责要件。但是不管怎么说，这个理论都是在没有什么了不起的理由的情况下对结果回避可能性＝结果无价值这一不法的核心要件进行大幅度缓和，因而难以获得支持。[4]

---

〔1〕 其中最有名的论者之一是卡尔斯（Hans Jürgen Kahrs）。Hans Jürgen Kahrs, Das Vermeidbarkeitsprinzip und die condicio-sine-qua-non-Formel im Strafrecht, 1968. 不过他也同时使用了危险增加理论。

〔2〕 当初罗克辛和乌尔森海默尔（Klaus Ulsenheimer）之间也进行了激烈的争论，但在此之后就不见正面挑起有关危险增加理论之争论的人了。Z. B. Klaus Ulsenheimer, Das Verhältnis zwischen Pflichtwidrigkeit und Erfolg bei den Fahrlässigkeitsdelikten, 1965; ders., Erfolgsrelevante und erfolgsneutrale Pflichtverletzungen im Rahmen der Fahrlässigkeitsdelikte, JZ 1969, S. 365ff.

〔3〕 Z. B. Harro Otto, Risikoerhöhungsprinzip statt Kausalitätsgrundsatz als Zurechnungskriterium bei Erfolgsdelikten, NJW 1980, S. 417ff.; Joerg Brammsen, Erfolgszurechnung bei unterlassener Gefahrverminderung durch einen Garanten, MDR 1989, S. 123ff.

〔4〕 最近，一个令人注目的观点认为要求结果回避可能性的根据在于在事后也必须确认遵守了"法不强人所难"这一命题。古川伸彦："過失犯における注意義務の内容"，2006 年度日本刑法学会个别报告。作者认为法在事后来看强人所难的只有确实无法避免结果或者确实与否存在合理怀疑的场合，从而支持危险增加理论。

但是仔细考虑的话，例如在赋予"为了防止事故，要遵守信号灯"这样的注意义务之时，由"法不强人所难"这一命题能够推导出的仅仅是预见可能性、遵守信号灯的能力以及想要遵守信号灯的能力而已。详细内容参见下一章。换言之，在无法避免结果之时，法强人所难的只有事先将能够避免结果这一要件放在注意义务的附加条件上而已。在这个意义上，这种见解在逻辑上存在着循环。

而且就算姑且不论以上这一点，由此见解所得出的结论的具体妥当性也有疑问。例如关于不作为犯中的作为义务，这种见解的基本想法也是适用的吧。而且，能否通过作为来避免结果这一问题——正如很多教科书上所写的那样——从原理上看这是不可能进行确定性判断的，换言之，在很多场合下就其性质只能进行盖然性判断。但是果真如此的话，根据这种见解，不作为犯的可罚范围就比判例、通说要明显扩大得多。

不过现在在法学协会杂志上，论者真正的作品"过失犯中注意义务的内容（過失犯における注意義務の内容）"正在连载（指古川伸彦："過失犯における注意義務の内容（1）～（4・完）"，《法学協会雑誌》123 卷 8～11 号（2006 年）——译者注），对于这些问题点，作者好像也正在准备回答，真正的讨论只能留待他日。关于其前提的方法论，眼下参见小林宪太郎："書評"，《書斎の窓》564 号（2007），51 頁以下。

不过对于先假定一个具备违法性阻却事由的行为，再否定构成要件该当性的做法，有可能提出批判说这是颠倒的判断。但是构成要件与违法性的关系无非是如果符合构成要件的话，只要不存在违法性阻却事由就是违法这种原则、例外关系。那么即便进行前述的判断，也没有给这种关系带来丝毫变化。在下一章所见的学说中，还存在先假定欠缺责任的行为再否定构成要件该当性的观点。这虽然不合适，但其理由并不在于其是颠倒的判断。

不过这里需要注意的是，这对于第 2 章第 1 节 2（1）中的观点同样适用。即对于没有将讨论的案件包含在其所设想的事例类型中的特别规范，假定了 —40— 对其的遵守也没有意义。因此，如果认为平成 15 年（2003 年）的判决是通过否定这里所说的意义上的结果回避可能性来否定过失犯的构成要件该当性的话——虽然这是最自然的解读方法——这在理论上就是不当的，不能获得支持。

第 3 节　不被允许的危险与结果之间的因果关系

正如第 1 章第 2 节 3 所述，行为与结果之间的因果关系是构成要件要素。于是，不被允许的危险与结果之间的因果关系也是构成要件要素（要注意的是，这里所说的因果关系不是结果回避可能性，而是指相当因果关系）。因为正是超越了被允许的危险这一要件为不法奠定了基础。例如，建造建筑物这件事本身只能被推崇，不可能被禁止。因此，仅仅靠确认建造行为本身通过地震、建筑物的倒塌而引起了人的死伤，并不能说"杀了人"（《日本刑法》第 199 条）或者"致人死伤"（《日本刑法》第 211 条第 1 款前段）。必须要确认建造行为偏离了建筑基准法规定的抗震基准，并且是这一偏离引起了人的死伤，才可以这么说。例如，试想以下事例：

因为建造了没有达到抗震基准的马马虎虎的建筑物，发生地震后建筑物倒塌，人们被压在下面而死亡。虽然这次地震从科学知识看来不能说完全就是异常的，但是由于伴随着巨大的纵向摇晃，即使符合了抗震基准也无法否定建筑物仍旧会倒塌的可能性。只不过因符合抗震基准的话就不得不增加柱子的数量，而如果增加了柱子，倒塌的方向多少会有一些偏离，能够预测建造完成后有可能会倒向偶然开凿了的人工河流上，这样就能够避免人的死亡。

-41-　　在该事例中，如果遵守了抗震基准，人们的死亡的确是能够避免的，但这不过要经过完全偶然的过程才能实现。因为发生的是让建筑物向哪一侧倒塌的种类的摆动，人工河流是怎样开凿的（或者压根就有没有开凿这回事）之类的事情，都不外乎是建造完成之后偶然的产物。因此，在这个事例中，尽管其他的归责要件都齐备了，但由于欠缺不遵守抗震基准的行为与人们死亡结果之间的因果关系，最终否定归责。

　　实际上，被称为客观归属论的拿手好戏的注意规范保护目的理论，也是在讨论该不被允许的危险与结果之间的因果关系。[1]论者为否定前述事例中的归责，说"抗震基准的目的不在于改变建筑物的倒塌方向"。可以说这种措辞准确地表达了我们日常的处罚感觉。在这个意义上，这种措辞在德国也一下子获得了支持（虽然在日本未必就是如此）。但是要说其实质性根据在哪里，就不得不求诸前文论述的部分了。

　　不过与这个注意规范保护目的理论容易混淆的是构成要件保护目的理论。通过后者否定归责的是构成要件规范从一开始就不关注某种行为样态及其作用的场合，规制例如信赖原则（第1章第2节1）、被害人的参与（第1章第2节4）的类型。不过现在，比起"构成要件的保护目的"，使用不容易招致混淆的"构成要件射程"的做法，从术语的明确性这一理由出发更加可取。[2]

　　另外，上面的表述并不是将构成要件与违法性颠倒了过来，以及注意规范保护目的理论中所说的注意规范及特别规范应当限定在一定的范围之内，

-42-这一点在前面一节已经论述过了。

---

[1] 在强烈受到德国影响的学者之间，一般认为注意规范保护目的理论的内容不限于此。但是就并不能这么说这一点，我已经在其他场合进行了详细的论证。参见小林憲太郎：《因果関係と客観的归帰》，弘文堂2003年，150页以下。实际上即便是在德国，也有论者像普珀、雅各布斯这样表达了相同的观点。关于文献的引用情况，参见前书。

[2] 参见罗克辛最近的著作，我就不一一引用了。

第3章　过失犯的责任

第1节　预见可能性

1. 预见可能性的意义

（1）行为控制与预见可能性。

前一章为止的讨论明确了过失的不法，即"坏事"的实体。而且这全部都与故意的不法相同。但是仅此还不能进行处罚。由于刑罚是制裁（sanction）的一种（刑事制裁）[1]，为了科处刑罚必须能够进行使行为人避免实施不法行为的行为控制。凯尔森（Hans Kelsen）曾经说制裁是义务的构成要素。[2]这并非仅仅是说对于法规范必须准备对此进行强制的措施，同时也意味着，这种强制措施必须是能够以赋予义务的形式，换言之，必须能够进行使人遵守法规范的行为控制。在这个意义上，刑事制裁这一语言也有采用了抑制刑论的含义在里面。虽然人们说因为抽签抽到大凶而遭受痛苦，但正是因为不知道会抽到什么所以才是抽签，换言之，因为不存在抽不到大凶的技术，所以这种痛苦就不构成制裁，而不过是单纯的类似于交通事故一样的不走运。

－43－

而在体系上看来，对以不法为前提，因为刑罚的这种制裁性质而必须具有的行为控制的效果进行担保的犯罪范畴正是责任。反过来说，行为控制可能性这一意义上的责任，对于所有的制裁都是必要的，而不限于刑罚。有时人们

---

[1] 在此之前，有关制裁的研究是（法）社会学者的特权。刑法学者所做的唯一的研究就是岩村正彦ほか编：《岩波講座　现代の法（第4卷）》，岩波书店1998年，215頁以下（佐伯仁志）。对于其中的表述我几乎全部赞成。不过就算不特意标记这一点，读了本文全文的话这自然而然也会明确。但对于保护处分是不是制裁这一点则不在本文射程所及范围以内。参见猪濑愼一郎ほか编：《少年法のあらたな展開——理論・手続・処遇》，有斐閣2001年，35頁以下（佐伯仁志）。

[2] Hans Kelsen, Reine Rechtslehre, 2. Aufl., 1960, S. 128f. 这是逻辑上先行于第二次规范的第一次规范。

会说责任主义对于制裁具有普遍的妥当性，对此也可以在这个意义上进行理解［在现在的德国，对于违反秩序的行为也要求具有行为控制可能性（参见《德国秩序违反法》第 10～12 条）］。而且制裁与预防性处分不同，[1]是以实际上做了坏事为前提的，所以实际上不仅是责任，不法——暂且不论其名称，而看其实体——对于制裁也具有普遍的必要性，而不限于刑罚。[2]举个例子来说，不管是可能会抽到大凶的人还是实际上已经抽到大凶的人，对他们一

－44－

[1] 自不必言，就制裁而言，其效果也是预防性的。只不过这是通过使人们产生"犯法的话会被制裁，所以还是别做了"的想法来发挥作用的，换言之，只有实际上犯了法才可以科处制裁。虽然有时也有人以所谓的执行罚是面向将来赋予义务的事实为理由认为其不属于制裁，但我认为这并不合适。实际上，在制裁和处分之外——强化警卫、消除社会贫困、对犯罪原因进行征税等——各种各样抑制不法的手段也是可以想象的，但是刑法使用的是这两个抑制过程。而且严格来说，对于与抑制过程无关的损害填补、不法利益的剥夺，刑法的意图本来也并不在此。

[2] 这不仅是说对于制裁而言，形式地符合构成要件的违法行为是普遍必要的，还意味着其之所以被认为是必要的实质性原理，比如说罪刑法定主义也是必要的（在这个意义上，严格来说，"罪刑"这样的表达并不妥当）。换言之，所有的制裁都必须具有法治主义要求的民主主义基础（法律主义等）和来自保障行动自由（确保预见可能性、避免寒蝉效应）要求的自由主义基础（明确性原则等）。详细参见佐伯仁志："類推解釈の可否と限界"，《現代刑事法》31 号（2001），34 页以下。不过也可以认为法律主义不过是"法治"［此处是指英美法中的"the rule of law"，日语一般翻译成"法の支配"，以区别于德国法中的"Rechtsstaat"（法治国）。关于两者的区别，可参见碧海純一：《法と社会〔53 版〕》，中央公論新社 2007 年，105～106 页。——译者注］这个一般原则的一个现象形态而已。而且也可以说明确性原则、公布法律的必要性已经是法律一般的内在性要求了。还可以将罪刑均衡理解为比例原则的要求。这样的话，罪刑法定主义的核心内容就不仅对于制裁，而且对于处分也适用了。当然，还有禁止类推解释中不能完全通过法律主义把握的部分、禁止溯及处罚、禁止绝对不定期刑等可能遗漏的部分。对于同样立足于特别预防论，同时认为刑法是犯罪人的大宪章，是刑事政策不可翻越的藩篱，坚持罪刑法定主义的李斯特（Franz von Liszt）（以及追随于他的木村龟二），牧野英一以自由法论相对抗的正是这个部分。Vgl. Fanz von Liszt, Strafrechiliche Aufsäzte und Vorträge, Bd. 1, 1905, S. 126ff（以下简称为"Aufsäzte"）；牧野英一：《刑法研究（第 5 卷）》，有斐閣 1935 年。因此，牧野英一在与泷川幸辰的争论中，主张的不是放弃罪刑法定主义，而是将其内容从报应性的东西转变为教育性的东西（与此同时跟他所说的相反，尽管严格来说这跟罪刑法定主义本身没有关系，牧野英一还主张随着科学的发展从客观主义转向主观主义）。但至少只要处分采取了刑罚的形态，一般都会认为将可能遗漏的部分也推广于此就是宪法的要求（例如关于《日本宪法》第 39 条前段，虽然具有处分的性质但根据《日本宪法》第 9 条被认为是刑罚的没收，参见大判明治 45·4·9 刑录 18 辑 416 页）。而且也有观点认为就没有采取刑罚的形态的处分，也应该根据立法政策，提出诸如禁止事后法（保安处分法定主义；只不过参见《日本改正刑法假案》第 6 条第 2 款，《德国刑法典》第 2 条第 6 款）。至于为何如此，这就要交给刑罚制度的宪法学考察以及法政策学考察，特别在前者中，可以说大宪章以后的历史发挥的作用非常大。Vgl. Adolf Schottlaender, Die geschichtliche Entwicklung des Satzes „nulla poena sine lege", 1911; Volker Krey, Keine Strafe ohne Gesetz. Einführung in die Dogmengeschichte des Satzes „Nullum crimen, nulla poena sine lege", 1983.

概都不能科处制裁。

那么所谓制裁，到底是通过怎样的过程来控制人们的行为的呢？首先，这个人必须能够知道自己所做的事情的意义。例如，在按了面前按钮的时候，即使这个按钮会使得装在公共设施上的定时炸弹爆炸，如果行为人只能认识到这不过是启动洗衣机的按钮，那么对致人死亡行为科处的从而为了防止致人死亡行为的所有的制裁（当然也包括刑事制裁）都将完全没有实益。由此得出了预见可能性这一要件。接下来，即使知道自己所做的事情的意义，如果行为人无法知道不能做这件事的话，制裁还是会丧失其功效。对于确信当时的政府鼓励针对反对派的恐怖主义行为的人，政府如何能够防止其按下按钮呢？不管设置了多么重的制裁这都是不可能的。由此得出了辨识能力（知的责任要素＝责任能力的一部分以及违法性认识可能性）这一要件。最后，对于即使知道不能做这件事，但由于疾病而被只要看到按钮不管怎么样都要按下去的冲动所驱使的人而言，作为防止致人死亡行为的手段，保安·矫正处分可能是合适的，但刑罚则完全不起作用。由此得出了控制能力（意的责任要素＝责任能力的一部分）这一要件。[1]

-45-

[1]　无责任能力（特别是无辨识能力）对于违法性认识的不可能性所具有的特殊性，充其量不过是生物学原因特别是（并非知识不足等的）精神障碍等在起作用，根据障碍的性质，也有可能是原本就无法想象遵守法律的努力。关于激情行为（日语为"情动行为"。——译者注），参见林美月子：《情動行為と責任能力》，弘文堂 1991 年。而且后者仅仅就跟睡着的人由于无法想象其遵守法律的努力，因此没有违法性认识可能性的道理是一样的。因此，不应该过分强调责任能力与违法性认识可能性理论上的不同性质［因此，故意说的论者仅仅在因精神障碍欠缺辨识能力的场合肯定成立故意之余地的看法不具有一贯性。在这一点上，虽然强调不同性质，但通过在责任能力上采取责任前提说而否定故意的见解在结果上则是一贯的。浅田和茂：《刑事責任能力の研究——限定責任能力論を中心として（下巻）》，成文堂 1999 年］。对这种方向性起决定性作用的，自不必说是最具有目的主义者气质的目的主义者阿明·考夫曼划时代的论文"责任能力与禁止错误"。Armin Kaufmann, Strafrechtsdogmatik zwischen Sein und Wert. Gesammelte Aufsätze und Vorträge, 1982, S. 81ff（以下简称为"Strafrechtsdogmatik"）。另外，此时的详细议论参见浅田和茂：《刑事責任能力の研究——限定責任能力論を中心として（上巻）》，成文堂 1983 年，241 頁以下。

当然，学说中也有观点认为即使具有辨识、控制能力，在认定对（精神障碍的）治疗具有适应性的场合，也应该否定责任能力。实质看来，这是在将处分的要件从刑罚的要件分离开的基础上（二元主义），使前者优先于后者（众所周知，就处分的内容、根据以及使之优先的方法还存在争论）。自不必说，这是此领域的最高权威町野朔多年来的主张，随着《有关处于心神丧失等状态而实施了重大他害行为之人的医疗以及观察等的法律》（心神喪失等の状態で重大な他害行為を行った者の医療及び観察等に関する法律）的实施，其可能性大大增加。参见町野朔编：《精神医療と心神喪失者等医療観察法》，有斐閣 2004 年；町野朔ほか编：《触法精神障碍者の処遇〔増補版〕》，信山社出版 2006 年。根据这种见解的话，责任能力确实就包含了违

　　由上述可知，对于刑罚作为制裁的一种而必须具有的行为控制的效果而言，预见可能性、辨识能力、控制能力这三个要件是必要的（严格说来，下一节所说的行为能力也是必要的）。但是这三者——虽然存在着前者是后者的逻辑前提这样的关系——对于行为控制而言，都是具有独自机能的责任要素。[1]

　　（2）目的主义与预见可能性。

　　目的主义最大的工作就是通过将违法性认识可能性向责任能力靠近而将其与故意分离，将违法性认识可能性统合在行为人能够被刑法形成动机，即动机形成可能性这一责任原理之下（责任说）。[2]这种动机形成可能性由辨识能力和控制能力构成。但是如（1）所述，从行为控制的观点看来，在这种动机形成可能性之前，作为原本使行为人避免行为的形成动机的实体，即能够预见犯罪事实的要件（预见可能性）应该是必要的。

　　那么说到预见可能性的位置，根据目的主义的观点就是注意规范违反的认识可能性，即违法性认识可能性（动机形成可能性）。[3]既然在故意犯中行

<hr/>

（接上页）法性认识可能性所没有的性质不同的要素。

很可惜我没有能力判断这种见解的妥当性。但是至少在关于其认为在没有辨识、控制能力的场合无法科处作为制裁的刑罚这一点上，我认为可以获得赞同（此后的治疗就另当别论）。反过来说，即便在这种场合，以如果没有对［深度意识障碍（tiefgreifende Bewußtseinsstörung =《德国刑法典》第20条）等］治疗的适应性就肯定责任能力，从而科处刑罚为前提对町野朔进行批判的见解——虽然很常见——是不妥当的（而且反过来，对町野朔，也有批判意见认为其在成为犯罪原因的可能治疗的要素是精神障碍以外的场合不否定责任能力的做法不具有一贯性）。而且如果这样的话，虽说具有不同性质，这也不是理论上的东西，而充其量只不过是政策性的东西。

[1]　先做一些注释。首先，辨识的对象由于是所涉及的制裁想要制止的东西，在这里就必须是刑法上的违法性。这作为违法性认识可能性中所说的违法性的内容而被讨论（除此之外，也作为责任能力中是非辨别能力中所说的是非的内容而被讨论）。需要注意的是，这跟有关违法一元论的妥当与否，即不管是怎样的制裁，在想要制止的地方是否必须具有共通性的问题，是不同层次的问题。而且如果通过进行"能否通过事前的努力来避免违法性认识的欠缺"这样的判断过程来判断违法性认识可能性的话，这一判断过程对于辨识能力全体甚至责任能力也必须同样适用。Vgl. Tobias Rudolph, Das Korrespondenzprinzip im Strafrecht. Der Vorrang von ex-ante-Betrachtungen gegenüber ex-post-Betrachtungen bei der strafrechtlichen Zurechnung, 2006. 另外，将此道理也推广至控制能力的观点，参见安田拓人：《刑事責任能力の本質とその判断》，弘文堂2006年，45页以下。

[2]　进而通过将故意从责任中放逐而完成了不法与行为操控（Handlungssteuerung）相关，责任与动机操控（Antriebssteuerung）相关的这一简单而优美的目的主义体系。

[3]　Armin Kaufmann, Strafrechtsdogmatik, S. 146; Welzel, Das Deutsche Strafrecht. Eine systematische Darstellung, 11. Aufl., 1969, S. 176; Hirsch, in: Lampe-FS, S. 528f.; 井田良：《刑法総論の理論構造》，成文堂2005年，120、121页。这样过失的概念就通过全部法律领域而在客观注意义务违反的意义上被理解，过去被认为是刑法所固有的过失概念的主观注意义务违反就被消解为刑法中一般的责任要件（不法认识可能性）。而且对于"怎样程度的具体预见可能性是必要的"这样的难题，就可以回答"对注意规范违反的认识所必要的程度"。

为人追求着结果，那么即使不把预见可能性作为问题也可以讨论对"不要引　　-47-
起结果"这一规范违反的认识可能性。与此相对，在过失犯中，由于结果没
有被统合在行为人的目的性操纵过程中，因此就有必要将这里的规范向其他
注意规范靠拢。但是这个注意规范充其量不过是为了防止结果的东西，其内
容被规定为与结果相关联，因此要认识到自己的举止违反了注意规范，就有
必要同时能够预见到结果。

　　确实，如果认为注意规范的内容在逻辑上包含了结果预见可能性的话，
就像"在能够预见到人会中流弹而死亡的情况下不要扣动猎枪的扳机"这样，
那么对于注意规范违反的认识可能性来说，结果预见可能性在逻辑上就是必
要的。但是根据目的主义的观点，规范的内容不能超出行为人现实认识的范
围。如此的话，即使注意规范与结果相关联，注意规范的内容也没有在逻辑
上包含结果预见可能性，结果可能会发生这一要件充其量不过是确立注意规
范之时的动机而已。但这样的话，在被违反的注意规范还包含有与防止该结
果不同的趣旨的场合，就算不具有对该结果的预见可能性，也会有具备注意
规范违反的认识可能性的余地。用（1）中的例子来说，对于能够认识到"不
能按掉在恐怖主义活动多发区域的路边并且从未见过的机械按钮"来说，就
不必能够预见到如果按了这个按钮的话就有可能死很多人，对于诸如会起火造
成大火灾这样的事情能够预见就够了。于是，如果认为在此场合不应当就该结
果肯定过失犯的成立的话——而且目的主义也应该不会肯定过失犯〔1〕——就
应当在逻辑上先于注意规范违反的认识可能性，而要求对由该注意规范违反　　-48-
引起的结果的预见可能性。换言之，不允许将对人的死亡的预见可能性消解
于对"不能按按钮"这件事的认识可能性里，将这一原理一般化的话，就是
在不法认识可能性之前在逻辑上独立地要求预见可能性。

　　但是这样的话，目的主义就会陷入某种矛盾之中。因为虽然预见可能性
是不可缺少的要件，但这既不属于不法，也不属于被纯粹化为动机形成可能
性的责任之中。为了消解这种矛盾，就只能在比如不法之后责任之前，再创

---

〔1〕　不过，例如前页注〔3〕中引用的阿明·考夫曼的书就这么表述的。"Da die Sorgfaltswidrigkeit
bezogen ist auf den möglichen Erfolgseintritt, auf die Rechtsgutverletzung, *erfordert regelmäßig die Fähigkeit
zum Erkennen der Sorgfaltswidrigkeit auch die Erkennbarkeit der möglichen Rechtsgutverletzung.*"如果将
重点放在"regelmäßig"上来解读的话，在本文这样的场合里，即使例外地没有预见可能性，或
许仍旧可以进行过失非难。但是我并不觉得这样的结论是妥当的。

设一个犯罪范畴将预见可能性放入其中。这就是毛拉赫所谓的"犯行答责性（Tatverantwortung）"。[1]在结果上就是将犯行答责性作为共通的基础［将其称为"犯罪（Verbrechen）"］，附加了责任（归责能力的滥用）的话就科处刑罚［将其称为"可罚行为（Straftat）"］，附加了危险性的话就科处保安·矫正处分。这带来了明快性。而且还将共犯的从属对象也扩张到犯行答责性（犯罪）。但是其出身并非与处分要件之间的接合点，倒不如说是刑法体系的要求。他提出的四阶层犯罪论体系遭到了批判的集中炮火。但是这些批判本来应当是面向不得不增加犯罪范畴的目的主义而提出的，何况目的主义批判毛拉赫[2]是一种本末倒置的做法。

-49-

如此看来，既然从行为控制的观点要求预见可能性，认为责任原本不是仅仅由动机形成可能性所构成，在此再加上预见可能性的做法是妥当的。虽然本文也使用了动机形成可能性这一概念，但这仅仅是为了合并指称辨识能力和控制能力，并不是为了将其作为责任的唯一构成原理。当然，如果就像目的主义所强调的那样，认为在故意犯和过失犯中规制责任的原理没有差别的话，乍一看作为过失犯特有的要件的预见可能性看起来就好像不能包含在责任之中。就这一点，后面马上进行探讨。

2. 故意犯与预见可能性

故意犯的处罚与过失犯一样具有作为制裁的刑罚发动的侧面，因此预见

---

[1] Maurach, Schuld und Verantwortung im Strafrecht, 1948; Maurach/Heinz Zipf, Strafrecht, Allgemeiner Teil, Teilband 1, Grundlehren des Strafrechts und Aufbau der Straftat, Ein Lehrbuch, 8. Aufl. , 1992, § 32ff. （将犯行答责性与责任合并起来，称为"归责可能性（Zurechenbarkeit）"。）而且犯行答责性中不仅有——实际上由于不知道连侵害也正当化了的被允许的危险，过失犯中注意义务的客观基准整体——预见可能性，还包括如后所述目的主义的责任概念所无法包摄的规制期待可能性特别是性格责任的基准［只不过犯行答责性中期待可能性具有在免责性紧急避险（《德国刑法典》第 35 条）等法定的场合只可能被阻却，只要不是这样的场合连减少都不行的特征］。换言之，毛拉赫所说的犯行答责性，发挥着可以说是目的主义的垃圾箱的作用。

[2] Z. B. Armin Kaufmann, Die Dogmatik der Unterlassungsdelikte, 1959, S. 159ff. 不过阿明·考夫曼批判的内容是，期待可能性从其要求来看，与责任相比不是做减法，而是做加法，因此顺序如果不反过来的话就很奇怪。换言之，不具有期待可能性的问题并不是为责任非难奠定基础（Begründung），而不过是有关已经构成了的责任非难的单纯定量化（Quantifizierung）。不过可惜的是，我认为毛拉赫并不惧怕这一批判。因为他所说的期待可能性并不是规制动机形成可能性的东西。对于显然没有动机形成可能性也能科处的保安·矫正处分，他认为没有期待可能性就不能科处也说明了这一点。只不过需要注意的是，阿明·考夫曼自己也谈到了免责性紧急避险中的不法减少，即基于自我保存目的的行为无价值的减少以及基于此的责任减少。

可能性与责任能力、违法性认识可能性一样对故意犯也是必要的。

当然，读者当中可能会有人这么认为，即故意行为人至少预见了犯罪事实（意思说只不过在此基础上要求了容认、意欲），这样的话，对于已经现实预见了犯罪事实的人，再把预见可能性作为问题来讨论难道不是范畴错误*吗？但是这很难说正确把握了预见可能性的含义。所谓预见可能性并不是说"现实预见了犯罪事实的人自己能够预见犯罪事实吗"，如果是这样的话那确实是范畴错误。预见可能性指的是，"对于现实预见了犯罪事实的人，将具备了一定属性的第三人——其含义参见 5——代入其中的话，这个第三人能够预见犯罪事实吗"。在 4 中也会看到，对这一问题进行否定回答的场合也充分存 　　　　　　　　　　　　　　　　　　　　　　　　　　　　　　　　 -50-
在。历来的一般见解在行为人预见了犯罪事实的场合，也承认还有否定客观预见可能性或者义务的余地，[1] 这对于主观预见可能性也必须作同样理解。

这在过失犯中讨论预见可能性之时得到了广泛的承认。换言之，就天生马马虎虎，无法预见**也确实没有预见到犯罪事实的人将预见可能性作为问题加以讨论，谁都不会说这难道不是范畴错误吗。这是因为人们知道"预见可能性就是将一定的第三人代入到行为人的判断"（正因为如此，才有见解如 3 中所见那样责难这样的判断过于规范，主张只处罚有认识过失）。如果能够具有将第三人代入到没有预见的人的想象力的话，对于有预见的人必须也能够这样做，因为从第三人看来，有预见的人与没有预见的人之间，只不过存在敏感的人与迟钝的人这样的不同，即谨慎程度上的加、减的差别而已。

只要过失意味着预见可能性，在逻辑上就不需要与故意相对的过失之类的独自的范畴。因为打个比方来说就是对于故意犯而言过失也是必要的。

《日本刑法》第 38 条第 1 款规定："没有犯罪意思的行为，不处罚。但是，在法律有特别规定的场合，不在此限。"基本上所有的教科书都写道："前段规

---

 * 范畴错误（英语：category mistake），英国哲学家吉伯特·赖尔（Gilbert Ryle）的用语，指把一个事物看成隶属于与它本来隶属的范畴不同的另一范畴，或用适合于表述另一类范畴的语词来表达这一类范畴的事实，即把概念归属于它们所并不隶属的逻辑类型。他认为许多语言混乱由此产生。如果两个语词相互替换就会造成荒谬，或者这两个语词出现于其中的命题具有不同的含义或逻辑力量，那么这两个语词就属于不同的范畴。哲学家要仔细区别各种范畴，避免犯范畴错误，以消除错误论题和荒谬理论的根源。参见冯契主编：《哲学大辞典（上）》（修订本），上海辞书出版社 2001 年版，第 343 页。——译者注

[1] Z. B. Puppe, AT, Band 1, S. 265f.

 ** 日语为"予見せざるべくして"。——译者注

定了故意犯处罚的原则，但书设定了明文上没有的过失犯处罚。"虽然前段在只处罚故意犯的犯罪数量很多这一意义上是正确的，但不管怎么说在理论上，犯罪的原型是过失犯。而且就后段而言，明文没有规定在理论上也是理所当然的。因为即使不进行一个一个说明，在存在特别规定能够处罚的时点上，过失犯的

–51–　成立要件也必须得到满足。说"故意犯–故意＝过失犯"应该就容易理解了吧。

3. 作为犯罪原型的过失犯

这样说来，很可能有人会提出如下疑问，即"说过失犯是犯罪的原型在直观上是很奇怪的。事实上在现行刑法里只处罚故意犯的犯罪占了压倒性多数（故意犯处罚的原则），而且甚至还可以设想本来不处罚一切过失犯的法体系"。

确实，直观很重要。违反直观的理论基本上都是错误的。但是这里说的直观不是直接的直观*，而必须是由一定的理论所支持的体系化了的直观。而对于这种直观而言，单纯的故意犯的数量更多，或者原本就只有故意犯之类的裸的事实根本不重要（实际上有关交通业务上的过失非常多，但这样的反对事实也不得不先放在一边）。无论如何不能忘记理论视角，由此观之，故意犯不过是因具有故意而加重了的过失犯。换言之，在现行刑法里，只处罚加重了的过失犯的犯罪占了多数，并且也可以设想只处罚加重了的过失犯的法

–52–　体系。学说中还有观点认为应该只处罚过失犯中的有认识过失。[1]这也可以被理解为，在具有行为之具体危险的认识即危殆化故意这一点上，只处罚加重了的过失犯。

过去有人说过失犯是犯罪论的继子，但是我却反过来觉得故意犯才是犯

---

* 日语为"生の直観"。——译者注

〔1〕 甲斐克则：《責任原理と過失犯論》，成文堂 2005 年。这学习了阿图尔·考夫曼［Arthur Kauf-
mann, Das Schuldprinzip. Ein strafrechtlich – rechtsphilosophische Untersuchung, 2., durchges. Und
durch einen Anhang ergänzte Aufl. , 1976（本书存在翻译，为阿图尔·考夫曼（Arthur Kaufmann）
著，甲斐克则訳：《責任原理——刑法的·法哲学的研究》，九州大学出版会 2000 年）］。最近，
vgl. z. B. Gunnar Duttge, Zur Bestimmtheit des Handlungsunwerts von Fahrlässigkeitsdelikten, 2001. 当
然，本文并不主张仅处罚这种加重了的过失犯。虽然谈不上是理由，主要想讲两点：第一，有
使得可罚范围过于狭窄的危险。第二，在要求危殆化故意这一点上，无法贯彻意思责任。结果
就是虽说存在危殆化故意，但也不得不代入具备了刑法所要求的谨慎程度的第三人。而且如果
认为重过失和轻过失之间重大的法定刑差距的基础在于达到犯罪事实预见所必要的谨慎程度的
话，就会产生对过失责任而言，本质性的难道不正是代入第三人的判断方法吗这样的疑问。事
实上就连心理责任论的泰斗，主张免责性紧急避险不过是处罚阻却事由的贝林也承认谨慎程度的
欠缺之类的责任要素。Ernst Beling, Schuld und Schuldstufen im Vorentwurf zu einem deutschen Strafg-
esetzbuch, 1910, S. 6ff.

罪论的继子。而且就算人数再多，或者与正妻之间生的嫡子一个也没有，继子就是继子。当然在德国，从数量上来看过失犯也是压倒性少数。但是在首倡客观归属论，支配着今天德国理论刑法学界的泰斗罗克辛的教科书[1]中，首先登场的也是过失犯的构成要件。不仅如此，罗克辛还认为，过失犯的构成要件就是客观构成要件本身，故意犯的构成要件就是在其基础上附加上故意，即"故意犯=过失犯+故意"。[2]这可以说是客观归属论本来的含义，而且这种明确的表述具有重大的理论意义。

　　实际上我们也经常对建立在一定理论基础上的直观进行体系化。例如，假设刑法典只有加重受贿罪，没有规定单纯受贿罪和受托受贿罪。这时我们会仅以只处罚加重受贿罪为理由，即仅以这样单纯的事实为根据，断定加重受贿罪是受贿罪的原型吗？恐怕不会吧。如果认为受贿罪的保护法益是职务的公正性的话，可以认为加重受贿罪是受贿罪的原型。但与此相反，如果认为保护法益是职务的不可收买性的话，实际上虽然不存在但能够作为理念类型而被想象的单纯受贿罪、受托受贿罪就成了受贿罪的原型。换言之，这就是字面意义上的只处罚加重了的受贿罪。对于不可收买性说这一理论而言，应该成为受贿罪原型的单纯受贿罪、受托受贿罪不被处罚之类的裸的事实根本不重要。换言之，这完全无损于不可收买性说所具有的提示解释指针、进而也主导立法的所谓理论的真髓*。 —53—

　　我们在讨论受贿罪之时也充分认识到了这一点。即我们平时就不根据裸的事实，而是根据一定的理论来决定犯罪的原型。还可以举出无数其他的例子。例如在现行刑法中，私文书的无形伪造原则上不处罚，只处罚公文书的无形伪造。但尽管如此，无形伪造的原型仍旧是私文书的无形伪造。即现行刑法只处罚加重了的无形伪造。在这里重要的是这样的事情，即必须绝对停止对于连虽然不处罚但能够作为理念类型而想象的私文书的无形伪造都不符合的轻微的虚假记载，标的物一旦成为公文书就以"岂有此理"为理由而以

---

[1]　Roxin, Strafrecht: Allgemeiner Teil, Band I, Grundlagen, Der Aufbau der Verbrechenslehre, 4. Aufl., 2006.

[2]　在罗克辛之后的年轻一代中这种看法正在成为一般性见解，其中最明快地阐述这一道理的是 Andreas Hoyer, in: Systematischer Kommentar zum Strafgesetzbuch, Band I, 39. Lfg., 7. Aufl., 2004, Anh. zu § 16, Rn. 1ff.

　*　日语为"真骨頂"。——译者注

公文书的无形伪造加以处罚的做法。如果将这里的私文书换成过失，公文书换成故意，就成了本文主张的观点了（虽然有点啰嗦，目的主义正在公然打破这一禁忌，如后所述今天的结果无价值论也有这样的倾向）。

如果能理解到这一步的话，就自然而然也能理解我在第 1 章第 1 节已经反驳过了的——实际上不是目的主义者，而是部分的（客观归属论者以及）结果无价值论者的——"与故意行为不同，过失行为由于往往具有社会有用性，而更加应当限定不法"这一主张的不妥当性了。[1] "在过失行为整体中具有社会有用性的行为比例很高，而故意行为整体中具有社会有用性的行为比例很低。于是具有社会有用性的故意行为由于事实上属于少数，因此应当被评价为违法。"很显然这样的主张不能成立。对于理论而言，数量是多是少这样的事实并不具有决定性意义。既然是结果无价值论者，就更应该主张故意不法与过失不法的共通性，批判目的主义。

目的主义将故意理解为不法的基准线，[2] 与此相对，本文将过失理解为责任的基准线。在日本，几乎所有的被认为与目的主义者处于对立面的结果无价值论者都将故意作为责任的基准线。但是这没能摆脱目的主义的影响，只不过是将讨论故意的场所从不法转移到了责任而已。[3] 就算争辩追求结果（故意）是"坏事的基本"，"不，是应当谴责的事情的基本"，其理由仅在于"不能追求结果"这样的朴素的日常生活感觉，这只不过是单纯关于不法与责任之定义的争论。换言之，如果从恰当解释、适用刑法，甚至在立法中予以反映的正确的理论刑法学之应然状态出发的话，这不过是无关紧要的争论。[4] 我

----

[1] 参见伊藤涉ほか：《アクチュアル刑法総論》，弘文堂 2005 年，130、131 页（小林憲太郎）。

[2] 井田良认为："原本而言，故意行为才是刑法想要抑制的本来的刑事不法，故意是为刑法上的不法提供特征的本质性要素。"井田良：《刑法総論の理論構造》，成文堂 2005 年，72 页。

[3] 参见伊藤涉ほか：《アクチュアル刑法総論》，弘文堂 2005 年，111、112 页（小林憲太郎）。日本首倡结果无价值论的平野龙一自己当然是知道这一道理的，而且只要是优秀的教义学者，就算不是刑法学者也能理解这一道理。参见田宮裕：《刑事法の理論と現実》，岩波書店 2000 年，87 页以下，特别是 97 页。因此，如果普通的结果无价值论者没有意识到这一点的话，那就是受先入之见影响太深了。

[4] 目的主义者和今天的结果无价值论者关于"故意是不法要素还是责任要素"的争论可以说毫无成果。听到这感到震惊的人可以做下面这个实验，即遮住各个论者的结论，仅看他们的说理，然后猜这个论者是将故意看作不法要素还是责任要素。例如，"为了更有效地保护法益"这样的说理如何？这可是日本最有力的目的主义者在其著作中特别用黑体字加粗（而且还改变了颜色）了的说理，可能没意识到其中的不当吧！井田良：《刑法総論の理論構造》，成文堂 2005 年，10 页。

们必须从中摆脱出来的时期已经到来了。

4. 通过预见不可能性的责任阻却

上面的解释乍一看可能会觉得奇怪。但是仔细思考的话，这是极其自然 -55-
的理论归结。下面用几个例子来看看。

例如，因为偶然听到恐怖分子在某列车上安装了炸弹的传闻而让情敌乘
坐该列车，结果果真因为安装了炸弹，情敌被炸死。在今天的日本，仅凭偶
然听到恐怖主义的传闻就对此深信不疑的人，只要不是妄想症患者恐怕都是
难以想象的吧。当然这里所说的妄想是作为生理性要素而被个别化的，即不
是刑法无法要求不具备的精神病学上的妄想。但是这样的人在社会上肯定存
在一定的数量。那么在该事例中，是不是因为根据客观相当因果关系说肯定
因果关系，而且行为人对这样的因果关系确实具有表象（乃至意欲），所以就
要成立故意杀人罪*呢？

又或者丈夫在此前去国外出差时经常委托妻子帮自己开封信件，有一次
没有委托就去国外出差了。实际上丈夫在此前出轨了，觉得情人可能会写信，
不想让妻子开封信件。而且丈夫自己单方面以为只要没有委托，妻子就不会
擅自开拆信件。但是只看妻子周围的外部状况的话，认为丈夫只是偶尔忘记
了委托才是自然的（更确切地说，一般情况下也只能这样理解）。此时极度爱
操心的妻子就胡猜道："这次没让我拆信，肯定因为有不想被我开拆的信。肯
定有事瞒着我。"——结果不是胡猜而是猜中了——如果刚好把情人寄来的信
开拆了，妻子成立开拆书信罪吗（推定同意的一个类型[1]）？

在这些事例中，不能把让情敌坐上列车的人和开拆了书信的妻子关进刑
事设施里。如果这样做的话，就是在对现代社会中诸多的神经质的人们说，
总是在刑罚的幻想中瑟瑟发抖地活着吧。在这里虽然想的是行为人偶然都有 -56-
意图的场合，但故意本来只要有未必的故意就足够。如果只不过是太过多疑
的妻子在一瞬间有了"丈夫莫非有不想让我开拆的信件"这样的怀疑又怎样

---

*　日本刑法中没有"故意杀人罪"的罪名，《日本刑法》第 199 条的罪名就是"杀人罪"，原作者
　　在此处有意强调其故意性，所以使用了"故意の殺人罪"这样的日语，对这一点恳请读者注
　　意。——译者注

[1]　需要注意的是，这跟第 1 章第 2 节 2 (1) 中所见的类型完全不同。在后者，事态的发展在结局
　　上是符合被害人意志的，而此处存在着完全违反被害人意志这一（根据本文采用的体系）对不
　　法而言具有决定性的不同。

呢？当然，区分意图与未必的故意的讨论在逻辑上也并非不能成立。但还是不能仅凭行为人的恶意就加以处罚。

不过对于历来的刑法体系而言，想要合适地处理这些事例却意外得困难。首先，目的主义仅以行为人有故意这一个理由，就封死了否定可罚性的途径。另外，称得上责任版目的主义的目前的结果无价值论，也因"与"目的主义无法否定故意不法相同的理由，而无法否定故意责任。此时客观归属论精神抖擞地登场，因为这是被允许的危险所以不可罚，该逻辑根据其自身的说法，最先认为即使具有故意仍然可以适用。[1]但是这是对被允许的危险的错误使用。从行为的时点到结果的发生，被害人从来一次都没考虑过被炸死也没事或者拆了书信也没事，而且也完全无法想象存在能够优越于该风险的利益，说被允许的危险是没有道理的。就第 2 章第 1 节中实施了对治疗而言必要的危险的手术的医生，和遵守建筑基准法规定的抗震基准建造了建筑物的人（真正的被允许的危险）而言，对于他们的行为不能合法地予以阻止（不可紧急救助）；与此相对，就让情敌乘坐列车的人和开拆书信的人而言，对于他们的行为可以合法地予以阻止。这也说明了不能以被允许的危险来说明这些事例。

如此看来，在这些事例中，只能像本文主张的那样，在对故意犯也要求预见可能性的基础上，通过在讨论故意之前否定预见可能性来阻却责任。因为这里仅仅涉及基于如果是有正常脑子的人——即如果是 5 中所见的具备刑法要求的谨慎程度的人——会付之一笑的妄想的故意而已。最近千叶地方裁判所平成 17 年（2005 年）7 月 19 日（《判例泰晤士报》1206 号 280 页）在将兴奋剂藏入手提行李走私进口的案件中，以不能说被告人对于为手提行李中藏匿着管制药物的盖然性提供基础的事实具有认识，因此无法认定故意为理由宣告无罪。这乍一看讨论的是未必的故意但实际上并非如此。所谓欠缺对为内有兴奋剂的盖然性提供基础的事实的认识，说的是欠缺对只有知道了才能够想到内有兴奋剂这样的事实的认识，因此是否定了本文所说的预见可

---

〔1〕 文献不胜枚举，先仅列举一些代表性文献。Roxin, Über die mutmaßliche Einwilligung, in: Festschrift für Hans Welzel, 1974, S. 453. 另外，罗克辛的错误不仅在于这里处理的类型，还包括第 1 章第 2 节 2（1）中所见的类型。即行为认为应当从基于有关当事人的推定意思的适合的判断这一不容反证的推定出发。a. a. O. , S. 460f. 即使被允许的危险的使用方法是正确的，使用的场合也发生了错误。

能性。在这个意义上，本判决否定故意的做法就跟一些下级审裁判例在欠缺违法性认识可能性的场合否定故意的做法一样，[1]从理论的观点看来都稍微有些问题。因为即使被告人轻信"肯定是兴奋剂"，或者强烈期待"要是兴奋剂就好了啊"，又或者即使有处罚过失犯的规定，也应当对被告人宣告无罪。

5. 预见可能性的标准

必须要能够对具体行为人肯定行为控制的效果。因为被科处作为制裁的刑罚的，不管怎么说都是具体的行为人。仅以就行为人所属的一定团体能够作为整体控制其行为或者能够控制其平均人的行为这样的理由，得出的仅仅是不被允许的团体责任。因此与动机形成可能性一样，就预见可能性而言，也必须根据具体行为人来讨论。这称为主观预见可能性。学说中有观点在这种主观预见可能性之外，还创设了基于一般人的预见可能性即客观预见可能性的概念，并讨论其内涵。但是我并不认为脱离行为人个人创作出抽象的一般人这一观念性存在，然后大肆讨论能否控制其行为的做法有什么意义。[2]人们根本不讨论对一般人的动机形成可能性，[3]这也象征性体现了本文的观点。阐明这一道理的是雅各布斯早期的作品《过失结果犯的研究》。[4]

-58-

---

〔1〕 详细情况参见山口厚编著：《ケース&プロブレス刑法総論》，弘文堂 2004 年，235 頁以下（小林憲太郎）。

〔2〕 当然，不同的论者会在不同的含义上使用客观预见可能性这个概念。即不是将这里所说的一般人作为基于规范的行为控制的对象，而是理解为本来限定规范内容的要素。其典型例子就是认为即使实现了若是一般人的话不会考虑进来的风险，这也并不是规范违反。Z. B. Otto Triffterer, Die „objektive Voraussehbarkeit" (des Erfolges und des Kausalverlaufs) -unverzichtbares Element im Begriff der Fahrlässigkeit oder allgemeines Verbrechenselement aller Erfolgsdelikte?, in: Festschrift für Paul Bockelmann, 1979, S. 201ff.; Ralf Kaminski, Der objektive Maßstab im Tatbestand des Fahrlässigkeitsdelikts. Struktur und Inhalt, 1992（以下简称为 "Maßstab"）; Hirsch, Zum gegenwärtigen Stand der Strafrechtsdogmatik in Deutschland, S. 1ff.（此为其 2006 年在庆应义塾大学和京都大学进行的演讲的原稿。承蒙惠赐。）特别是应该不会将不法和责任的区别与一般人和行为人个人的差异对应起来的目的主义在讨论作为为不法提供特征的要素之一一般人时，大体就是这个趣旨。但是这不过是对第 2 章第 1 节中所说的被允许的危险的想法以稍微不正确的形式进行展开而已。井田良说："行为无价值也包含客观要素……法律以客观设定的行为规范的现实存在为前提，就能否说存在对该行为规范的违反通过事前判断来决定。"这也体现了这一点。井田良：《刑法総論の理論構造》，成文堂 2005 年，14 頁。

〔3〕 唯一的例外是毛拉赫所说的犯行答责性，但正如 1（2）中所述，其实质不过是预见可能性和期待可能性。

〔4〕 Jakobs, Studien zum fahrlässigen Erfolgsdelikt, 1972.

反对说列举了共犯、正当防卫、保安 · 矫正处分、完全醉酒罪（《德国刑法典》第 323 条 a）等问题，批判道这样考虑的话就无法区分不法与责任。[1] 这是从正面以控制一般人行为的形式确定注意规范，[2] 或者充其量不过是仅通过向"上"个别化（nach „oben" individualisieren）而进行向"下"普遍化（nach „unten" generalisieren）而已。[3] 但是这种反对说是先验性地以不法是有关一般人的行为控制，责任是有关行为人个人的行为控制这样的命题为前提的。而如前所述，讨论一般人的行为控制不仅没有什么意义，而且如后所述，对于标准性生理性要素之类的东西不能进行规范上的考量——即无法要求——既然如此，这种不法与责任的区别就是不恰当的（关于目的主义以及本文采用的不法和责任的区别，具体参见下节所述）。换言之，不得不说反对说是立足于不恰当的前提之上的。

不过虽然说只有主观预见可能性，即具体行为人的预见可能性才是决定性的，但是刑法要求的谨慎程度从平等原则的观点来看，是与具体行为人的个性无关而被统一决定的。具体说来，就是对注意力涣散的人要求其集中注意力，对过于担心的人要求其放松，对妄想症患者则要求其不要抱有妄想。换言之，作为主观预见可能性的标准不应当采取主观说（严格来说这与主观说的含义有关）。当然，对于眼睛不好或者耳朵背这样的生理性要素（手段性能力[4]）而言，由于刑法不能强求一定的标准——例如不能说标准视力就是 1.0——这时应当根据具体行为人的个性而进行个别化，但这本身另当别论。

学说中争论最激烈的就是这种生理性要素是否包含所谓特别认知（Sonderwissen）（或者特别认知的欠缺）。对于一定的知识，不论其属于多么常识性的，刑法也不要求行为人必须具备，也不论其多么荒谬，刑法也不要求行为人一定得抛弃。在这个意义上，将特别认知包含在生理性要素之中进行个

〔1〕 Z. B. Schünemann, Neue Horizonte der Fahrlässigkeitsdogmatik?, in: Festschrift für Friedrich Schaffstein, 1975, S. 159ff.; Kaminski, Maßstab, S. 92ff.

〔2〕 Z. B. Manfred Burgstaller, Das Fahrlässigkeitsdelikt im Strafrecht. Unter besonderer Berücksichtigung der Praxis in Verkehrssachen, 1974, S. 66.

〔3〕 Roxin, AT, Band I, 4. Aufl., § 24, Rn. 57.

〔4〕 "instrumentelle Fähigkeit" 是施特腾韦特（Stratenwerth）的用语。Stratenwerth, Zur Individualisierung des Sorgfaltsmaßstabes beim Fahrlässigkeitsdelikt, in: Jescheck-FS, S. 285ff.

别化是有道理的。[1]过去康德主义者（Kantianer）的知性责任论*就试图发 -60-
挥对法则性知识欠缺进行理解的作用。[2]但是从良心的理智性质看来，在定
义上，错误总是被理解为知性错误（Verstandesfehler）而不是良心错误，这跟
总是可以对此负责是两回事。换言之，人们忽视了刑法应该追求什么这一刑
事过失论——严格来说不限于过失犯——所固有的语境。

但是另一方面，我们也必须避免这样的事态，即刑法通过肯定预见可能
性，命令人们使可以称为非科学的妄想这样的认知发挥作用。刑法不能强求
任何人进行非科学的判断。这种可谓科学的优越性典型表现在，人们无法要
求法官用非科学的知识来认定因果关系。由于科学是规制一般法则的，因此
不应当以从科学角度看来不合理的法则知识为前提来肯定预见可能性。因此，
例如，在相信关西人只要吃了纳豆就会生病的饮食店店主不小心向关西的客
人上了混入了（仅靠肉眼不能区分的）纳豆的食物，实际上该客人由于对纳
豆过敏而真的生病的场合，不应当肯定预见可能性。

问题是作为法则知识适用前提的存在知识。当然，如果认为这能够通过
运用非科学的法则知识而认识的话，以此为前提肯定预见可能性的做法，结
果就是偏离了科学的优越性，因此不被允许。例如，店主感觉到客人会对纳
豆过敏，但还是不小心上了混入了纳豆的食物，但如果要问为什么会有这种
感觉的话，单纯是因为店主认为在关西长大的人容易对纳豆过敏的场合就是

---

[1] 众所周知，雅各布斯对此主张没有必要超出其社会角色运用特别认知。Jakobs, Tätervorstellung
und objektive Zurechnung, in: Armin Kaufmann-GS, S. 271ff. 确实，对于不属于自己答责领域内的
损害，即使具有特别认知也应该认为不必负责。但是他所说的社会角色有超出这一层含义的
内容，很难说具有充分的规范性基础。Vgl. Sacher, Sonderwissen, S. 99ff.

* 原著中的日语词为"悟性責任"，是对德语词汇"Verstandesschuld"的翻译，其中"Schuld"的
意思是"责任"，这无须多言，而"Verstand"有被翻译成"悟性"的，参见［日］甲斐克则：
《责任原理与过失犯论》，谢佳君译，中国政法大学出版社2016年版，第9页（将"Verstandes-
fehler"翻译为"悟性的错误"）。"Verstand"的字面意思是"理解，理解力，智力"，中国早
期学者曾将"Verstandesschuld"翻译成"理解力之责任"，参见 S. P. C.：《刑法过失论》（再
版），郑宇译，会文堂新记书局1937年版，第111页。事实上，"Verstand"作为康德哲学中
的词汇，一般被翻译为"知性"，参见［德］康德：《纯粹理性批判》，邓晓芒译，杨祖陶校，
人民出版社2004年版，第680页（德汉术语索引）。据此，本书将德语中的"Verstandesschuld"
（即日语中的"悟性責任"）翻译为"知性责任"，将德语中的"Verstandesfehler"（即日语中
的"悟性の欠陥"）翻译为"知性错误"。原著后文中出现"悟性"的地方也全部翻译成"知
性"。——译者注

[2] Z. B. Alexander Freiherrn Hold von Ferneck, Die Idee der Schuld. Eine strafrechtliche Studie, 1911.

如此。但是在除此之外的场合就能够将存在知识包含在生理性要素之中进行个别化。但是如前所述，这里并不包括行为人自己也不能法则性地即基于能够一般化的理由进行说明而只能够通过所谓第六感在心里描绘的事实。

不过围绕着所谓不能犯的故意也讨论与此类似的问题。例如，说胡乱相信用砂糖就能杀人的人在情敌喝的咖啡里投放了大量的方糖，实际上该情敌由于患有重度的糖尿病，因而真的产生了对生命的具体危险（或者死亡）的案子。但是如前所述，这种胡乱的相信在已经欠缺预见可能性的意义上，在讨论故意以前就能够得到解决。正因为如此，即使这个人不过是不小心往情敌喝的咖啡里投入过多方糖也必须进行相同的讨论。接下来这一点也很重要，即使存在预见可能性，也还是有可能存在不过是妄想因而故意被否定的案件。例如，虽然也有可能认识到重度糖尿病，但还是想通过自己胡乱相信的砂糖的一般性的有害作用而杀死情敌的场合。不过这要根据要求故意的趣旨，即从故意论的固有问题出发才是如此（关于要求故意的趣旨，参见第 3 章第 3 节 1）。

6. 通过预见的控制与通过预见可能性的控制

最近的有力观点认为，为了获得行为控制的效果，甚至对形成行为规范内容的事实的认识也是必要的。[1]论者云："在我们自己想要基于意志来控制我们的行为以及起因于此的结果之引起的时候，我们只能以现实认识到的事实为前提进行控制。'不得杀人'这一故意犯的规范，仅仅具有禁止基于意志的杀人行为的含义。为了让误信眼前的人是熊而开枪射击的人不实施该行为，使用'不要杀人'这一禁止故意行为的规范是没有意义的。既然行为人对于面前的东西是人这一点缺乏认识，在这个人认识的情况下'不要杀人'只不过是个无法理解的命令。为了禁止过失行为，禁止该状况下的不注意行为的其他规范成为必要。而这必须是与行为人的认识对应的形式上的规范。例如，在开枪射击时要确认状况，不要对人造成伤害……只能是这样被无限个别化了的规范。"[2]所谓过失犯的目的性正是从语言上表达了这一点。

---

[1] 井田良：《刑法総論の理論構造》，成文堂 2005 年，111 页以下；Makoto Ida, Inhalt und Funktion der Norm beim fahrlässigen Erfolgsdelikt, in：Hirsch-FS, S. 225ff. 等。

[2] 井田良：《刑法総論の理論構造》，成文堂 2005 年，125、126 页。但是过失犯的条文仅仅规定了单纯的过失结果犯。因此，人们才说过失犯的构成要件是开放的构成要件，是需要补充的构成要件。Vgl. Welzel, LB, 11. Aufl., S. 131.

　　确实诚如其言，人们基于一定的事实认识来决定其行为。因此，不仅是目的主义，今天的结果无价值论也在责任阶段维持着基本同样的想法。[1]但是如果想到刑法设想的行为控制过程，这种见解就过于天真了。例如，在马虎鬼 X 将人误认为熊而对准枪口的时候，不能单纯地断定"禁止致人死亡"无法具有行为控制的效果。因为具备刑法要求的谨慎程度的 X 能够认识到那是人。

　　规范并不仅仅以现实的事实认识为标准来控制行为。这偏离了刑法设想的行为控制过程。无论是现实的行为人因为注意力涣散而仅认识到非常少的事实，还是反过来因为神经过于敏感而在心里描绘了妄想世界里的很多事实，刑法都是在要求一定的谨慎度的基础上，以据此能够获得的信息（能够获得的事实认识）为标准来控制行为的。论者认为，"法能够就规范进行教导，但对于事实的不知则是无能为力的"，[2]正因为如此"才有虽然不允许在法律评价层面上的误解，但对事实认识错误则可以宽容的基本思想"，[3]但实际上法律就事实也进行教导。这也并不是什么奇怪的事情。例如，父母在教导骑三轮车的孩子时，说"不能撞到人哟"。这其实是先告诉孩子前面可能有人，再告诉他不能撞上这个人。而且不这样理解的话，在 4 中见到的让情敌乘坐列车的人和开拆书信的妻子就也要受到处罚了。

　　因此，与论者所言相反，过失犯的法定刑之所以比故意犯要轻，并不是因为"通过规范的控制很困难，即使加重刑罚也没有效果"，[4]因此如果想要进行控制，规范就脱离了过失结果犯的条文，而仅仅是因为没有故意（关于故意加重刑罚的理由，参见第 3 章第 3 节 1）。如果像论者所说的那样的话，

-63-

---

[1]　实际上论者也准确地论述道："应当注意的是，我在这里只是在确认过失结果犯处罚的法律实际样态，并不是在演绎性地论述将行为无价值论适用到过失犯中的结论。只不过通过采取结果无价值论，上面的过失处罚所具有的问题性（指以现实的事实认识为标准之时，通过规范的行为控制就会变得困难，如果想要进行控制规范就会脱离过失结果犯的条文——笔者注）就会变得不容易被发现而已。结果无价值论与行为无价值论的对立究竟是隐藏了过失处罚的真的问题性的理论，还是将其问题性暴露在光天化日之下的理论的对立，在这里就变得明朗起来了。"井田良：《刑法総論の理論構造》，成文堂 2005 年，126 頁。只不过论者在该处还说"在过失结果犯中，报应处罚的要求与通过规范进行行为控制的要求产生了悲剧性的分裂"，如后所见，这过于悲观了。

[2]　井田良：《刑法総論の理論構造》，成文堂 2005 年，84 頁。

[3]　井田良：《刑法総論の理論構造》，成文堂 2005 年，153 頁。

[4]　井田良：《刑法総論の理論構造》，成文堂 2005 年，126 頁。

与过失犯同样作为开放的构成要件的不真正不作为犯就也必须减轻处罚了。自然，论者也并不承认这一点。[1]当然，在行为控制过程无法充分发挥作用的时候，作为制裁的刑罚也只能得到部分的正当化。但这倒不如说指的是心神耗弱（《日本刑法》第39条第2款）、法律错误中的裁量减轻（《日本刑法》第38条第3款但书）的场合。[2]

-64-

7. 刑法要求的谨慎程度的具体内容

刑法要求的谨慎程度的具体内容是之前的研究基本上所忽视的一个点，今后要对此进行深入探讨。这与有关在判断动机形成可能性之际要求怎样程度的遵守法律之努力这一点积累了大量的研究这一现象[3]形成鲜明对比。例如，在很多场合，对属于政治上多数派的健康正常人的禁忌在法政策上也不知不觉得到了避免。[4]因此对残障人士给予特殊便利的行为，毋宁说是有助于实质性平等的，不能将此一律批判为反向歧视。这称为优先待遇或者纠正歧

---

〔1〕 参见井田良：《刑法総論の理論構造》，成文堂2005年，32頁以下。

〔2〕 不过，这种处理方法并非没有问题。第一，就犯罪事实的预见很困难的场合的减轻规定并不存在。第二，减轻的效果也自动适用于刑罚的制裁以外的侧面。当然，第一个问题也可以通过解释来解决。而在现行法律制度上，由于刑罚如果不具有作为制裁的侧面就不能科处，因此第二个问题就不可避免了。换言之，从理论观点看来，这也并没有多理想。因为制裁以外的侧面应该从制裁以外的观点来处理。当然，这另外又会产生新的问题，比如制裁以外的侧面究竟是什么，能否将其纳入刑罚的内容之中，或者制裁（或者刑罚）与制裁以外之侧面的优先关系如何等。

〔3〕 存在很多以"违法性认识可能性的判断方法""责任能力的判断方法"及其类似内容为标题的论文。但是"预见可能性的判断方法"这样的论文却基本上没有。由于遵守法律的努力是统一要求的，即使想到实际上刑法可能禁止，但在这仅仅是基于异常胆小的场合，应该否定违法性认识的可能性。对此持反对意见的参见高山佳奈子：《故意と違法性の意識》，有斐閣1999年，342頁以下。因此，"无法消解的违法性之怀疑"等论点是不需要的。另外关于责任能力，参见松原久利：《違法性の錯誤と違法性の意識の可能性》，成文堂2006年，100頁；安田拓人："責任能力の判断基準について"，《現代刑事法》36号（2002），37、38頁（只不过是就限制责任能力而言的。而且，论者在之后的专著中语气发生了变化，参见安田拓人：《刑事責任能力の本質とその判断》，弘文堂2006年，85頁以下）。

〔4〕 虽然是关于宗教少数派，但非常有参考价值的论文有野坂泰司："公教育の宗教の中立性と信教の自由"，《立教法学》37号（1992），1頁以下。例如，就基于信仰而拒绝听剑道课的行为，如果以信仰属于应该与障碍相比较的事项为理由，而要求通过介入本文所说的逻辑来进行特别的考虑的话，在基于信仰而拒绝输血的场合也应该介入同样的逻辑，不能直接排除对结果归责的要求。

视行动（affirmative action）*。于是，刑法特别要求对于残障人士给予高度谨慎程度的做法，或许也不能直接说就是不妥当的。例如，如果刑法为了积极扩大脑梅毒患者外出的自由，没有特别要求高度的谨慎程度，那么在"由于脑梅毒患者很稀少，即使在某种程度上击打了头部，也无法预见到这个人会死亡"的场合中，也可能具有肯定预见可能性的余地。

-65-

当然，对这样的想法也能听到反对的声音。虽然在民事上考虑这样的事情不是不能理解，但在刑事上对此进行考虑无论如何都伴有违和感。但是即使是要反对前述观点，仅以民事和刑事的区别为理由难道不是很奇怪吗？如果认为民事的损害赔偿制度在于追求纯粹的损害公平分担，其与以制裁为宗旨的刑事之间的二分论也并非一概不能理解。但是，现今认为民事的损害赔偿制度也有一定的制裁的侧面的见解也十分有力，如此的话这种二分论就没有什么说服力了。因为这里讨论的预见可能性，是产生行为控制效果的不可缺少的要素之一，在这个意义上，与民事、刑事的区别无关，其对于所有的制裁都有同样的意义。

8. 危惧感说

危惧感说至今都基本没有什么支持者。这是因为危惧感说在预见可能性非常低的场合也肯定过失犯的成立。但是这仅仅是非常朴素的论证，还需要进行稍微分析性的考察。[1]

首先，并不是说因为作为预见可能性对象的现象发生的盖然性很低就直

---

* 在中国，affirmative action 一词的翻译较为混乱，有"正面行动"（张千帆：《西方宪政体系（上册·美国宪法）》，中国政法大学出版社 2000 年版，第 301 页）、"积极补偿行动"（［美］理查德·A. 波斯纳：《法理学问题》，苏力译，中国政法大学出版社 2002 年版，第 585 页）、"认肯行动"（［美］迈克尔·J. 桑德尔：《自由主义与正义的局限》，万俊人等译，译林出版社 2001 年版，第 281 页）、"纠正歧视措施"（［美］罗纳德·德沃金：《自由的法：对美国宪法的道德解读》，刘丽君译，上海人民出版社 2001 年版，第 496 页）、"肯定性行为"（［美］罗斯科·庞德：《法律与道德》，陈林林译，中国政法大学出版社 2003 年版，第 98 页）、"肯定性行动"（王凡妹：《"肯定性行动"：美国族群政策的沿革与社会影响》，社会科学文献出版社 2015 年版，第 28 页）等不一而足。在日本，对于"affirmative action"，一般译为"积极的优先处遇"或者"差别解消积极措置"（田中英夫编集代表：《英米法辞典》，東京大学出版会 1991 年，34 页），或者直接用片假名标记为"アファーマティブ・アクション"。本书翻译为"纠正歧视行动"采用的是《元照英美法词典》的译法。参见薛波主编：《元照英美法词典》，法律出版社 2003 年版，第 48 页。——译者注

[1] 最先对此进行分析性考察的是佐伯仁志："判批"，《警察研究》56 卷 5 号（1985），50 页以下。

接否定预见可能性。[1]如果危惧感说只不过是阐述了这种意思的话，支持这种学说是有充分可能性的。这充其量只不过是指出了如后面第 3 章第 3 节 4 (4) 中所述，如果认为盖然性很低的现象只能为很小的不法奠定基础的话——就算是高度的——对于只有这种预见可能性的行为人，就实际发生的大的危险的实现，无法肯定完全的行为控制可能性。而且这个道理跟对只可能预见伤害的行为人无法进行避免死亡结果的行为控制，在本质上没什么差别。总而言之，例如虽然地震是很罕见的，但也不能说对发生地震这件事没有预见可能性。毋宁说在作为地震大国的日本，虽然很罕见，但对发生地震这件事的预见可能性，还是可以说是非常高的。只不过在因法则性知识不足而连地震会罕见地发生这件事都无法认识的情形中，能够否定预见可能性。或者因为从很少发生地震的国家过来，只能认识到地震发生的频度比现实更小的话，就只能追究更小的责任。

当然，由于地震发生是谁都知道的事情，这样的场合实际上很难想象。但是在不为人知的自然现象的场合，也有可能否定预见可能性。虽然严格来说可能不是自然现象，但下级审裁判例就所谓水膜滑行现象（hydroplaning）否定了预见可能性［大阪高等裁判所昭和 51 年（1976 年）5 月 25 日判决（《刑事裁判月报》8 卷 4·5 号 253 页）］。有观点与已知的危险相对，将这样的案件表述为未知的危险，[2]真是相当不错的命名。

与此相对，如果认为危惧感说主张在只有具备了超出刑法要求的水准的谨慎程度才能够认识到犯罪事实的场合，也应该肯定预见可能性的话，就不能支持此学说了。例如在讨论是否采用危惧感说的森永奶粉案［德岛地方裁判所昭和 48 年（1973 年）11 月 28 日（《刑事裁判月报》5 卷 11 号 1473 页）＝发回重审后的第一审判决］中，由于只有具备进行独自抽样检查这样的某种神经质的谨慎程度才能够认识到砒霜化合物的混入，因此应当否定预见可能性。

9. 通过不可预见之行为的结果回避可能性

在支持旧过失论的学说中，很多在通过没有预见可能性的行为也无法避免结果的场合中否定过失犯的成立。虽然否定的具体要件各种各样，但从结

---

〔1〕 当然，像第 1 章第 2 节 3（2）中所说盖然性太低，原本就缺乏因果关系的时候则另当别论。例如，在虽然既没有抗震构造，也没有防火设备，但一开始就只打算营业 2 天而建造了临时的住宿设施，而就在这两天内发生了地震、火灾的场合，或许有否定因果关系的余地。

〔2〕 佐伯仁志："予见可能性をめぐる諸問題"，《刑法雑誌》34 卷 1 号（1995），115、116 页。

论上来说，这些都不能得到支持。所谓不能通过刑罚阻止的行为，无非正是基于这样的理由不能处罚而已，并不是意味着可以实施这样的行为。因此假定这样的行为来判断结果回避可能性，再以缺乏结果回避可能性为理由否定可罚性的做法是没有道理的。因为所谓结果回避可能性，与其说是刑法必须忍受，不如说是在没有发生坏的事态的场合否定结果无价值的要件。基于仅仅欠缺产生停止念头契机的行为也可能导致结果发生这样的事由，通过在实际上实施了该行为时否定责任的形式得到了充分的考虑。至于超出这个限度，认为就包括能够造成结果但实际上并没有实施的行为也在内的所有行为，也不得不给予产生停止这些行为之念头的契机——如果不这样的话，就与在没有契机的场合否定责任的做法有失均衡——这就有点走过头了。因为在实际实施行为之时，有契机与无契机之间存在很大的差别。

上述道理也象征性地体现为不存在将通过没有动机形成可能性之行为的结果回避可能性当作问题来讨论的见解。但是这样的话，这对于通过不可预见之行为的结果回避可能性也必须是相同的。在先仅假定无法通过刑罚控制的行为来讨论结果回避可能性这一点上，与例如追问平成 15 年（2003 年）判决案件中的被告人要是以无法预见碰撞的速度行驶的话事故还会不会发生，和追问如果已经陷入醉酒状态的被告人因身体不好而陷入无责任能力状态时事故还会不会发生的做法一样，都是没有道理的。

那么为何在有关行为控制的各个要素中，会产生仅对预见可能性进行特别对待的倾向呢？这恐怕是因为，如在 1（2）中所见，仅将其他要素即辨识能力和控制能力统合在动机形成可能性这一责任原理的目的主义方法论，在不知不觉之中已经根深蒂固地存在于我们的思维方式之中了。但是也正如在 1（2）中所见，所谓动机形成可能性只不过是合并指称了在预见可能性、辨识能力、控制能力这些对于行为控制具有同样意义的三个责任要素当中的后面两个。因此，预见可能性与动机形成可能性之间没有原理上的差别。

但是，为了将对于行为控制过程而言无法忽视但又不能放入不法的预见可能性投入仅通过动机形成可能性构成的责任之中，目的主义将该要素还原为原本为动机形成可能性内容之一的违法性认识可能性。如果这也扎根到思维方式之中的话，可能就会意识到讨论通过不可预见之行为的结果回避可能性的做法很奇怪。那是因为这归根结底就是通过没有动机形成可能性之行为的结果回避可能性，而论者并不准备讨论这一要素。

-68-

不过，虽说通过不可预见之行为的结果回避可能性没有规范性意义，但并不是说完全没有事实上的意义。即一般而言，在通过没有预见可能性之行为也无法避免结果的情形中，往往是预见可能性本身也被否定。不过这也存在例外。即也有可能存在即使没有这种意义上的结果回避可能性，还是肯定预见可能性的场合。在平成15年（2003年）判决的案件中的被告人以150公里的时速飞驰，或者在有名的卡车案（BGHSt11，1）中的被告人与被害人仅隔开一个手掌的距离而超车，在这些场合里，虽然都不存在通过不可预见之行为的结果回避可能性，但都可以充分肯定预见可能性本身。那么在这些场合中就没有理由否定过失犯成立。

第2节 行为能力

本文主张结果无价值论。结果无价值论的精髓在于将坏事的实体理解为不法，将从刑罚作为制裁的性格推导出的行为控制过程的担保理解为责任。如前所述，对于罪刑法定主义和一般预防，行为无价值论通过违法宣告对此予以实现，而结果无价值论则通过犯罪（乃至刑罚）宣告，即也发动责任这一犯罪范畴来实现。到此才理解其真正含义吧。而且坏事不管谁做都是坏事，而其中也存在不能要求其不实施的人。结果无价值论的"违法连带，责任个别"这一命题，恰恰也体现了这个道理。

这样考虑的话，行为能力即实施或者不实施行为的能力也跟预见可能性和动机形成可能性一样，与行为控制的过程有关，因此是责任要素。被称作行为能力构成要素的所谓意思能力也是如此。自然行为论就是这么主张的。[1]之所以不将行为能力作为责任要素进行独立讨论，不过是因为能够否定这一要素的案件非常罕见罢了。本文在有关行为控制过程之责任要素的论述中也没有提到行为能力，这也仅仅只是将其省略了而已。

对此，批判观点认为："无行为能力人的行为与自然灾害相同，如果认为这样的行为构成不法的话，对于自然灾害也必须同样如此。虽然论者以刑法只关注人的行为为理由对此予以否定，但这不过是刑法概念的外在性制约

---

[1] 最近明确指出这一点的是西田典之：《刑法総論》，弘文堂2006年，77頁。

（杀人'者'*……），无法进行体系性内在的论证。"[1]但是与人的行为相对的自然现象本来就在法律的界域之外，即不构成不法，而这也只能作为近代法律创设的一种外在性制约来进行解释。[2]实际上中世纪的日耳曼法曾经在 -70-

---

* 原文为"人を殺した'者'は……"（单引号为译者所加），这是《日本刑法》第 199 条罪状表述的原文。批判观点的意思是结果无价值论将自然灾害从刑法的关注点中排除的理由仅在于刑法罪状规定了"者"即表示人的词汇，而不是从其理论体系内部得出的结论。——译者注

[1] 井田良：《刑法総論の理論構造》，成文堂 2005 年，17 頁以下；照沼亮介：《体系的共犯論と刑事不法論》，弘文堂 2005 年，3 頁以下等。

[2] 关于这期间的经过以及近代法的范式，首先不得不提的是村上淳一：《近代法の形成》，岩波書店 1979 年和樋口陽一：《近代国民国家の憲法構造》，東京大学出版会 1994 年。另外，近年来还有石川健治的一系列作品，例如石川健治："人権論の視座転換——あるいは'身分'の構造転換"，《ジュリスト》1222 号（2002），2 頁以下；石川健治："人格と権利——人権の観念をめぐるエチュード"，《ジュリスト》1244 号（2003），24 頁以下。近代市民革命解体了中间团体，自由意志主体的个人得以产生（虽然就家庭的定位本身还是有很大争论的问题）。这一方面产生了权力对主权的集中和与之相对抗的人权概念，另一方面黑格尔主义中出现了马克思主义（唯物论）。如果把中间形态也包含进来的话，至少在一定的时期内，这种范式支配了德国的公法学。Vgl. z. B. Georg Jellinek, System der subjektiven öffentlichen Rechte, 2. Aufl., 1995. 另外，对此处被认为是关键概念的中间团体的厌恶感，为对法人能够犯法这一事实的厌恶感所继受。关于其思想背景的启蒙主义以及实在论（即 Realismus——译者注）的废弃和德国观念论（即 Idealismus，也被译为"唯心论"。——译者注）的繁盛，vgl. Nicolai Hartmann, Die Philosophie des deutschen Idealismus, 3. Aufl., 1974. 象征性地提示了近代法的范式不过是不法的外在性制约的，是被认为首倡客观违法论的耶林（Rudolph von Jhering）的主张。与伴随故意、过失的主观不法相对，他承认不包含故意、过失的客观不法的概念，但将其主体限定在人并且是理性的人，即具有归责能力的人。Rudolph von Jhering, Das Schuldmoment im römischen Privatrecht. Eine Festschrift, 1867. 用今天的话来说就是主观违法论之一。当然，他参考的是罗马法，但不能否定近代市民革命具有——至少根据他的说法是查士丁尼一世帝政时期以前的——古典时期罗马市民概念复权的侧面。而且这种客观不法的概念，在其后与并没有否定被害人的人格，在此意义上不要求为了权利而斗争的作为纯粹利害问题的不法结合在一起。ders., Der Kampf um's Recht, 11. Aufl., 1894. 而且这是与极度反感罗马共和制的黑格尔（Georg Wiheim Friedrich Hegel）所说的法的作为法的否定，因此要求基于其否定的扬弃的犯罪（Verbrechen），或者基于特殊意思而将法作为表面的东西，因此同样要求刑罚的诈骗（Betrug）相对的，对应于不过是特殊意思的否定——即不过是民事上的不法的——无犯意的不法（unbefangenes Unrecht）。Georg Wilhelm Friedrich Hegel, Grundlinien der Philosophie des Rechts, 1821, §84ff., 357（以下简称为"Grundlinien"）与耶林并列被认为是客观违法论创始人的黑格尔学派（Hegelian）的黑尔施纳（Hugo Philipp Egmont Hälschner）的主张也表现了这一点。Hugo Philipp Egmont Hälschner, Die Lehre vom Unrecht und seinen verschiedenen Formen, GS21（1869），S. 11ff., 81ff. 总而言之，限定不法主体的逻辑是独立于将责任从不法那里剥离的逻辑的。当然，正因为如此，例如勒夫勒（Alexander Löffler）以这种外在性制约不彻底为理由而意图将其消除的做法在内在逻辑上才是自然的。Alexander Löffler, Unrecht und Notwehr. Prolegomena zu einer Revision der Lehre von der Notwehr, ZStW21（1901），S. 537ff. 而由此得出的不自然的结论在后来就成了主观违法论批判的绝好靶子。

动物的举动中发现了不法或恶行（Missetat）（古代的万物有灵论对石头也赋予了拟制人格）。[1]而且即便采取行为无价值论也不得不承认这一点。即便是行为无价值论，也不存在体系性内在的理由认为不可以说：针对狗提出了"不能咬人"的规范，只不过不能影响其动机使其遵守而已。[2]

尽管如此，一旦只要让不法承担行为控制过程的一部分，认为这样就能够在逻辑上将自然现象从不法中排除出去，并且将这一想法付诸实施，那接下来无责任的不法（Unrecht ohne Schuld）就会变得不可想象。如果认为不法是违反行为规范即"明明可以遵守行为规范却没有遵守"，为此遵守行为规范实施行为的能力（义务履行能力＝行为能力）就成为前提，因此是不法要素，那么同样是遵守行为规范实施行为的能力（义务遵守能力＝动机形成可能性）就应该也成为前提，因此结果就是论者所称的责任即动机形成可能性也就成了不法要素。[3]如果是评价规范的话那倒还好，然而一旦将逻辑上内在地不得不想象接收人的行为规范这一概念导入不法中，那么在理论上就没有防止责

（接上页）不过作为客观违法论之一的行为无价值论想要从这一手批判中免责是不允许的。这一点如后所述。不过随着时代的发展，争论的焦点从近代法的理念转移到了规范的逻辑构造，众所周知，由于产生了某种倦怠感，这因梅茨格尔提出的"没有收信人的评价规范（Bewertungsnorm）对于决定规范（Bestimmungsnorm）在逻辑上的优先性"这一口号而暂时得到终结（在此之后，在日本，平野龙一又附加了"客观违法论＝结果无价值论＝法与道德的严格区分"这一口号）。Mezger, Die sujektiven Unrechtselemente, GS89（1924）, S. 207ff.；平野龍一：《刑法の機能的考察》，有斐閣1984年，15頁以下。在日本，由于主观违法论在这一倦怠期的阶段登场，几乎没有看到激烈的讨论，而且连其弟子都支持梅茨格尔的主张，主观违法论最终消亡。参见宫本英脩：《刑法大綱》，弘文堂書房1935年；佐伯千仞："刑法における違法性の理論"，有斐閣1974年。关于宫本英脩的规范理论，详细情况参见三上正隆："宫本英脩の規範理論"，《早稲田大学大学院法研論集》116号（2005），172頁以下。该文的内容不限于新派的宫本英脩的规范的逻辑构造，还正确地指出了其他以违法评价所具有的特别预防效果为论据这一点。

[1] Cf. Kelsen, What is justice? Justice, law, and politics in the mirror of science, 1957；青木人志：《動物の比較法文化——動物保護法の日欧比較》，有斐閣2002年；青木人志：《法と動物——ひとつの法学講義》，明石書店2004年。

[2] 与此相对，韦尔策尔反驳道，狗的行为确实具有合目的性（zweckmäßig），但是其没有认识到目的［是本能的（zweckunbewußt（instinkthaft）〕。Welzel, LB；11. Aufl., S. 30. 在此可以看出与后述的意志自由论，甚至主观违法论的亲和性。

[3] 日本的目的主义者为了将动机形成可能性从不法中排除出去，提出了这样的理由，即"无法提出'要获得动机形成可能性'的命令"。井田良：《刑法総論の理論構造》，成文堂2005年，11頁；照沼亮介：《体系的共犯論と刑事不法論》，弘文堂2005年，59、60頁。但是我无法理解为什么这能成为理由。因为同样不能提出"也要获得被作为不法要素的行为能力"的命令。

任的流入，即滑向主观违法论的方法存在了。当然，根据这种理论确实可以在逻辑上将自然现象从不法中排除出去，但这是主观违法论的功绩，而不是行为无价值论的功绩。在过去，展开"义务履行能力（die Fähigkeit zur Pflichterfüllung）属于不法，义务遵守能力（die Fähigkeit zur Pflichtbefolgung）属于责任"的目的主义能力二分论，并决定此后理论刑法学发展方向的[1]是阿明·考夫曼的名著《宾丁规范理论的生与死》。[2]标题中出现的宾丁（Karl Binding）是主观违法论的泰斗，[3]这真是讽刺。

-72-

第 3 节　故意

1. 故意的意义

前文将科处作为制裁的刑罚所必要最低限度的条件整理了一下。即确认了要能够进行以不法为前提并且能够使行为人避免不法的行为控制。不过日本现行刑法原则上仅凭此并不予以处罚。反过来说，原则上，在此附加上从其他观点而来的某种要素后才进行处罚。这个要素正是故意。打比方来说，就是"故意犯＝过失犯+α"（当然这个 α＝故意），原则上只处罚在具有故意这一点上加重了的过失犯。

-73-

---

〔1〕就算不是狭义的目的主义者，致力于这种能力二分论的做法也很普遍。最近的话，参见安田拓人：《刑事責任能力の本質とその判断》，弘文堂 2006 年，102 页以下。

〔2〕Armin Kaufmann, Lebendiges und Totes in Bindings Normentheorie. Normlogik und moderne Strafrechts-dogmatik, 1954, S. 160ff. 众所周知，阿明·考夫曼展开了目的主义的模板式的体系，即将构成要件该当性［义务履行能力（设定义务能力）和义务的不履行］与纯粹的法义务要素（身份和正当化事由的不存在）分配给不法，而将动机形成可能性［义务认识、遵守能力（形成动机的能力）］分配给责任。近年也出版了模仿这一名著的作品，但已经没有原创的印象了。Hoyer, Strafrechtsdogmatik nach Armin Kaufmann. Lebendiges und Totes in Armin Kaufmans Normentheorie.

〔3〕Vgl. Karl Binding, Die Normen und ihre Übertretung. Eine Untersuchung über die rechtmässige Handlung und die Arten des Delikts, 1. Bd. , Normen und Strafgesetze, 1872, S. 135（以下简称为"Normen I"等）. 宾丁与贝尔纳（Albert Friedrich Berner）和克斯特林（Christian Reinhold Köstlin）同样都是黑格尔学派——因此他所谓的法（Gesetz）与规范（Norm）、犯罪（Verbrechen）与不法（Delikt）的区分也植根于此——实际上连阿明·考夫曼的老师韦尔策尔当初也受到黑格尔学派的影响，在过失犯中采取主观违法论。Michael Ramb, Strafbegründung in den Systemen der Hegelianer. Eine rechtsphilosophische Untersuchung zu den Straftheorien von Julius Abegg, Christian Reinhold Köstlin, Albert Friedrich Berner und Hugo Hälschner, 2005; Welzel, Abhandlungen, S. 120ff. 而在故意犯中没有采取主观违法论的理由是因为存在共犯这一技术性原因。当然，在此之后，又改采了尼泽（Werner Niese）的学说。Werner Niese, Finalität, Vorsatz und Fahrlässigkeit, 1951, S. 51ff.

那么究竟是出于何种观点而附加性地要求故意呢?[1]简单说来就是性格责任。即,追求犯罪事实特别是法益侵害,或者对此不介意的行为人态度类型性地表征了其危险性格,即敌视、轻视法益的性格倾向,而就是这一点加重了责任。不过虽说是法益敌对态度,但这并不是对法益本身的纯粹的危险性*。由于故意是以指向不法的性格倾向的形式而规范性裁剪出来的东西,因此它必须涉及不法的整体。[2]当然,在性质上主观的不法要素不可能成为故意的对象,而且在结果加重犯中原则上也只对基本犯要求故意。但是除去这些例外,对于仅涉及不法之一部分的故意,无法赋予其与具备故意相连接的各种各样效果。而且上述性格责任本来就可以说是在承担了担保行为控制过程角色的责任上,又在其后面附加了不同性质的要素。在这个意义上,构成责任的原理是多元的,更准确地说,也无法排除对性质不同的要素的附加性要求。

当然,如果认为抑制刑的范畴不仅仅包括通过科处刑罚来实现使行为人

---

[1] 但是,就算在行为无价值论与结果无价值论或者目的主义与客观归属论这样各种各样的理论体系悉数登场之后,"为什么故意加重刑罚"这一根源性疑问在很长一段时间也没有被认真提出来。最先提出的是弗里施(Wolfgang Frisch)的名著《故意与危险》。Wolfgang Frisch, Vorsatz und Risiko. Grundfragen des tatbestandsmäßigen Verhaltens und des Vorsatzes. Zugleich ein Beitrag zur Behandlung außertatbestandlicher Möglichkeitsvorstellungen, 1983. 本文的描述也深受其影响。

* 日语为"生の危険性"。——译者注

[2] 牧野英一早就已经指出了这一点。牧野英一:《重訂日本刑法(上卷)》,有斐閣1937年,187頁。不过保险起见,这里要补充一句,预见可能性也必须以不法的整体为其对象。但需要注意的是,这是因为与不法整体相结合的刑罚为了产生行为控制的效果而必要的,与故意的场合理由不同。因此,即便对实现了的具体不法要求预见可能性,也不一定直接就能说在故意的场合也是如此。参见小林憲太郎:"事例13",《法学教室》322号(2007)。确实,从特别预防必要性的角度为故意奠定基础的最近的有力论者高山佳奈子采取了(具体的)法定符合说。高山佳奈子:《故意と違法性の意識》,有斐閣1999年,205頁以下。但是其先驱人物牧野英一和宫本英修却采取了抽象符合说(只不过在第三人以及过失的场合也做同样理解)。牧野英一:《重訂日本刑法(上卷)》,有斐閣1937年,226頁以下;宫本英脩:《刑法大綱》,弘文堂書房1935年,143、144頁以下。解决这一问题的是故意错误论,详细的讨论由于超过了本文的射程,不得不予以舍弃。不过就当下而言,具体的法定符合说是妥当的。认为《日本刑法》第38条第2款是创设性地规定了根据轻罪处罚是有困难的,即使这一点姑且不论,其没有规定以犯重罪的意图犯了轻罪的场合的法律适用也显然是不自然的。换言之,应当认为本条款没有什么意义,刑法只在想要通过制裁要求回避行为的限度内才采用追求作为故意犯处罚的处分的体系。问题在于其根据是什么,因为在此场合中行为人对不法的倾向性,以类型性看来明确化了的形式,对社会具有号召力。这恐怕是充分认识到了刑法只有通过制裁才去科处处分的想法,之后就只是这种立法判断的政策妥当性的问题了。

避免不法的行为控制，还包括使其培养重视法益的态度的话，或许也可能将责任作为担保抑制刑的性格的东西来进行统一把握。但是这种统一把握只不过是表面上的东西。因为后者设想的抑制效果与处分效果没有本质不同，而制裁具有的抑制效果则是不同的东西。刑罚与处分的二元主义在故意犯中无法得到贯彻。那是因为故意犯的处罚是在所谓制裁上捎带了处分的。[1]这就使故意犯的责任成了复合性的东西了。当然从将刑罚纯粹化为制裁的立场出发，这样的想法在出发点上就错了。但是在量刑判断中考虑特别预防的通说立场已经开始走在相同的路上了。

－75－

当然这里所说的处分限于法治国家中能够容许的东西。例如预防性处分，或者虽然不是预防性处分，但超出个别具体行为所表现的部分，着眼于消除潜藏于行为人整体人格中的危险性的处分，至少在现阶段是不能被法治国家所容许的。因为在还没有实际上触犯不法的阶段预测危险的做法，至少在现代科学知识看来是非常困难的，[2]而且侵入人格的最深处也是对人的尊严的损害。质言之，只有消除在为行为所实际表现之限度内的危险性的做法才是被法治国家所容许的。不过反过来说，既然一度表露在行为中，通过诸如行为人打算实施怎样程度的事情，具体来说是仅打算作为将来的犯罪行为的准备，还是打算把该做的事情都做完或者打算至少在最终阶段着手等，对行为人危险性大小进行测量也是可能的。在所谓构成要件的提前实现中讨论的就是这个。

不过反过来说，只要遵守了法治国家的容许条件，处分就没有必要采取

---

[1]　将故意犯的处罚纯粹化为处分，独立于制裁科处刑罚的做法为什么做不到，在这个意义上为什么不能采取一元主义是一个问题。而且即使故意加重刑罚，是否应当认为不能科处死刑这种超出处分目的的重刑罚，在这个意义上是否应该与以牧野英一、宫本英修、木村龟二为首的教育刑论者一样，采取死刑废止论也是个问题。牧野英一：《重訂日本刑法（上卷）》，有斐閣 1937 年，602 页以下（更准确地说，是主张应当作为例外性刑罚还保留死刑，但在理念上应当推动刑法进步，使死刑成为无用的东西）；宫本英脩：《刑法大綱》，弘文堂書房 1935 年，250 页；木村龟二（阿部純二增補）：《刑法総論〔增補版〕》，有斐閣 1978 年，49 页。不过这些由于是与刑罚制度的设计相关的重大问题，本文难以对此进行讨论。

[2]　反过来说，在危险容易预测的领域，实际上就是在比例原则［适合性（Geeignetheit），必要性（Erforderlichkeit），狭义的比例性］的框架内科处预防性处分［例如参见《有关传染病预防以及对传染病患者医疗的法律》（感染症の予防及び感染症の患者に対する医療に関する法律）］。而且假如随着科学的进步，在事前判明某人绝对会杀死他人的话，作为防止该结果发生的唯一的手段而对他/她持续性进行预防性隔离的做法在宪法上也没有问题。十分有趣的随笔参见佐伯仁志："科学の進歩と犯罪対策"，《法学教室》304 号（2006），卷頭語。

-76-　治疗、隔离的形态，采取（在不限于制裁意义上的广义的）刑罚的形态也没有任何障碍。[1]而正因为如此才能够对故意犯科处比过失犯更重的刑罚。当然，即使是将刑罚作为制裁加以科处的场合，特别是在其采取自由刑的形态之时，首先体现的也是由刑务工作所代表的教育、再社会化的侧面。但是，这并不是制裁的内在性要求，而是因为什么都不做仅仅关起来这一做法在刑事政策上有很大的弊害。[2]仅仅在这一点上与作为处分的刑罚存在不同。

　　学说上有很多观点试图通过一元性原理来构建责任。当然，如果是在建构合适的刑法体系的过程中，结果自然而然地出现这一原理的话还好。但是，因为并不存在先于刑法体系的责任的本质之类的东西，因此强行通过一元性原理来构建责任的做法就是本末倒置。而且还有人说，由于责任的原理也受到刑罚的正当化根据本身的规制，基于一定的立场对其进行无-77-　矛盾的说明就是必要的。但是，姑且不说将一定的哲学立场之类的东西代入

---

〔1〕　反而在监狱中也进行着精神病治疗。特别对于自由刑的（超出隔离的）特别预防效果，过去人们有疑问，或者阿尔都塞（Louis Althusser）流派或者不限于马克思主义的话福柯（Michel Foucault）流派进行分析认为教育刑孕育资本主义意识形态，这些基本上都得到了克服。参见路易·阿尔都塞（Louis Althusser）著，河野健二、田村俶訳：《甦るマルクスI·II》，人文書院 1968 年；路易·阿尔都塞（Louis Althusser）、艾蒂安·巴利巴尔（Etienne Balibar）著，権寧、神戸仁彦訳：《資本論を読む》，合同出版 1974 年；米歇尔·福柯（Michel Foucault）著，田村俶訳：《監獄の誕生——監視と処罰》，新潮社 1977 年。这是因为时至今日，批判者的系谱要么根据实用性的决断得出相同的结论，要么根本就什么结论都得不出来而已。用卢曼（Niklas Luhmann）深入分析米歇尔·福柯的宫台真司之后的言论行动很好地体现了这一点。参见宫台真司：《権力の予期理論——了解を媒介にした作動形式》，勁草書房 1989 年等。对此相对，由于财产刑只是单纯的痛苦，可能有人会认为其只能作为制裁加以科处。但是以痛苦为契机使行为人反省，让其尊重法益的效果也并非不可想象，因此未必就能这么说。只不过这是连旧的报应刑论也想到了的东西。Z. B. Karl Birkmeyer, Strafe und sichernde Massnahmen. Rede beim Antritt des Rektorats der Ludwig-Maximilians-Universität gehalten am 24. November 1906, 1906, S. 19. 就这样财产刑的特别预防效果在刑事政策学上也成了重大的争论问题。参见大谷實：《刑事政策講義〔第 4 版〕》，弘文堂 1996 年，148、149 頁。

〔2〕　参见吉冈一男：《刑事政策の基本問題》，成文堂 1990 年，111 頁以下。不过吉冈认为刑务作业的目的不在于犯罪人的改善，而是"自由刑的受刑人也基本上没有被否定的一般性的勤劳的义务及权利的实现"。吉冈一男：《刑事政策の基本問題》，成文堂 1990 年，197 頁。并非"自由刑的受刑人还剩下什么"，而应当从原本"被剥夺了什么"出发，应当警戒改善矫正理念掩盖了这一点，即使用这一理念作为限制（超出了自由刑本来要求的）受刑人权利的正当化理由的做法。他的这一多年来的主张可以说在这里也得到了体现。参见吉冈一男：《自由刑論の新展開》，成文堂 1997 年。特别在以作为制裁的自由刑为对象时，这是重要的问题意识。

刑法中是不是合适这本身就是一个哲学问题,[1]这未必就是存在论、社会学方法论或者教育刑论层次的问题。只不过由于可以认为这是指基于一定的共识了解而被把握的刑罚的含义和作用,这与责任原理的多元性也就没有任何矛盾。换句话说,刑法在适合于人权这一自由主义社会条件的范围内同时使用了适合于国家作用的主体观,或者说刑法原本就不以特定的主体观为前提。

　　不过也可能有观点认为即便如此,如果对责任这一犯罪范畴期待担保行为控制过程的机能的话,与此性质不同的性格责任的要素就不是责任,而是应该放到第四个犯罪范畴中。虽然实际上这样也行,但由于①传统上三阶层犯罪论体系一直被采用,②与行为控制可能性一样,性格责任本来也是就具体行为人进行判断,在这个意义上是能够放在处理被实施了的事情的——原则上在万人共通的意义上——客观的"坏"的不法这一犯罪范畴的对立面的,③到目前为止学界形成共识的理论,诸如能否实施正当防卫(不正侵害)、是否成立共犯(从属性)等都依赖于不法和责任的区分,而不是行为控制可能性和性格责任的区分,因此本文认为一边承认性格责任要素的不同性质,一边将其放入责任这一犯罪范畴中是妥当的。当然,对于上述①到③本身也会有不同意见,在此不得不省略对此的反驳意见。

　　不过,虽说是性格责任,由于如前所述仅在被行为所表现的限度内进行考虑,因此或许更应该称之为性格学的责任观(charakterologische Schuldauffassung)而不是性格责任(Charakterschuld)。[2]不过,性格责任(李斯特[3])、 -78-

〔1〕　近年来有力主张这种基于后现代主义(postmodern)或者新实用主义(neo-pragmatism)的刑法理论——虽然这本来不应该成为理论——的是前田雅英。参见前田雅英:《刑法総論講義〔第 4 版〕》,東京大学出版会 2006 年;前田雅英:《刑法各論講義〔第 4 版〕》,東京大学出版会 2007 年等。特别是被认为给予论者很大影响的是罗蒂(Richard Rorty)所说的民主主义的优先性,更进一步说是客观性和连带性的逆转。Richard Rorty, The Priority of Democracy to Philosophy, in: The Virginia Statute for Religious Freedom. Its evolution and consequences in American history (ed. Merrill D. Peterson and Robert C. Vaughan), 1988, pp. 175 ~ 196. 另外,关于这里使用的政治自由主义,see John Rawls, Political Liberalism, 1993.

〔2〕　Mezger, Strafrecht. Ein Lehrbuch, 3. Aufl. , 1949, S. 257ff.

〔3〕　Liszt, Lehrbuch des Deutschen Strafrechts, 21. u. 22. Aufl. , 1919, S. 151ff. 对李斯特的责任论进行了详细研究的有小坂亮:"リストの責任論——錯誤におけるリストの動機説の意義をめぐって(1)~(3・完)",《早稲田大学大学院法研論集》115 号(2005),262 頁以下;116 号(2005),75 頁以下;117 号(2006),89 頁以下。

生活方式形成责任（Lebensführungsschuld）（梅茨格尔[1]）、生活决定责任（Lebensentscheidungsschuld）［伯克尔曼（Paul Bockelmann）[2]］、人格形成责任（团藤重光[3]）这样四个从内容到趣旨都不同[4]的思考方法在今天成组地被作为批判的对象，那是因为在学界，个别行为责任的原则已经成为讨论的基本出发点。[5]这样的话，本文也不怕招致多大的误解，就使用性格责任这一用语吧。本文在使用性格责任这一用语时，绝不是企图跟以前一样将行为人的整体人格作为责任评价的对象。

2. 故意与违法性认识

实际上从人格（性格）相当性的观点来说明故意的做法也并不是什么稀奇的事。甚至可能还可以说在韦尔策尔以前的讨论作为责任要素之故意的德国刑法学者与日本克服了韦尔策尔的刑法学者之间这是一般性见解。自

---

[1] Mezger, Die Straftat als Ganzes, ZStW57 (1938), S. 675ff.

[2] Paul Bockelmann, Studien zum Täterstrafrecht, 2. Teil, 1940（以下简称为"Studien"）. 伯克尔曼在最后展开自说之前，特意设了一个独立的项目对梅茨格尔进行激烈的批判. a. a. O., S. 128ff. 不过，当后世行为刑法（而不是行为人刑法）得见天日之时，他或许会察觉到两者是绑在一起的。

[3] 团藤重光："人格責任の理論"，《法哲学四季報》2号（1949），100页以下。德国与日本在此语境中的唯一一差别在于团藤的人格形成责任论现在还保持非常强的影响。大谷實：《人格責任論の研究》，慶應通信1972年等。德国有的教科书不提生活方式形成责任，但在日本没有教科书不会提到人格形成责任。

[4] 认为这些都是为了说明常习犯加重的看法过于片面。特别是生活方式形成责任具有被用来说明具有人格（性格）相当性的犯罪性精神病质（kriminelle Psychopathen）减轻的这一反过来的侧面。Vgl. Mezger, ZStW57, S. 690.

[5] 虽然具体原因并不清楚，但在日本，有见解认为生活方式形成责任、生活决定责任是个别行为责任的一种。这至少没有遵循论者的本意。例如，梅茨格尔一方面引入二元主义，另一方面在以所谓整体性思考（Ganzheitsbetrachtung）为志向的纳粹新刑法，即1933年的《关于危险常习犯人及保安·矫正处分的法律》（Gesetz gegen gefährliche Gewohnheitsverbrecher und über Maßregeln der Sicherung und Besserung）之下，在避免将遗传性、先天性资质算入责任的基础上，在个别行为责任之外考虑生活方式形成责任。Vgl. Mezger, ZStW57, S. 689. 对梅茨格尔责任论的演变进行了有趣分析的有内海朋子："再考・メッガーの責任論"，《法学政治学論究》32号（1997），537页以下。到伯克尔曼的生活决定责任又进一步发展。他以新刑法的正当化为目标，在"就算行为责任不行还有行为人责任"的基础上增添了其相反模式即"就算行为人责任不行还有行为责任"。在此两者被完全分离开来。而且他不仅提出了行为人责任，还提出了行为人不法的概念。例如，如果是结果无价值论，就是行为人被禁止了的存在形态的情形。Bockelmann, Studien, S. 145ff.

不必说前者的代表是梅茨格尔，后者的代表是平野龙一。[1]但是这里设想的行为人的敌对性不是针对法益本身，而是针对刑法的动机形成。这象征性地体现为梅茨格尔采用了严格故意说。[2]

　　此外，有不少见解以根据严格故意说，故意犯的成立范围就会变得太窄为理由，一边在结论上认为只要具有违法性认识的可能性就足够，另一方面基本上将其出发点也放在这样的想法上。即从理论性观点看来，现实的违法性的认识本来是必要的，但是由于这样的话就不能充分达成取缔目的，不得已而认为只要有违法性认识的可能性就够了。将这种观点忠实地理论化的是所谓法律过失准故意说。例如，过去宫本英修就说道："'不知法并不会因此而得到宽恕'被作为一般原则……的理由一般说来是因为社会必要性。……要将某人的行为认定为违法并直接正面进行谴责（即不是间接性地谴责不注意），不管怎样如果不是这个人认识到了行为的违法的场合，理由就不能成立……前述规定（《日本刑法》第38条第3款——笔者注）的着眼点在于不想看到以下结果，即对于没有违法认识的行为原则上也能够科处与具有违法的认识的行为相同的刑罚。如果这个目的达到了的话，没有必要连达到该目的的理论构成也进行拘束。因此，应当认为前述规定在结果上就是规定了有关一般规范（违法也同样……）之不知的过失责任。"[3]从理论性观点看来，通过对没有故意犯之实体的行为以法条的形式性文言为根据科处故意犯之刑罚，

–80–

[1]　作为其他的德国刑法学者，在梅茨格尔以前有默克尔（Adolf Merkel），与韦尔策尔同时期的有恩吉施，在此之后的有施米德霍伊泽（Eberhard Schmidhäuser）。Adolf Merkel, Lehrbuch des deutschen Strafrechts, 1889, S. 72ff.（不过采取了违法性认识不要说）；Engisch, Die Lehre von der Willensfreiheit in der strafrechtsphilosophischen Doktrin der Gegenwart, 2. Aufl., 1965, S. 58ff.；Eberhard Schmidhäuser, Vorsatzbegriff und Befriffsjurisprudenz im Strafrecht, 1968; ders., Strafrecht, Allgemeiner Teil, Lehrbuch, 2. Aufl., 1975, 10/1ff. 特别是施米德霍伊泽采取严格故意说，认为规定了责任说的《德国刑法典》第17条违反了宪法要求的责任主义。不过，平野龙一的早期观点尚未摆脱韦尔策尔的束缚，参见平野龍一："故意について（1）（2）"，《法学協会雑誌》67卷3号（1949），34頁以下；4号（1949），63頁以下。而正如第3章第1节3所述，被认为发展至今的结果无价值论实际上也没能摆脱目的主义的影响。

[2]　Mezger, LB, 3. Aufl., S. 265. 不过他之前基于生活方式形成责任的思考方法采取限制故意说。Vgl. ders., Rechtsirrtum und Rechtsblindheit, in: Kohlrausch-FS, S. 180ff. 问题是为什么平野龙一采取责任说，直截了当地说，这并不具有一贯性。

[3]　宫本英脩：《刑法大綱》，弘文堂书房1935年，146、147頁。最近的文献，vgl. z. B. Theodor Lenckner/Jörg Eisele, in: Adolf Schönke/Horst Schröder, Strafgesetzbuch. Kommentar, 27. Aufl., 2006, Vorbem §§ 13ff., Rn. 120/121（以下简称为"Sch/Sch"）。

以此来达成取缔目的的做法可以说陷入了不好的法律实证主义，但至少可以看出这个学说很明显是从行为人对刑法的动机形成的态度上来把握故意的本质的。

但是这样的想法存在根本性疑问。明确这一点就必须追问刑法原本是为了什么而存在的。刑法首先是为了通过制裁这一手段来抑制针对法益的侵袭，进而保护法益而存在的。而且正如前文反复所说的那样，刑法的动机形成仅具有如果没有动机形成可能性制裁就一概不奏效这一消极意义，而行为人对此实际上表达了什么样的态度在考虑制裁的机能时并不重要。人们经常在违法性认识的语境中说"从价值上看，具有现实的违法性认识的场合与仅仅具有违法性认识可能性的场合之间根本没有差别"，这句话在这个意义上是完全正确的。

当然，正如本文反复说到的那样，刑法所预想的法益保护手段不限于制裁。换言之，对因故意的存在而加重刑罚的做法，有可能通过类型性的处分的必要性来说明。而且本文也主张这种观点。并且如果将这里所说的处分所着眼并意欲除去的危险性理解为——与本文不同——不是针对法益本身，而是针对刑法的动机形成的话，行为人对此的态度对故意而言就应该是重要的了。这样的反驳意见也是有可能存在的。

但是在我们生活的自由社会中，国家并没有必要将显示了针对其基于权威制定的刑法的动机形成的反抗态度本身视为"恶"，并将其除去。无论如何，"恶"都是针对刑法想要保护的一定的生活利益即法益具有侵袭性的东西，不能说虽然有恶但由于没有前述的反抗态度所以不除去也没事，反过来也不行。只不过在现行法制度里，无法将刑罚纯粹化为处分而已。本文反复说明，所谓刑法的动机形成，充其量不过是在制裁这一法益保护手段内，而且如果没有动机形成可能性制裁就一概不奏效这一消极形式中才有意义，不能将其本身作为保护对象进行自我目的化。这正如戈尔德施密特（James Goldschmidt）准确表达的那样，故意犯的责任不是义务违反的意欲（Wollen der Pflichtwidrigkeit），而是义务违反性意欲（pflichtwidriges Wollen）。[1]

当然，特别是在容易具有违法性认识的场合，可以说行为控制可能性意义上的责任更重。因为在此场合，只要通过不用达到刑法所要求之程度的一

-81-

---

[1] James Goldschmidt, Der Notstand, ein Schuldproblem. Mit Rücksicht auf die Strafgesetzuntwürfe Deutschland, Österreichs und der Schweiz, Österreichische Zeitschrift für Strafrecht, 1913, S. 141.

点点的遵守法律的努力就能够获得避免不法的契机，在这个意义上就需要制裁发挥强烈作用。这与在特别容易通过不法的辨识来控制行为的场合加重责任是相同的。而且由于量刑责任存在非常宽的幅度，在量刑上也有可能从"轻视了法秩序（刑法性禁止）"的角度来考虑现实上具有违法性认识这件事。但这些都是另外一回事了。

-82-

另外，根据犯罪的性质，也无法否定存在以下情形，即只有具备了禁止的认识行为人的危险性格才能够评价为直接表现在行为中。例如，在星期三扔不可燃垃圾是犯罪（星期三是可燃垃圾日，星期四是不可燃垃圾日）。误解了星期三是不可燃垃圾日的行为人在星期三扔了不可燃垃圾。在这里，由于行为人具有"在星期三扔不可燃垃圾"的认识，能不能就说行为人有故意只是没有违法性认识呢？恐怕不能这么说吧。既然行为人不明白"不得在星期三扔垃圾"，否定故意的思考方法才是自然的。于是看起来即便采取了本文的立场，还是无法完全将故意与违法性认识分离开来。众所周知，事实上，将故意（以及过失）定位于作为恶性表现之责任条件的牧野英一认为对故意的成立而言，在自然犯的场合违法性认识是不需要的，而在法定犯的场合则是必要的（自然犯、法定犯区别说）。[1]

但是严格考虑的话，这种疑问并不准确。在前面的事例中，只要行为人不明白"不得在星期三扔不可燃垃圾"就无法肯定故意的说法并不是因为这是以违法性认识为前提的，而是因为星期三扔不可燃垃圾的行为具有的有害性，即作为违法评价对象的利益侵害、危殆化只有以将星期三规定为可燃垃圾日的扔垃圾日规则为前提才会产生。像这种扔垃圾日规则的规定方式是道德中立的，总而言之作出了规定本身才是重要的事项被称为"调整问题（coordination problem）"。[2]不管是将星期三规定为可燃垃圾日、将星期四规定为不可燃垃圾日，还是反过来规定，两者完全都可以，但是不管怎么说总得选择其中一种进行规定。而这一旦规定了，不遵守就会产生对社会有害的事态。这种"规定"的例子还有"汽车左侧通行""红色信号灯代表'停止'"等规则。在像这种通过刑罚威吓违反"规定"的行为的场合，如果认为可以

-83-

---

〔1〕　参见牧野英一：《重訂日本刑法（上卷）》，有斐閣 1937 年，211 頁以下；瀧川幸辰：《改訂犯罪論序説》，有斐閣 1947 年，127 頁以下。

〔2〕　参见例如樋口陽一編：《講座·憲法学（第 3 卷）権利の保障》，日本評論社 1994 年，51、52 頁（長谷部恭男）。

称之为法定犯的话，在此场合下对违反"规定"本身的认识对故意而言就是必要的，在此意义上，无法否定法定犯在事实上受到了特殊对待。也可以将此称为新自然犯、法定犯区别说，但要注意这跟牧野英一的旧自然犯、法定犯区别说存在差异。

3. 故意与过失

之前已经说得很明白了，要求过失的根据与要求故意的根据是完全不同的。从人格（性格）相当性的观点来说明故意的论者也从同样的观点出发悉数说明过失，但是这并不妥当。因为过失是从刑罚属于制裁这一事实中直接推导出来的要件。因此，特别是容易预见犯罪事实的重过失，在只要通过不必达到刑法要求的程度的一点点谨慎程度就能够获得避免不法之契机的意义上，与容易具有违法性认识的场合一样，都加重了行为控制可能性意义上的责任。换言之，重过失的刑罚更重——虽然经常被误解——并不是因为其接近故意。事实上认为重过失的加重根据在于对故意的接近性的旧学说在此处作为重过失的实体而预想的毋宁是有认识过失，即具有危殆化故意的情形。[1]

也有观点在重过失的场合，认为即使不是针对法益本身，其也显示了针对"要谨慎"这样的来自社会共同生活要求的高度轻视的态度。说这是李斯特式的想法应该就容易明白了吧。[2]确实，我们完全能够想象针对故意行为以外也科处——先不论是与制裁配套，还是采取刑罚的形态——处分的法律制度。而且新派的基本出发点原本也在于此。[3]进一步说，即使认为过失犯的一般成立要件是从刑罚的制裁性特征推导出来的，就像考虑到伴随危殆化故意的场合之时很明显的那样，并不必然将作为处分而被正当化的侧面从具体的过失犯罪人的处罚中排除出去。但是以上并非像所有的故意行为那样，基于在条文中得以类型化的考量。因此，人们常说"过失犯是谁都可能犯的犯罪"，这也象征性地体现了对于过失犯并不类型性地要求性格责任的要素，特别是不要求是危险的行为人所犯这一点。因此，前述关于过失整体加重的说明最终也是就行为控制可能性所进行的论述，与故意加重责任的理由具有本质不同。

-84-

---

〔1〕 Z. B. Merkel, LB, S. 90f.

〔2〕 Vgl. Liszt, LB, 21. u. 22. Aufl., S. 177.

〔3〕 参见诸如牧野英一：《刑法研究（第8卷）》，有斐阁1939年，100頁以下。

即便是现在偶尔也会看到有观点主张，故意与过失是性质相同的东西，只不过具有纯粹量上的差别，[1]其原型可追溯到埃克斯纳（Franz Exner）的感情责任论。[2]他通过轻视法益态度的强弱来说明故意与过失。但是这种思考方法在完全忘记了还存在人们会不小心伤害受重视的法益的事实这一点上并不妥当。既有可能发生母亲在睡眠时使婴儿窒息而死的情况，也有可能发生儿子在狩猎中将父亲误杀的情况。换言之，轻视法益的态度之类的东西，如果进行类型性想象的话就只有在故意犯中才会存在。而令人震惊的是，这些例子都是埃克斯纳自己举的，更令人震惊的是他婉转地表示在这些例子中不存在过失。所谓自我反驳也不过如此了吧。因为很显然存在过失。

-85-

4. 围绕故意的一些问题

（1）法人的故意。

在法人处罚论中，对于既没有肉体也没有精神的法人能否满足故意、过失这样的主观犯罪成立要件，到现在为止还存在激烈争论。但是就法人的过失而言，由于其最终还是归于能否进行行为控制的判断，因此很显然是可以想象存在的。虽然在理论上明确了这一点，但如果不明白在实际上到底应该怎样判断的话，只要想象一下在对法人科处其他制裁的时候是怎样做的就明白了。因为过失对所有的制裁都是必要的。与此相对，由于要求故意的观点与过失完全不同，因此应当着眼的因素也完全不同。对于故意的存在与否，只要根据类型性来看法人表现了怎样的蔑视法益的态度来进行判断就可以了。[3]

---

[1] 高山佳奈子：《故意と違法性の意識》，有斐閣1999年，134页以下为其典型。

[2] Franz Exner, Das Wesen der Fahrlässigkeit. Eine strafrechtliche Untersuchung, 1910. 其他有力的论者有恩吉施。Engisch, Untersuchungen über Vorsatz und Fahrlässigkeit im Strafrecht, 1930. 不过他由于考虑了后面马上要提到的批判，结果对感情责任论进行了修正，认为其实体并不在于缺失对侵害法益完整性的关心，而在于缺失对构成要件实现的回避、法律义务之履行的关心。但是这与行为控制可能性没有什么不同，因此可以说是放弃了感情责任论的本质部分。

[3] 如后所述，在故意之外，还存在像营利目的这样的表征蔑视法益的态度的主观犯罪成立要件。因此严格来说，进行这些要件究竟基于怎样的观点加重性格责任这样细化的考虑是有必要的。而且在性格责任以前原本还存在对违法性有影响的主观犯罪成立要件（主观违法要素），说这是蔑视法益的态度，必须从不同的观点来进行判断。而且正如后面马上要说的，任何的"主观"的分类都是权宜之计，但是在同时就法人进行判断的场合，在很多情况下也不得不看作为成员的自然人的主观。

-86-　　当然针对这种主张，可能会有批判意见认为"因为法人没有主观之类的东西，因此也不可能满足主观犯罪成立要件"。但是，说故意、过失是主观犯罪成立要件只不过是我们自作主张这样规定的而已。实际上条文上也没有这样写，而且新过失论不仅将过失从责任中解放出来，还将过失从主观中解放了出来。换言之，在要求生身的人（自然人）具有故意、过失的时候，就必须根据要求故意、过失的趣旨，恰巧要进入其主观来判断存在与否，仅此而已。因此，要认定法人的故意之所以在很多场合要看其成员的自然人的主观，并不是为了从其他地方用什么东西来弥补主观，[1]而是在很多场合下，只有这样才能类型性地看作法人本身蔑视了法益。[2]

　　（2）未遂犯的故意。

　　之所以能够对（侵害犯的）未遂犯科处比通常的具体危险犯更重的处罚，[3]也是因为行为人追求法益侵害的恶劣态度加重了性格责任。人们经常说未遂犯是具体危险犯。但是实际上，就算是造成了同样危险的行为，比起从一开始就仅仅打算造成危险的场合（具体危险犯），想要造成侵害但因失败而仅造成危险的场合（未遂犯）得以加重处罚。两者之间的差别就在于（追求侵害的）故意的存在与否。

-87-　　反过来说，在过失犯中，由于原本就没有类型性地要求加重的性格责任的要素，过失犯的未遂这样的法律形象就不存在。偶尔会有观点从将过失犯理解为结果犯的立场出发，认为过失犯的未遂就是通过过失产生具体危险的场合。但是这不过是过失具体危险犯。论者恐怕也不会说对此能够科处与过失侵害犯同样的刑罚吧。因此，除了包括对加重结果具有故意的结果加重犯之外，所谓结果加重犯的未遂，也只有在基本犯未遂的场合才能成立。当然，与德国一般性的处罚重罪（Verbrechen）之未遂的情况（《德国刑法典》第23条第1款）不同，在日本带有未遂犯处罚规定的结果加重犯只规定（《日本刑

---

[1]　当然也有观点这样认为。佐伯仁志："法人処罰に関する一考察"，《松尾浩也先生古稀祝賀論文集（上巻）》，有斐閣1998年，655頁以下等。但是认为能够从其他地方借来犯罪成立要件的一部分，这种说法很奇怪。

[2]　上面的表述受到樋口亮介："法人処罰と刑法理論（1）·（2）"，《法学協会雑誌》123卷3号（2006），49頁以下；4号（2006），695頁以下，以及其以相同主题在2006年日本刑法学会的个别报告的影响很大。

[3]　只不过对于也可以不减轻而直接科处既遂的刑罚这一法政策（《日本刑法》第43条前段）合适与否还有讨论的余地。事实上未遂犯在几乎所有场合都受到减轻处罚。

法》第 243 条）在抢劫致死伤罪（《日本刑法》第 240 条）、抢劫强奸致死罪
（《日本刑法》第 241 条后段 *）中。而且根据分则的解释，也存在即使基本
犯处于未遂，只要加重结果发生了就作为既遂处罚的情况。在这个意义上这
并不是有多大意义的论点，不过理论上确实是这样。

　　人们常常说"责任不得超过不法"。这仅在以下这个意义上是正确的，即
以实际所犯的不法为前提，追究是否能够进行避免该不法的行为控制。换言
之，在与从刑罚的制裁性格推导出来的行为控制可能性的意义上的责任相关
上确实如此。泉二新熊在论述过失犯不存在未遂的理由时说道："过失犯的趣
旨在于谴责对事实结果的不注意。"[1]但是正如未遂犯的故意那样，性格责任
的大小并不受实际上所犯的不法之大小的束缚。只不过如果认为现行刑法原
则上只在根据制裁要求行为人实施避免行为的限度内追求作为故意犯处罚之
处分的话，[2]要想（比具体危险犯更重地）处罚未遂犯就需要存在特别规
定。过去戈尔德施密特为了说明不能未遂的可罚性而主张无不法（法规范违
反）之责任（义务规范违反）这一法律形象，[3]从而受到了几乎可以说暴力
性的批判，[4]但实际上也并没有错得多么离谱。只不过作为未遂犯的处罚既

-88-

---

* 2017 年《日本刑法》修改（平成 29 年法律第 72 号）时，第 241 条被修改为"抢劫·强制性交
　等及其致死"；2023 年《日本刑法》修改（令和 5 年法律第 66 号）后，第 241 条被修改为"抢
　劫·不同意性交等及其致死"，修改后的第 241 条第 1 款规定："犯抢劫罪或其未遂罪的人又犯
　第一百七十七条之罪或其未遂罪的，或者犯该条之罪或其未遂罪的人又犯抢劫罪或其未遂罪的，
　处无期或者七年以上有期徒刑。"第 2 款规定："在前款的场合中，当所犯之罪均为未遂时，除
　致人死伤外，可以减轻其刑罚。但是，基于自己的意志中止了任一犯罪的，减轻或者免除其刑
　罚。"第 3 款规定："因构成第一款之罪的行为致人死亡的，处死刑或者无期徒刑。"——译者注
〔1〕 泉二新熊：《刑法大要〔增订 40 版〕》，有斐阁 1942 年，193 页。
〔2〕 关于这一点参见第 64 页注〔2〕。
〔3〕 Goldschmidt, Österreichische Zeitschrift für Strafrecht, 1931, S. 145f. 不过由于戈尔德施密特使不法
　仅与客观相关，使责任仅与主观面相关，因此其一律否定主观不法要素，不得不说这是一个大
　错误。在未遂特别是着手未遂（未终了未遂）中，若不依赖于行为意思或者行为计划这些主观
　面的话，就无法明确不法的内涵。这跟故意这一主观责任要素超出了被确定了的不法是完全不
　同的两回事。只不过，对于历来被认为是主观违法要素的犯罪成立要件中的"行使目的"（《日
　本刑法》第 148 条第 1 款等）、盗窃罪（《日本刑法》第 235 条）等中的不法，并不将其理解为
　单纯握持标的物，而是将其理解为对利用可能性的侵害，而且仅止于此，换言之，认为利用可
　能性的获得对于不法而言没有意义。在此场合，就像非法占有目的中的排除意思那样，从实质
　上看，很多都能消解于故意，这也确实如此。详细情况参见伊藤涉ほか：《アクチュアル刑法各
　論》，弘文堂 2007 年，222 页以下（小林宪太郎）。
〔4〕 Z. B. Hermann Kriegsmann, Literaturbericht, ZStW35 (1914), S. 318f.

然也是刑罚的一种，其就必须具备作为制裁的性格，因此具体危险这一不法（以及面向对此的回避的行为控制可能性）是必要的而已。换言之，之所以不能处罚不能犯，仅仅是因为无法将刑罚纯粹化为处分而已。

当然在未遂犯的故意中，在性格责任的大小也不过是根据其想要犯的不法的大小来决定的意义上，或许也可以说责任还是不能完全超过不法。但是即使想要犯的不法的大小相同，性格责任独自加重或构成刑罚的情况也充分存在。例如，在现行法也在特别刑法中，营利目的加重了刑罚（《日本兴奋剂取缔法》第41条第2款等）。不，不仅限于此，在刑法典的背信罪（《日本刑法》第247条）中，图利加害目的甚至构成了刑罚。这可以说是性格责任超越不法加重、构成刑罚的典型了吧。[1]

（3）认识说和意志说。

-89-有关自然人故意的认识说和意志说的对立也与法人的故意的问题一样，必须回到要求故意的趣旨上来解决。[2]要说蔑视了法益，单纯在头脑中描绘犯罪事实是不够的。因为就算是通过实施行为，行为人轻视或者敌视法益的态度或者价值判断，必须在能够被认定的程度上表现出来。这样的话，至少"这样也是没办法"这种程度的意（志）的要素就是必要的（意志说）。营利目的等其他的性格责任的要素都包含在意的要素中也从旁证实了这一点。由此也可知，所谓意的要素，是附加在认识即知的要素（所谓知情意中的知）之上的东西，[3]

---

〔1〕 不过就像营利诱拐罪（《日本刑法》第225条）那样，也存在营利目的原本就被作为违法要素的场合（当然也有可能存在反对说）。而且，关于背信罪的图利加害目的，如果以所谓实质不利益性认识说为前提的话，这就不是超出不法规定了责任的情况了。上嶌一高：《背任罪理解的再构成》，成文堂1997年，267页以下；山口厚：《問題探究 刑法各論》，有斐閣1999年，203页以下等。

〔2〕 关于对被害人同意所必要的心理要件的见解的对立，也必须回到为何被害人同意阻却不法，正确地说阻却构成要件该当性这一点来进行解决。这一点虽然是明确的，但就其结果是否会达到与后述故意同样的基准，则由于超出了本文的讨论范围，在此无法进行明确化。学说多数认为达到了同样的基准。唯一的例外是佐伯仁志，他指出故意和同意是方向正好相反的两个向量，从而认为在理论上有可能就前者采取认识说，而就后者采取容认说。参见佐伯仁志："被害者の同意とその周辺（1）"，《法学教室》295号（2005），114页。但是这里所说的容认结果还是认识+不回避意思即行为意志，并没有要求比认识说更多的东西。

〔3〕 换言之，以不存在对犯罪事实的认识为理由否定故意的做法，不仅是认识说，意志说也允许这种做法。反过来说的话，即使某个裁判例以不存在对犯罪事实的认识为理由否定被告人的故意，这也并不意味着就一定立足于认识说。

但并不是行为意志（知情意中的意）本身，[1]而是一定的情绪性要素或者心　　　-90-
情要素（知情意中的情）。

　　对于考虑情绪性要素的做法，也有人批判为心情刑法。确实，在情绪性
要素的规定强制要求一定的道德，或者具有反社会性心情等模糊内容的场合，
对这种批判就只能接受。但是与此相反，如果是具有合理基础的明确的东西
的话，就没有理由对此加以排除。事实上刑法本身也在诸如背信罪中将图利
加害目的这样的情绪性要素作为犯罪成立要件加以规定。而且就算是关于故
意本身，在犯罪事实实现可能性很小的场合等，很多情况下也将意图（意欲）
这样的情绪性要素记载在要件中。当然有可能会说这些不过是部分性的东西。
但就算是部分性的，也并不是说就可以采取心情刑法。

　　而且学说中还有观点从心情要素充其量不过是加重刑罚的要素，其无法
构成刑罚这一理由出发，认为诸如针对成年人的营利诱拐罪中的营利目的必
须理解为违法要素。[2]但是就算将其理解为违法要素这一结论本身没有问
题，这种说理也存在疑问。因为基于怎样的趣旨要求一定的加重刑罚的主
观要件这一问题，与是否应当将作为基础的行为类型进行（非）犯罪化这
样的立法政策判断两者之间未必具有关联。因此，认为如果是针对未成年
人的营利诱拐罪，就有可能将营利目的解释为心情要素的观点很奇怪，反
过来，认为如果要将兴奋剂的单纯走私进口的行为非犯罪化，必须突然将
一般被认为是心情要素的营利目的的走私进口兴奋剂罪［《日本兴奋剂取缔
法》第 41 条第 2 款）中的营利目的解释为违法要素的观点也是很奇怪的虽

---

〔1〕　如前所述，行为意志是主观违法要素。若将其称为意的要素的话，认识说也要求该要素（不
　　　仅如此，这是在过失犯中也共通的要素）。被认为是认识说先驱的弗兰克（Reinhard Frank）
　　　指出并不是不要意的要素，而是这已经充分表现在行为的要件中了，因此没有必要在故意的
　　　定义中进行重复。这也象征性地体现了前述道理。Reinhard Frank，Über den Aufbau des Schuld-
　　　begriff，1907，S. 23（以下简称为 "Aufbau"）。不过，就算说行为意志是主观不法要素，这也
　　　仅仅是说这是现实产生的不法的构成要素，如后所述情绪性要素即行为人的法益轻视性态度
　　　要通过实施行为得以明确化，在这个意义上想要实施行为的意志能够影响责任。当然，这是
　　　另一回事了。参见前文（1. 故意的意义）。将知的要素作为前提加以要求的学说也具有相同
　　　的根源，即对于一方面想着被害人要是死了就好，另一方面在没有认识到会导致被害人死
　　　亡的情况下实施行为的人，并不能说他就比仅仅在心中不停想着被害人要是死了就好的人更
　　　危险。
〔2〕　平野龍一：《刑法總論 I》，有斐閣 1972 年，128、129 頁。实际上在德国，为可罚性奠定基础的特
　　　别责任要素一般被理解为主观不法要素。只不过对此的反对意见也十分有力。Z. B. Schmidhäuser，
　　　AT，2. Aufl. ，10/123.

然基本没怎么讨论，但如果这样的话一直被解释为心情要素的营利目的强制会面罪（《日本暴力行为等处罚法》第2条第1款）中的营利目的也就必须解释为违法要素了]。充其量只能说，如果该要素不存在的话，对于介入（达到讨论程度的）刑罚来说，就不能说发生了充足的恶害，这样的主观性契机必须是违法要素。

这样就出现了将一切情绪性要素都从犯罪理论中排除出去的见解。有关背信罪中图利加害目的的实质不利益性认识说和有关故意的纯粹认识说就是其典型。但是这些观点反过来有违反条文的文言，[1]或过于扩张可罚范围之嫌。因此，旧过失论者最好还是不要动不动就说"过失是故意的可能性"这样的话了。不得在结论上就预先采取了认识说。而且在日本也散见在对故意赋予了将不法的量传递给责任的机能的基础上采取认识说的观点。这种观点虽然具有一贯性，但正因为如此，对于意图和容认这样的超越不法产生的责任的差，其无法在故意的内部进行说明。

当然，对于意志说（特别是容认说），有批判观点指出"容认这一意的要素，不过是在认识到犯罪事实而实施行为之时必然伴随的心理状态"。无法想象以在实施行为之时有认识却没有容认为理由否定故意的案件。换言之，作为故意的要件，容认并没有发挥独立于认识的机能，在这个意义上是不必要的要素。但是这种批判只有以认识才是故意之本质的观点为前提才能成立，即所谓预先采取了结论。由于知的要素和意的要素都不过是着眼于内心不同侧面的要素，从意志说出发所必要的意的要素只不过碰巧伴随着知的要素而已。而且为了与意图等故意的加重形态以及与故意相同的观点出发加重责任的其他要素保持协调，从意志说出发反而更加合适。

（4）故意以及其他性格责任的要素。

到目前为止都是以故意、营利目的、图利加害目的等加重性格责任为前提。当然这可能并非不言自明的道理。不过——虽然在日本容易被一体处理——只有确知（直接故意）、意图（意欲）、加害目的（加害的动机）可以

---

〔1〕 佐伯仁志："判批"，《ジュリスト》1232号（2002），192頁以下进行了详细且具有说服力的分析和讨论。

没有问题地解释为加重性格责任的要素。[1]

第一，确知是指认识到了行为所具有的高度危险性，从而认识到犯罪事实实现的高度盖然性。同样是对被害人进行狙击，比起认为自己使用的枪支是粗制滥造的改造枪的场合，认为自己使用的是高性能的来复枪的场合性格责任更大。不过这是因为认识到的不法更大。换言之，这跟比起通常的具体危险犯，（侵害犯的）未遂犯的性格责任更大是一样的。因此从体系上看来，这是与故意的知的要素相关的东西。虽说性格责任能够超越不法，但严格来说并不是超越了不法的部分加重。学说中有主张从所谓故意的"量"可以超越一定层次的观点出发，试图根据知的要素和意的要素的组合来认定故意。[2]其根本在于认为确知与意图属于在理论上等价的故意之最大值这样的想法。但是，不管知的要素变得多大，其仅仅意味着认识到的不法变大，它也不能取代意的要素，即不能超越不法。

-93-

在狙击案中，读者诸君中可能有人认为既然一旦致人死亡就满足了杀人既遂罪的构成要件，对于不法而言，对人的生命创出了很大的危险这件事就不重要了。确实，因为侵害逻辑上包含着危险，如果能够对前者进行不法评价，对后者进行不法评价就没有必要了，这种说法也能得到认可。但是仔细思考的话，所谓侵害包含着危险只不过单纯是危险被定义为"侵害可能性"这样的概念逻辑上的包含关系。换言之，既然在侵害发生这一事实之外，创出了很大的危险这一事实也作为实际样态存在的话，对此进行独自的不法评价也是具有充分可能性的（而且由于该不法处于该侵害犯的构成要件保护范围之内，有关其大小的错误是与法益有关的错误）。如果以保护责任者实施的

---

[1]　常习犯等在复数的不法能够被总括起来评价的限度内，也具有违法性加重事由的侧面，但在具体不法本身也能构成常习犯的意义上，不得不也想象其具有责任加重事由的侧面。换言之，在显示了行为人对法益敌对性态度被固定化的事实的意义上，加重性格责任。与此相对，累犯加重的根据由于支配性的警告理论带来了与常习犯加重根据的分裂，因此包含了非常困难的问题。本文无法对此进行详细讨论，但近年出版了重要（并且在其解决方法上十分有趣）的研究。参见中岛广树：《累犯加重的研究》，信山社出版 2005 年。不过关于所谓客观责任要素将在下一节进行讨论，下面仅主要讨论主观要素。

[2]　佐伯仁志："故意論（1）"，《法学教室》298 号（2005），43 頁以下。这虽然在德国是从古至今都极为一般性的想法，但最近许内曼将其定性化为"类型学的故意概念（Typologischer Vorsatzbegriff）"。Vgl. Schünemann, Vom philologischen zum typologischen Vorsatzbegriff, in: Hirsch－FS, S. 363ff.; Sacher, Sonderwissen, S. 179ff. 与此相对，虽然是少数说，雅各布斯主张规范的故意概念。Jakobs, Über die Behandlung von Wollensfehlern und von Wissensfehlern, ZStW101（1989），S. 516ff.

遗弃行为比非保护责任者实施的遗弃行为对被害人的生命类型性地具有更大的危险为理由认为保护责任者是违法身份的话，[1]即使该危险性现实化为侵害，也应当认为保护责任者还继续是违法身份。换言之，如果保护责任者在保护责任者遗弃罪（《日本刑法》第218条）中是违法身份的话，保护责任者在保护责任者遗弃致死罪（《日本刑法》第219条）中也应当同样如此。

第二，意图是指积极意欲犯罪事实实现的意思。与此相对，认为犯罪事实就算实现了也是不得已的事，或者认为无所谓的场合则称为容认或者忍受、不关心等。这在体系上是有关故意的意的要素的东西，正是超越不法的性格责任的要素。这样说来，与确定的故意相对的未必的故意的问题，或许主要就是与这一点相关。但是未必的故意中（与确定的认识相对的）被称为未必的认识的部分，反而是有关故意的知的要素。

需要注意的是，在着手行为之时，这里所说的意的要素必须是实际上现实化了的情绪性态度。这有时被说成"如果是即使确实知道了结果会发生，但行为人还是会实施行为的场合，肯定未必的故意"（弗兰克第一公式）。但是这并不合适。这种假定性判断仅表现了所谓行为人潜在的价值观。换言之，将此纳入考虑来判断故意的存在与否的做法，就是以行为人的整体人格作为责任评价的对象并从中推导出故意。这就违反了个别行为责任原则。因此，弗兰克第二公式那样的"结果发生了也没办法，结果发生还是不发生并不介意"的要素才是决定性的。就算是容认说，突出本质的并不是消极的容认说，而是积极的容认说。[2]

第三，所谓加害目的，（与营利目的等并列）在体系上是与超越故意的行为动机相关的东西，是指以施加恶害为主要动机（恶害的内容因构成要件而不同）。[3]

---

[1] 参见今井猛嘉ほか：《刑法各论》，有斐閣2007年，21頁以下（小林憲太郎）。

[2] 消极容认说与积极容认说的对立轴在于假定性判断和现实判断的区别。明快地指出这一点的是松宫孝明：《プチゼミ⑧刑法総論》，法学书院2006年，35、36頁。

[3] 虽然没有使用"加害目的"这个表述本身，但虚伪告诉罪中的"使人受到刑事或者惩戒处分的目的"从实质看来，是对此进行限定并且具体的规定。虽然处于草案阶段，以妨害强制执行为目的的损坏财产罪中的"妨害强制执行的目的"也同样如此［在2011年的《日本刑法》修正（平成23年法律第74号）中，增加了一条作为第96条之二，规定了以妨害强制执行为目的的损坏财产罪。——译者注］。对于前者，学说中有观点认为这是为了将故意限定在确定的故意中，但这种解释的法条文言出处未必明确。反过来，在只规定了"加害目的"的场合，必须通过解释将恶害的内容予以明确化。仅规定了"施加损害的目的"的背信罪是其典型，这里所预想的恶害即"损害"的内容就是实质不利益性认识说中的实质不利益性。

不过日本基本没有进行关于动机的研究，[1]例如对于导致具有加害目的的动机，就算在完全不同的地方存在的场合，也几乎没有进行讨论。尽管在欧美，作为对一定的动机绝对（categorical）地赋予加重、减轻效果的立法或者解释技术的阿喀琉斯之踵，这形成了巨大的争论点。可能由于这种研究的不足，加害目的这一法律上的文言也在各种各样的意义上被理解，可以说达到了混乱的程度。这只要看看围绕背信罪中图利加害目的的讨论就很明显了。　　　　　　　　　　　　　-95-

　　就以上三个要素而言，其加重性格责任是明显的事。因为这些要素直接显示了针对刑法想要保护的利益的巨大侵袭性。那么这些之外的要素又如何呢？在此参照包含了性格责任的加重类型的[2]谋杀罪的规定来看看。例如，从《德国刑法典》第 211 条第 2 款看来，我们得知满足性欲目的、贪婪动机、隐蔽犯罪踪迹等要素加重性格责任。因为如果存在这些要素——在为了实现自己自私的欲求而不惜实施侵害法益行为的意义上——就能够评价为强烈的法益轻视性态度通过行为原封不动地表现于外部。而且由于出于自私的理由而轻视他人利益的人矫正的必要性也更高，这也为处分的高度必要性提供了基础。在这里人格（性格）相当性也是重要的。不过将什么评价为"自私"，在原理上则可能因各个法秩序而不同。如果从认为人类原本就是弱小的生物，害怕被抓住也是不得已的事情这样的法秩序出发的话，隐蔽犯罪踪迹的目的反而可能减少性格责任。这刚好跟"卑劣或者残虐的方法"（《德国刑法典》第 211 条第 2 款)、[3]情绪的剧烈性［《德国刑法典》第 33 条（防卫过当)］作为表现行为人的残虐性、凶猛性即对法益的攻击性的要素而加重、构成性格责任相反。

　　当然，也并不是说所有能够评价为"自私"的动机都被条文化。在类型　-96-化于条文之际，其对象必须具有某种程度的刑事学上的类型性，这跟其他场合完全一样。例如，经济性、社会性利益在能够满足其他任意偏好的意义上，

---

[1]　作为为数不多的例子，有木村光江：《主観的犯罪要素の研究——英米法と日本法》，東京大学出版会 1992 年。

[2]　而"危害公共安全的手段"（《德国刑法典》第 211 条第 2 款）则被认为加重违法性。另外，关于德国谋杀罪的详细历史，参见山本光英：《ドイツ謀殺罪研究》，尚学社 1998 年。

[3]　不过认为这些与"危害公共安全的手段"同样，主要是提升不法的要素的理解也能成立。Vgl. Sch/Sch（Albin Eser），§ 211, Rn. 6.一方面将此称为不真正心情要素（unechte Gesinnungs-merkmale），认为故意必须把握单纯与心情要素之客观的构成要件相关的要素，另一方面认为只有冷酷的心情才属于责任。Sch/Sch（Peter Cramer/Deltev Sternberg-Lieben），§ 15, Rn. 24.

对该利益的追求占据了社会生活的大部分，即作为违法的诱因总是出现，正因为如此，营利目的才类型性地被认为为处分的高度必要性提供基础，从而往往被条文化。不过反过来说，在很多情况下与性格责任有关的要素并不出现在条文本身。可能正因为如此，前面所述的解释工作在过去被赶到量刑论中去，几乎很少在讨论犯罪论体系本身之际被拿出来使用。[1]留下了"动机减轻责任，性格加重责任（Das Motiv entlastet, der Charakter belastet den Delinquenten.）"这一句名言的 M. E. 迈尔（Max-Ernst Mayer）在最后的最后附了一句动机指正当的动机，而没有进行补充说明，[2]又或者应该提出了规范责任论的弗兰克突然提出目的等责任要素的，[3]所有这些都体现了对性格责任的要素爱恨交织的情绪，即虽然无法对其予以否定，但与此同时其内容又先保持悬而未决的状态。这种学术态度今后有必要进行改正。

5. 目的主义与性格责任的要素

对于超越了不法的性格责任的要素，目的主义认为由于其不能为动机形成可能性所包含，因此将其提升到不法中去。由此产生了构成要件的违法类型说。[4]这刚好跟虽然对行为控制是不可缺少的但由于无法进入不法的预见可能性被放入责任的现象——更准确地说，是为对行为控制而言应该只具有相同级别的辨识能力（违法性认识可能性）所包含——形成了鲜明对比。但是不管是否存在像故意中超过认识的部分、营利目的这样的性格责任的要素，对应于事实认识的规范不会发生改变，这一点跟预见可能性的场合是一样的。[5]当然，前者可以通过采取认识说进行解围。更准确地说，是目的主义只能采取这个办法。但是后者无论如何都没办法了吧！例如，就算是对于出于营利目的想要走私兴奋剂的人，也跟对出于自己使用目的而想要走私兴奋

-97-

---

〔1〕 不过在德国——或许因为刑法典中有条文才会如此吧——量刑论被作为犯罪论的一部分加以认真讨论，因此相比于日本，情况没有这么严重。

〔2〕 Max-Ernst Mayer, Die schuldhafte Handlung und ihre Arten im Strafrecht, 1901, S. 193（以下简称为"Handlung"）.

〔3〕 Frank, Das Strafgesetzbuch für das Deutsche Reich nebst dem Einführungsgesetz, 18. Aufl., 1931, S. 138.

〔4〕 参见山口厚ほか：《理論刑法学の最前線》，岩波書店 2001 年，132 頁（井田良）。根据论者的观点，常习性会面强要罪（《日本暴力行为等处罚法》第 2 条第 2 款）中的常习性也是违法身份。井田良：《刑法総論の理論構造》，成文堂 2005 年，396 頁注 16。

〔5〕 虽然没有预见到人的死亡，但目的主义仅以存在对死亡的追求为理由就发动"不得杀人"的规范。就这一点，参见第 3 章第 1 节 1（2）。

剂的人同样，只能说"不得通过走私兴奋剂造成保健卫生上的危害"。

要说到目的主义会怎么做的话，他们会从其他地方来说明将此纳入不法的理由。即："如果不进行'当一般性地一概容许某种行为时社会会产生怎样的负面效果'，而'是否应该为了防止这种负面效果的发生而（以何种形式）禁止该种行为'的考虑〔当基于这种考虑对该行为给予（或强或弱的）否定性评价时，这种评价就正是行为无价值的评价〕的话，就不可能进行合理的刑法判断。"〔1〕为什么不能使用这个逻辑将预见可能性投入不法中去，对此我感觉非常不可思议，这一点先放在一边。总之，这个逻辑象征性地体现在，本来规制不法的逻辑和与之完全不同的逻辑的不同之处在于，当根据两者被投入不法的要素属于身份时，根据前者就适用《日本刑法》第 65 条第 2 款，根据后者则适用第 1 款。就这一点稍微详细讨论一下。

目的主义从其开始被主张之初就将行为的存在论构造作为关键概念使用。其内容是所谓超越的决定（Überdeterminierung），即人们追求一定的结果，目的性地介入自然盲目的因果过程。确实，在理论上这并没有将所谓经验性意志自由论本身作为基础，但是主张了作为其存在上根本条件的决定形式的范畴阶层。即就算具体阶层作为其本身有可能被决定，但各个阶层相对于所有更低的阶层可以是自律性的，而意志自由不过是范畴自由的特殊情况而已。换言之，因果关联可以被超越性地塑造，而目的关联则并非如此。〔2〕于是目的主义排斥李斯特-贝林-拉德布鲁赫的古典刑法体系（以及现今在日本有力的结果无价值论），即排斥作为因果行为论前提的因果主义。〔3〕

但是至少对于处于这种初期形态的目的主义而言，身份犯就成为其阿喀琉斯之踵。因为虽然非身份者也能够目的性地支配犯罪现象，他/她却不能成

-98-

〔1〕　井田良：《刑法総論の理論構造》，成文堂 2005 年，9 頁。

〔2〕　指韦尔策尔参考的哈特曼（Nicolai Hartmann）的阶层关系论。Welzel, Abhandlungen, S. 7ff., 185ff.；Hartmann, Neue Wege der Ontologie, 5. Aufl., 1968. 不过严格说来这未必就是目的主义的构成要素，而且作为第一代的体系受到了激烈的批判。参见例如河本英夫：《オートポイエーシス——第三世代システム》，青土社 1995 年。

〔3〕　根据论者的不同，这种因果主义批判也会被表述为客观主义批判。但是正如从新派的科学主义的主观主义刑法学转向目的主义的木村龟二恰当地指出的那样，这种表述实际上具有误导性。参见木村龟二（阿部純二增補）：《刑法総論〔増補版〕》，有斐閣 1978 年，序。因为至少对于当初的目的主义而言，基于因果主义的新派的主观主义与客观主义是一丘之貉。这一点只要看新派的客观主义学者李斯特的主张就明白了。

为正犯。为此，带有目的主义印记的往后学说就发展出了社会性行为支配、义务犯等总的来说接近于"逃避"的法律形象。[1]

-99-　　不过随着时代的前进，目的主义中出现了想要对行为的存在论构造原本指称的部分进行范式转换的见解。这种见解一方面以行为规范论为基础，另一方面认为行为的存在论构造不过是从"只能基于获得认识的事实来对人的行为进行统御"的观点出发规制行为规范内容的东西而已。由此就能理解为何论者之中有观点想要通过结果回避手段的不投入这一客观基准来划定作为目的主义核心概念的故意了。[2]因为如果认为故意并不是追求结果的目的性操纵意思本身，而是单纯以此为必要条件的对"不得引起结果"这样的行为规范的违反的话，那么因投入了充分的结果回避手段这一客观事实的存在，故意就可能被否定。[3]这种在德国以阿明·考夫曼[4]和杰林斯基（Diethart Zielinski）[5]为首，在日本以井田良[6]为首的目的主义的新形态称为后期目的主义（Spätfinalismus）或者人的不法论（personale Unrechtslehre）。

-100-　　这种后期目的主义的特征简单来说就是因果主义批判落空，而被替代为

---

[1]　关于其间经过及学说的详细情况，参见岛田聪一郎："いわゆる'故意ある道具'の理论について（1）～（3·完）"，《立教法学》58 号（2001），83 页以下；60 号（2002），60 页以下；62 号（2002），74 页以下。

[2]　Armin Kaufmann, Strafrechtsdogmatik, S. 59ff.

[3]　当然，对此老生常谈的批判是"由于结果回避手段充分与否是由是否欠缺对引起结果的认识所决定，结果就是认识说决定这种行为规范违反＝故意的有无"。

[4]　Armin Kaufmann, Strafrechtsdogmatik, S. 21ff., 151ff. 他说："行为的构造决定了违法性判断的对象应该具有的构造……确实，行为并不作为比如说犯罪构成阶段（Aufbaustufe）存在于体系之内（im System），但作为规制不法领域的要素存在于体系的背后（hinter dem System）……（根据法律行为概念而不是存在论行为概念来划分不法要素的做法——笔者注）就好像抓着自己的头发想要脱离沼泽一样"，"只有目的性行为才能够为法所要求，或者为法所禁止（Nur zwecktätiges Handeln kann vom Recht verlangt oder untersagt werden）"。不过这种想法在一定时期以后对其师韦尔策尔也产生了重大影响。有关后期目的主义的描述乍一看很像有关韦尔策尔的目的主义的描述，缘由即在于此。

[5]　Diethart Zielinski, Handlungs- und Erfolgsunwert im Unrechtsbegriff. Untersuchungen zur Struktur von Unrechtsbegründung und Unrechtsausschluß, 1973.

[6]　当然在日本或许应该只有井田良及其门下吧。例如另一位巨头福田平也是传统的目的主义者。参见福田平：《目的的行为论と犯罪理论》，有斐阁 1964 年；福田平：《刑法总论〔全订第 4 版〕》，有斐阁 2004 年。只有平场安治最多不过稍微显露了与后期目的主义接近的口吻。平场安治：《刑法における行为概念の研究》，有信堂 1966 年。

不得忽视人的行为的实际样态来赋予义务的规范主义批判。"不是对象被方法决定，而是方法必须被对象决定（Nicht hat sich der Gegenstand nach der Methode, sondern die Methode nach dem Gegenstand zu bestimmen）。"[1]这一目的主义的方法论也可以这样重新解读。换言之，一边对在因果性地说明人类行为的意义上将因果性理解为现象之规定方法的做法本身表示承认，另一方面仅具有对新康德主义的排斥这一本来应有的最小限度的内容。因此，因果性既不是认识-知性的范畴，也不是哥白尼式革命之前的休谟定理。[2]这同时也可以说是历来受到新康德主义很大影响的日本刑法学在面对目的主义难以抗拒的诱惑力时找到的某种妥协点（不过正如我反复所说，这样的妥协未必就是出于理论上的必要，只不过通过将法定位于感性世界即认识的问题来实现相对主义的做法并不合适而已）。在现象上，一般的因果行为论——虽然在责任阶层——也原封不动直接采用了后期目的主义的想法，即根据行为人的事实认识来限定行为规范的内容，这很好地体现了上述情况。从理论性观点看来在过失犯中能够更好地说明这一点。

在过失犯中，行为人并没有为了追求结果而目的性地操纵现象。这里所能找到的目的性不过是指向对法律而言并不重要的结果的东西。因此，过失犯作为引起构成要件为因果主义的范畴所包含，[3]从"交往中的必要注意（die im Verkehr erforderliche Sorgfalt）"的观点来对过失犯进行限定的学说就是新过失论。这样，与将结果纳入行为关联的故意犯不同，在过失犯中，与结果分离的行为实施的客观样态在不法中登场。[4]正因为如此，目的主义也仅

–101–

---

〔1〕　Welzel, Abhandlungen, S. 3.

〔2〕　关于休谟（David Hume）想做什么，参见小林憲太郎：《因果関係と客観的帰属》，弘文堂2003年，191頁以下。不过就排除形而上的因果概念而言，他的学说具有太强的经验论和法则性说。

〔3〕　韦尔策尔当初为了避免正面承认这一点打出的标语是"潜在目的性（potentielle Finalität）"，即以责任能力为前提，预见到结果并实施目的性回避行为的可能性（目的性回避可能性）。不过在没有现实的预见的情形中找目的性属于范畴错误，潜在目的性的实质就是责任本身。韦尔策尔接受了尼泽的这一批判改变了想法，堂而皇之地推进过失构成要件的客观化。参见第63頁注〔3〕。与此相对抗的施特林泽（Eberhard Struensee）等人的动向，参见小林憲太郎：《因果関係と客観的帰属》，弘文堂2003年，124頁注83。

〔4〕　根据希尔施的观点，过失犯中的结果在故意犯中充其量不过是量刑事由的所谓间接的不法（行为不法这一直接不法的影响（Auswirkung））。正因为如此，只在危险接受中欠缺不法。Hirsch, in：Lampe-FS, S. 522, 533f. 另参见汉斯·约阿希姆·希尔施（Hans Joachim Hirsch）著，福田平、宮澤浩一監訳：《ドイツ刑法学の現代的展開》，成文堂1987年，57、58頁。

仅在过失犯中通过注意义务违反的实现、违法性关联等形式讨论结果归属的
问题。[1]与此相对，对于后期目的主义来说，新过失论不过论述了过失犯的
目的性，即单纯在过失犯中因未认识到结果无价值而导致的行为规范的个别
化。[2]以因果性法益侵害的形式将因果主义的范畴也包含在内的做法在故意
犯的场合中也是一样，只不过对其的违反会引起法益侵害的行为规范的内容
因事实认识的不同而不同而已。后期目的主义之中有观点将过失犯中的结果
理解为客观处罚条件，但在故意犯中也做同样理解的做法象征性地体现了这
一点。前面列举的阿明·考夫曼和杰林斯基就可以说是典型例证。[3]

-102-

　　这种后期目的主义完全丧失了过去目的主义所拥有的为因果主义所克服
的近代刑法学黎明时期的意志自由论，以及以此为基础的——即并非基于规
范的逻辑构造的——主观违法论，[4]甚至与以基于自由意志的作用（有责的
故意）的世界形象为基底的犯罪理论的思想共通性。[5]就能否将此评价为目的

---

[1] 例如参见汉斯·约阿希姆·希尔施（Hans Joachim Hirsch）著，福田平、井田良共訳："ヴェル
　　ツェル以降の西ドイツ刑法学（上）"，《ジュリスト》934 号（1989），121、122 頁。结果加
　　重犯中的直接性也同样如此。就这个乍一看是敌对者客观归属论的拿手好戏的这些问题，目的
　　主义者对此乐此不疲撰写论文就是为此。Z. B. Georg Küpper, Der "unmittelbare" Zusammenhang
　　zwischen Grunddelikt und schwerer Folge beim erfolgsqualifizierten Delikt, 1982.

[2] 严格来说，新过失论是在过失犯中对对应于行为人的事实认识而个别化了的行为规范进行进一
　　步限定的学说，这里先放在一边。

[3] 与此相对，井田良虽然承认结果不法的概念，但其论证倒不如说更适合将结果作为客观处罚条
　　件。参见小林宪太郎：《因果関係と客観的帰属》，弘文堂 2003 年，181 頁。

[4] 无归责能力人仅仅根据其身体所有权承担一种危险责任（Gefährdungshaftung）。

[5] 关于目的主义在其原初形态时与古典犯罪理论具有的共通性以及其应当消失和消失的过程，
　　vgl. Michael Köhler, Der Begriff der Zurechnung, in：Hirsch-FS, S. 65ff. 特别是有关黑格尔的影响，
　　参见平場安治：《刑法における行為概念の研究》，有信堂 1966 年，7 頁以下。与此相对，康德
　　主张，根据在超越认识的理智世界［根据自在之物（Ding an sich）成立的睿智界（拉丁语：
　　mundus intelligibilis——译者注）］中的理性进行意思的自我决定，在这个意义上自律并且自我
　　目的性地遵从道德律（德语：das moralische Gesetz——译者注），所以才具有意志自由（不道
　　德即不自由）；而在现象界［根据感性形式的空间和时间成立的感官世界（拉丁语：mundus sen-
　　sibilis——译者注）］中——由于因果性与感性同样都是获得认识的知性的范畴——以决定论或
　　者因果律为前提。不过，道德律或者定言命令（kategorischer Imperativ）在感官世界产生对其的虔
　　敬感情，自由如其字面意义上作为绝对的"起始"对感官世界具有影响（基于自由的因果性）。
　　Immanuel Kant, Kritik der reinen Vernunft, 1781（2. Aufl., 1787）；ders., Grundlegung zur Metaphysik
　　der Sitten, 1785；ders., Kritik der praktischen Vernunft, 1788. 这样自由的根据就仅仅存在于纯粹
　　内在性的当为（定言命令）中，在这个意义上，没有提出主观的，形式主义的道德这一点带来
　　了后来伦理中心主义的黑格尔学派的，因此也是本文所论述的古典犯罪理论的繁荣。仅讲述以
　　作为道德性的意义上的自由主体的人为最终目的，将道德律看作神的命令的理性宗教的做法，对

主义的正常演进，存在见解上的分歧。确实，当初的目的主义准确地描绘出了人类行为的实际样态，但是对此进行处罚的意义则未必明确。换言之，在人类行为这一对象性客体中，刑法将其这一侧面作为考察对象的实质性理由未必明确。仅仅说"为了归责（Zurechnung）"[1]等于是用问题回答问题。因为过失犯正如确实如此的那样，在没有归责的部分也必须肯定可罚性，这样的话刑法就必须着眼于其他侧面，话虽如此，但即使将过失犯排除在外，归责也并不存在超过纯粹是可罚性本身另一种表达的部分。[2]而如果认为后期目的主义是以行为规范论来将前述理由进行明确化的话，对于前面的问题，即后期目的主义是不是正常演进的产物这一问题，或许应当给出肯定回答。

　　总之，至少对于这种后期目的主义而言，身份犯已经不是其阿喀琉斯之踵

－103－

（接上页）于强大的现实没有抵抗力。而且反过来，以先验认识的形式和自在之物为前提这一做法的"热度"，随着时代的发展给维特根斯坦带来了不快。Ludwig Josef Johann Wittgenstein, Philosophische Untersuchungen, 1953, 关于刑法中同样的方向，参见第 67 页注〔1〕。过去我曾经认为，违法性的概念是什么，并不是根据其指示的内涵而赋予其含义，只不过对其的使用在讨论共犯的成立与否之时起作用，是一种可以称为文字游戏（Sprachspiel）中的范例（Paradigma）而已。小林宪太郎：《因果关系と客観的帰属》，弘文堂 2003 年，182 页以下。对此遭到最多的批判是"违法性的概念在其使用之前也并非完全不具有任何形而上的实体的东西"。但是对我来说，却忍不住认为就如同"米"先于米原器不具有任何意义那样。或者又如同具体形态中的结果（der Erfolg in seiner ganz konkreten Gestalt）并非先验性地被赋予，而是在因使用了结果无价值这一术语后才首次赋予结果的具体性/抽象性那样。也就是说，如同彩虹的色彩数量一样。

〔1〕 Vgl. Welzel, Abhandlungen, S. 20f. 当时并没有用"目的性（Finalität）"，而是用的"含义志向性（Sinn-Intentionalität）"这个表达。根据这个意义上的归责（ascription）来规定能动性（agency）的想法在英美语言哲学中也经常可见，在某种意义上具有普遍性，例如奥斯汀（John Langshaw Austin）影响范伯格（Joel Feinberg）主张的手风琴效应（accordion effect）就表现了这一点。Joel Feinberg, Action and responsibility, in: The Philosophy of Action（ed. Alan R. White），1965, pp. 95~119. 不过连这个都受到还原为基础行为（basic acts）和结果之间的因果性，即想要否定高层次的行为单纯代之以包括性描述（description）的因果主义的批判，讽刺的是这在某种意义上也可以说是普遍现象。

〔2〕 关于这一点参见有关黑格尔以及黑格尔学派的归责理论（行为理论）的研究。Z. B. Karl Larenz, Hegels Zurechnungslehre und der Begriff der objektiven Zurechnung. Ein Beitrag zur Rechtsphilosophie des kritischen Idealismus und zur Lehre von der „juristischen Kausalität", 1927. 于是为了对过失犯也进行把握，客观归责（objektive Zurechnung）这个概念获得了重生［而且拉伦茨（Karl Larenz）虽然属于基尔学派（Kieler Schule），但他也跟主观违法论诀别了］。

-104

了。[1]因为在身份犯中，刑法虽然没有对非身份者提出"不得以正犯的形式[2]侵害保护法益"这样的行为规范，但是提出了"不得以介入（共同）正犯之不法的形式[3]侵害保护法益"的行为规范（混合引起说），仅仅因此

-105-

而已。所以，身份犯的正犯要素还是行为支配。[4]当然，这种行为规范的取舍

---

[1] 就另一个被认为是阿喀琉斯之踵的正当化事由的错误也是同样如此。对于目的主义来说，与追求结果的目的性操纵意思无关的正当化事由的错误原本对故意就没有影响，只不过在该误信无法避免的场合阻却责任。严格责任说被认为是目的主义的归结其理由就在于此。但根据后期目的主义的观点，这种意思本身并不直接决定故意的存在与否，只不过对其的违反是能够发动为故意奠定基础的"不得引起结果"这一行为规范的必要条件而已。而在行为人误信存在正当化事由的场合，即使行为人想要引起结果，但由于不能发动"不得引起结果"这一行为规范，故意就被否定。于是后期目的主义就从严格责任说中解放了出来。不过由于论者只承认故意作为构成要件要素，那么就不得不同时采取消极构成要件要素理论。参见井田良：《刑法総論の理論構造》，成文堂 2005 年，127 頁以下。而在对该理论感到抵触的期间，对于即使误信了正当化事由也还能够发动"不得引起结果"这一行为规范，论者只能从指出规制构成要件的原理和规制违法性的原理的不同来进行论证。参见井田良：《犯罪論の現在と目的的行為論》，成文堂 1995 年，115 頁以下。后期目的主义者中存在严格责任说的有力支持者也是这个缘故。Z. B. Armin Kaufmann, Strafrechtsdogmatik, S. 47ff., 155ff. 这与传统的目的主义者希尔施为了维持严格责任说反而详细地批判了消极构成要件要素理论的做法在思考顺序上是相反的。Hirsch, Die Lehre von den negativen Tatbestandsmerkmalen. Der Irrtum über einen Rechtfertigungsgrund, 1960. 这种甚至存在于目的主义内部的围绕严格责任说（与限制责任说的对立）的复杂的争论状况导致韦尔策尔都不得不说"这是微不足道的细节"。汉斯·韦尔策尔（Hans Welzel）著，福田平編訳：《目的的行為論の基礎》，有斐閣 1967 年，44 頁。

[2] 论者虽然说这是由行为支配说所决定的，但其内容大体分为三个部分。第一，自不必说，是指被认为是正犯的人没有介入任何人的行为侵害保护法益的场合。第二，是根据行为的存在论构造，不得侵害保护法益这一规范只面向被认为是正犯的人发动的场合。论者说"实际上，行为支配说无非就是通过使行为人打消故意放弃违反规范来保护法益的刑法理论，即行为无价值论在共犯论中的别称"，表达的也是这个意思。井田良：《刑法総論の理論構造》，成文堂 2005 年，298 頁。第三是行为媒介人没有动机形成可能性的场合，如果跟论者所说的那样行为支配说是行为无价值论的别称的话，要说明这一点就非常困难。在此也能看出与前一节所见相同的向主观违法论的回归。

[3] 基本上不言自明的是，故意从属性也包含在内。不过这本身已经被松宫孝明完全反驳了。参见松宫孝明：《刑事立法と犯罪体系》，成文堂 2003 年，223 頁以下。

[4] 井田良：《刑法総論の理論構造》，成文堂 2005 年，297 頁。不过不可思议的是，仅在被认为是身份犯之一种的不作为犯中，保障人地位是正犯要素。井田良：《刑法総論の理論構造》，成文堂 2005 年，437 頁。只要不将行为规范论在不作为犯中是如何作用的解释明白就不能解决这个问题，因此详细讨论只能留待另行撰文，但在命令规范的违反中恐怕难以想象行为支配吧！在同样将命令规范包含在行为规范中（并且也并非不能这样理解）的过失犯中采用统一正犯体系也从侧面证实了这一点。井田良：《刑法総論の理論構造》，成文堂 2005 年，371 頁。但是目的主义为什么仅在这里要进行某种返祖呢？明明在通过作为参与不作为的场合还承认有成立共犯的余地。井田良：《刑法総論の理論構造》，成文堂 2005 年，443 頁（不过论者同时又与通常的

选择究竟是根据什么样的观点来进行的，这本身就是一个重要的问题，[1]但这跟其他学说是共通的。而在此，行为的存在论构造也仅仅要求行为人对形成这种行为规范内容的事实具有认识。

以上述为前提再来看看论者有关《日本刑法》第 65 条的主张，即关于因存在身份而加重刑罚，在能够想象独立的保护法益之场合适用第 1 款，在不能想象独立的保护法益之场合适用第 2 款。[2]所谓能够想象独立的保护法益，是指由于"不得以介入（共同）正犯之不法的形式侵害保护法益"的规范自然而然显灵，因此能够追究较重的责任。这才是遵从了本来的不法之规制原理的做法。反过来说另一种做法，即为了将不能放入责任的东西放入不法而在当罚性之高低这一超次元上说明不法之高低的做法，应当说是某种破绽。人的不法论无法对这种不法的相对化进行正当化。因为在人的不法论看来，不法的相对化不外乎就是规范的相对化。换言之，这里为当罚性的高低奠定基础的要素只能放入责任。[3]但是本来不就是因为无法放入责任才想要放入不法的吗？这也体现了目的主义这一体系的局限性。

－106－

（接上页）目的主义者不同，认为对非保证人教唆不救助的不构成正犯，因此这也体现了实际上行为支配说也有不合理的地方）。一方面将不作为理解为"根据目的性意思在具有统制、支配可能性的范围内的人的行为（日语为'態度'，其意思既可以表示'态度'，也可以表示'行为'。——译者注）"即"目的性行为的不作为"，另一方面通过因果性的否定和对命令规范违反的同价值性进行类推适用，论者——在欠缺不作为犯的条文中——将何种程度致力于这样的理论构成中呢，这非常有意思。

[1] 仅以论者所说的"只有一定的与人有关的范围的人才能够直接侵害该法益"（因此不得已仅限于后者的规范）为理由显然是不充分的。井田良：《刑法総論の理論構造》，成文堂 2005 年，388 頁。即使这仅限于《日本刑法》第 65 条第 1 款的身份，也可以认为只要能间接侵害法益就足够了[日本于 2017 年修改《日本刑法》（平成 29 年法律第 72 号）时将强奸罪改为强制性交等（包括性交、肛门性交、口腔性交）罪，将准强奸罪改为准强制性交等罪，又于 2023 年修改《日本刑法》（令和 5 年法律第 66 号）时将强制性交等罪和准强制性交等罪统合起来规定为不同意性交等罪。——译者注]，而且也存在像泄露秘密罪（《日本刑法》第 134 条）那样，虽然能够直接侵害法益，但被认为是非身份者的情况。

[2] 井田良：《刑法総論の理論構造》，成文堂 2005 年，396 頁以下。

[3] 换言之，井田良：《刑法総論の理論構造》，成文堂 2005 年，404 頁在具有《日本刑法》第 65 条第 2 款规定的违法身份的人对非身份者进行加功的场合只认定非身份犯的共犯的理由，跟他引用的山口厚：《刑法総論》，有斐閣 2001 年，286 頁在具有责任身份的人对非身份者进行加功的场合只认定非身份犯的共犯的理由实质上是相同的。换言之，与论者所说的相反，这并不是以正犯不法为外部边界的混合引起说本身得出的结论。在这个意义上，这个引用确实是合适的，但是其理由并不具有说服力。参见西田典之：《新版　共犯と身分》，成文堂 2003 年。

日本最有力的目的主义者在前面的论证中使用的例子是"保护责任者"（《日本刑法》第218条）。保险起见，在这里有必要说一句，就"保护责任者"这个要素而言，结果无价值论也不是没有可能将其包含在不法中。由于保护责任者是类型化在条文中的概念，类型性看来要扶助者的生存依赖于保护责任者，因此比起非保护责任者遗弃的场合，保护责任者的遗弃行为对法益具有更高的侵袭性。如果这样理解的话，即使在具体事例中具有保护责任者身份这一事由不是现实发生的法益侵害、危殆化的构成要素，也可以将其包含在不法要素中。条文中规定的保护责任者并不是指示"如此这般这种事例中的X"。这就跟虽然有可能存在"尽管使用了凶器，但施加暴行的程度只跟徒手一样"的场合，但持凶器暴行罪（《日本暴力行为等处罚法》第1条）中的"显示凶器"这个要件还是与不法相关是一样的。[1]这位目的主义者认为"即使是在行为具体法益侵害性或者危险性的点上没有任何区别的行为，从法益保护的见地看来进行区别是合理的，这种现象时有发生"，[2]创制类型化的条文本来就是这么一回事。因此，结果无价值论也没有否定过这一点。[3]结果无价值论并不仅仅着眼于"在如此这般这种事例中X的结果无价值"，跟行为无价值论不仅仅着眼于"在如此这般这种事例中X的行为无价值"的做法是同样的。如果这位目的主义者将保护责任者包含在不法中的逻辑仅到这一步的话，这是可以支持的。但是如果这样的话，就跟论者所说的相反，这

-107-

---

[1] 由此也可知情况并不限于身份。而且也存在虽然条文没有明确规定，但通过解释要求例如类型性地看来处于容易实施实行行为的地位的场合。其中的一个例子参见橋爪隆："判批"，《ジュリスト》1292号（2005），176页以下。对泄露秘密罪的主体进行限定的根据，一般认为（除了保护对一定职业的社会信赖外），在一定的职务者那里秘密容易聚集，被害人如果不提供秘密就不能享受到服务，在这个意义上更容易缺乏自我危殆化的要素也被考虑进来。其中第二个根据出于同样的趣旨。因此，假使《日本刑法》第134条没有明文规定"就其处理业务上的事情所得知的"这一限定，泄露秘密罪的主体也不应该限定为比如说单纯的"医生"，还是应该限定为与秘密的主体比方说患者的诊疗等有关的医生。作为提示了这种思考方向的文献，参见山口厚ほか：《理論刑法学の最前線Ⅱ》，岩波书店2006年，182页（佐伯仁志）。另外，虽然是有关对共犯的可罚性限定射程的讨论，但指出例如淫秽物的贩卖（《日本刑法》第175条）、受贿（《日本刑法》第197条等）相比于淫秽物品的买入和行贿，前者类型性地具有不法增幅的有意思的文献有豊田兼彦："必要的共犯についての一考察（1）~（4·完）"，立命館法学263号（1999），185页以下；264号（1999），428页以下；265号（1999），601页以下；266号（1999），830页以下。

[2] 井田良：《刑法総論の理論構造》，成文堂2005年，9页。

[3] 参见芝原邦爾ほか编：《刑法判例百選Ⅱ各論〔第5版〕》，有斐閣2003年，217页（小林憲太郎）。

应该属于《日本刑法》第 65 条第 1 款所说的身份了吧。

第 4 节　客观责任要素

1. 违法要素

通说承认客观责任要素。而且论者同时还说这是故意、过失的对象。但是如此的话，结果只不过是对这些要素的认识、认识可能性对责任有影响，而并不是在其客观性存在本身与责任有关的意义上，即本来意义上的客观责任要素。客观构成要件要素的客观性存在本身与构成要件该当性有关，客观违法要素的客观性存在本身与违法性有关，正因为如此才是客观的。人们常说李斯特—贝林—拉德布鲁赫的古典刑法体系随着主观违法要素的加入和客观责任要素的发现而崩坏。但是最早提出后者的弗兰克后来撤回了在其先驱性业绩《论责任概念的构造》中的"责任受附随情况（begleitende Umstände）的影响"（附随情况的正常性）[1]的表述，转而讨论正常的动机形成（Normale Motivierung）和自由（Freiheit），这可以评价为是冷静地挽回了将并非客观责任要素的东西认定为客观责任要素的操之过急的做法。 −108−

接下来看看具体例子。通说作为客观责任要素的典型例子而举出的是隐灭证据罪（《日本刑法》第 104 条）中的证据的他人性。但是这不过是通过行为人的认识对责任产生影响。因为如果认为是自己的证据而予以隐灭的，就算实际上是他人的证据，责任也完全没有增加。而且姑且不论这一点，正如第 3 章第 3 节 4（4）中所见，隐藏罪证目的原本不是增加责任（特别是性格责任）的吗？这样考虑的话，将证据的他人性理解为显示在当事人主义的诉讼构造中，作为一方当事人的被告人不负有保全对自己不利的证据的义务这一意义上的自我防御权并不适用于他人的证据的违法要素才是妥当的。正因为如此，在犯人教唆第三人隐灭自己证据的场合，（混合）引起说才能够以法益对犯人而言不受保护为理由否定隐灭证据罪的教唆犯的成立。

对此批判意见认为"姑且不说隐灭证据，连伪造都很难说在防御权的范围内"。但是将带血的刀藏在橱柜里和把血擦干净，两者之间到底哪里有差别呢？而在伪造证据的行为侵害、危殆化了其他不同的法益——在此意义上确

---

[1] Frank, Aufbau, S. 5.

实超越了防御权的范围——的场合，完全可以通过比如说伪造文书罪（《日本刑法》第 17 章）来进行处罚。[1]而如果援引欠缺期待可能性这一理由的话，连其他犯罪也都不能进行处罚了。

不过，还有学说虽然也承认证据的他人性是违法要素，但是采用的是与上述完全不同的理论构成。即所谓隐灭证据罪，是通过强化基于根据该罪而应当被免除处罚的犯人所犯的构成要件的一般预防效果，来间接性地促进这些构成要件的法益保护，只不过犯人自身无法侵害这样的保护法益而已。[2]但是姑且不论各种构成要件的一般预防效果这样的东西能否作为独立的保护法益为可罚性奠定基础，不能说隐灭证据与其他犯罪类型相比，通过借助他人之手，犯该罪的容易程度就类型性看来变大了。能够这么说的充其量只有藏匿犯人的行为。而且仅根据这种见解，无法说明这也包括了对犯人不利的，或者虽然对犯人有利但犯人没有认识到或至少没有期待的隐灭证据的行为。同样具有本犯助长性，甚至也被说成以一般预防效果为保护法益的赃物参与罪（《日本刑法》第 256 条）以本犯人之间的合意为要件也证实了这一点。而且一律处罚犯人的加功这一结论，具体看来也很难直接说是妥当的。

在证据的他人性之外通说作为客观责任要素的例子而举出的，还有业务上侵占罪（《日本刑法》第 253 条）中的业务性、（旧）杀害尊亲属罪（《日本刑法》旧第 200 条）中的直系卑亲属。[3]但是这些都与证据的他人性相同，不过是通过行为人的认识、认识可能性来对责任实施影响，归根结底还是违法要素。就前者而言，对业务者往往不得不寄存财物，在将自己的财物交给他人这一意义上的归责性减少，因此违法性升高。[4]就后者而言，由于有伤害尊亲属致死罪（《日本刑法》旧第 205 条第 2 款）但并没有伤害尊亲属罪，

-109-

-110-

---

[1] 就被告人实施的伪证（《日本刑法》第 169 条）的教唆也能够进行同样的思考。而且《日本刑法》第 97 条与德国不同，对逃走行为进行处罚的做法从同样的观点也可以评价为具有合理性。

[2] 安田拓人："司法に対する罪"，《法学教室》305 号（2006），77 页以下。

[3] 与此相对，关于亲属间特例中像《日本刑法》第 244 条第 1 款那样的仅以一定的亲属关系客观存在为理由就免除刑罚（与此相对参见《日本刑法》第 105 条）的做法，虽然在违法性的层面难以说明，但也不能下降到责任层面。因此就只能援引身份上的处罚阻却事由说，即为了保护优越于处罚的"确保家族或者亲属这样的（排除了公权力介入的）私人领域"的利益而免除刑罚。但是在家庭暴力问题日益严重化的当今，设置家庭这样的圣域是有疑问的。在这个意义上，就这样的条文应该也考虑进行修正。

[4] 详细情况参见伊藤涉ほか：《アクチュアル刑法各論》，弘文堂 2007 年，210、226 页以下（小林宪太郎）。

因此无法通过欠缺报恩感情这样的责任加重来说明重罚针对尊亲属犯罪的根据。换言之，只能从尊亲属的生命、身体的价值比其他人的要更优越这一违法性加重来说明。于是重罚针对尊亲属犯罪的规定被认为违宪。[1]

上面是以刑法分则为中心进行说明，其实在总则中也有将被认为是客观责任要素的东西带进违法性层面的动向。这虽然不是日本的情况，但德国存在免责性紧急避险（《德国刑法典》第 35 条）。不过，在行为人只不过误信了免责性紧急避险状况的场合，只限于在该误信无法避免时才免责（第 2 款）。如果违反明文规定，认为即使在现实存在免责性紧急避险状况的场合，也只有行为人在慎重考察了是否出于误信之后再实施行为之时才进行免责的话（良心考察说），那么实际上免责性紧急避险就不存在客观要素了。但是如果认为在现实存在紧急避险状况的场合，不需要进行良心考察而直接免责的话，那么一定的客观要素，即现实的免责性紧急避险状况的存在与否就无论如何都具有意义。但是，今天普遍的做法并不是将客观要素与责任相关联，而是在与违法性相关联之上进行说明。[2]换言之，免责性紧急避险也规定了违法性的减少，其第 2 款则是规定了在没能够认识到违法性并未减少之时，以及在附加了所谓无责任的违法性之时，不得以此为根据肯定可罚性的道理（责任主义）。就算在日本，对于防卫过当（《日本刑法》第 36 条第 2 款）、避险过当（《日本刑法》第 37 条第 1 款但书）的任意性减免，最终对可罚性阻却而言，要求至少违法性减少的见解（违法减少说、违法·责任减少说）得以主张，也可以说是基于相似的想法。只不过如此的话，与德国一样即使在假想防卫过当、假想避险过当等违法性没有减少的场合，当对此无法认识，即无法避免假想之时，也必须承认与防卫过当、避险过当具有相同的效果。即使承认违法减少的意义，仅凭没有违法减少这一事由就将此拒之门外的做法也违反了责任主义。

不过虽然实质上是考虑了责任，但一旦类型化为构成要件就将其称为不法要素的情况也时有存在（作为不法类型的构成要件）。但这与前面所说的违法要素完全不同。这里所说的不法要素并不具有超越构成要件要素的含义。

–111–

───────────

〔1〕 详细情况参见伊藤涉ほか：《アクチュアル刑法各論》，弘文堂 2007 年，3、4 頁以下（小林憲太郎）。

〔2〕 Vgl. z. B. Sch/Sch（Lenckner），Vorbem § §32ff.，Rn.111.

虽然有论者认为《日本刑法》第 65 条第 2 款规定了所谓责任身份的个别化，但他们绝不会以某个一身性要素属于这里的不法要素为理由而认为该要素不是责任身份。由于这种不法要素的用词具有一定的误导性，本文原则上不使用这个用法（这种用法顶多就算是目的主义为了将性格责任的要素放入不法中的修辞，这样的话还不如直接从正面将心情要素包含在行为无价值中来得更加诚实。关于这一点，参见第 3 章第 3 节 5）

2. 真正的客观责任要素

不过，根据上述事实一律否定客观责任要素就有点草率了。因为也并非完全不能想象其客观存在本身与责任相关的要素。这种要素可以大概分为两类。

第一类是因果性地对责任施加影响的要素（因果性要素）。典型例证有身体和精神障碍。前者主要对行为能力，后者主要对责任能力，因果性地施加影响（当然对预见可能性等也能施加影响）。除此之外，自己堕胎罪（《日本刑法》第 212 条）中的"怀孕中的女子"，考虑到怀孕这一事实的生理性影响，也可以归类至此。

第二类是对责任进行外部性表征的要素（表征性要素）。例如，习习赌博罪（《日本刑法》第 186 条第 1 款）中的常习性，就可以说是外部性表征性格责任大小的东西。另外，责任年龄（《日本刑法》第 41 条）虽然是从稍微特殊的观点规定的，但或许也可以说是外部性表征判断是非和控制行为能力不足的要素。

就以上两个要素，即因果性要素和表征性要素而言，其客观存在本身对于责任而言是重要的。换言之，行为人对此是否具有认识，是否能够认识都没有意义。这才是真正的客观责任要素。因此，这不仅不是故意的对象，连过失的对象都不是。[1]

正如本文之前所述，犯罪由不法和责任构成。反过来说，将除此之外的犯罪范畴，例如构成要件这一概念的内容作为具有普遍妥当性并且绝对的东西加以规定的做法既不可能也没有意义。例如，前面的常习赌博罪中的常习性，应当说这在塑造具体犯罪类型的意义上是构成要件要素。通说认为，身份是身份

---

[1] 最初明确提示以上的思考方法的是黑格勒（August Hegler）。August Hegler, Subjektive Rechtswidrigkeitsmomente im Rahmen des allgemeinen Verbrechensbegriffs, in: Festgabe für Reinhard von Frank, 1930, S. 251ff. 不过在蒂尔费尔德（Rudolf Thierfelder）的研究之后，关于客观责任要素的理论基本上没有什么进步。Rudolf Thierfelder, Objektiv gefasste Schuldmerkmale, 1932.

犯的构成要件要素，同时又认为常习性属于身份，也是以此为前提的。与此相对，在说客观构成要件要素都应该是故意的对象之时，常习性就不能成为构成要件要素（也不能说常习性是主观构成要件要素）。而且这两种构成要件概念，并不存在哪一方是绝对正确的说法，不过是根据语境分别进行恰当使用罢了。

3. 表面的客观责任要素

当然，虽然经过上面的考察，但也不能断言立法者一概不会以对该要素的认识为前提来类型性影响责任，而将某个要素列举在犯罪要素中。这称为表面的客观责任要素。这可能是想通过理论上的勉强，来贪图省去证明内心的便利。有时人们会说客观责任要素是"不可反证的责任（减少、阻却）推定"，[1]这也表达了这个道理。就隐灭证据罪来说，只要客观上是自己的证据，就不必就对此是否有认识进行逐一精确审查，直接可以从可罚性中解放出来（假如证据的他人性是表面的客观责任要素）。

-113-

但是为什么只在这里要贪图这种便利呢？X 由于心情焦躁而将偶然路过的 A 杀害，然后仔细观察面部发现 A 实际上就是残忍杀害了 X 爱女 B 的犯人，在此场合，X 的责任等一点都没有减少。而且也不能说"比起将自己的证据误认为他人的证据，将女儿的仇人误认为普通的行人的可能性更高"之类的话。又或许说不定就证据的他人性而言，也存在很难讨论有无对其的认识的情况。但即使如此，在将他人的证据误认为自己的证据的场合，由于结果也还是会遇到同样的情况，因此这也是无济于事。而且我并不认为，就证据的他人性讨论有无认识是多么困难的事情。而且就算对以上各点都暂且搁置，立法者想要实现的便利通过在诉讼法上规定"在客观上是自己的证据的场合，视为行为人对此有认识"的规定完全同样可以达成。而且这样的话就没有必要进行理论上的这种勉强。如果对此感到奇怪，那就是想要贪图的这种便利本身就是奇怪的。

-114-

如果立法者不惜进行理论上的勉强也要创制表面的客观责任要素的话，

---

[1] 虽然经常招致误解，这句话的趣旨不仅仅是"只要认识到了在法条文言中类型化了的一定的客观责任要素，不管在个别具体事例中责任的分量有多大，也只能判处与该要素相结合的轻的刑罚，或者当该要素被规定为阻却可罚性时就不可罚"。因为正如反复所说的，这不过是法律的类型性的要求——虽然也存在论者连对此也限定性地承认——并不是就本来的客观责任要素进行的论述。这在认为如果行为人没有认识到该要素，就能够判处与该要素不存在的场合相结合的重的刑罚的时候就很明显了。Vgl. Werner Maihofer, Objektive Schuldelemente, in: Festschrift für Hellmuth Mayer, 1966, S. 185ff.

那这属于不成熟立法的可能性就很高。当然，或许也可以将此解释为主观责任要素，即虽说是客观责任要素，但在行为人认为有的时候就满足，认为没有的时候就不满足该要素。[1]但是如果认为这超出了一般的法律解释方法论之框架的话，那还是只有通过立法进行解决了。

第5节　期待可能性

1. 作为规制原理的期待可能性

在到目前为止所讨论的责任要素，具体来说有行为控制可能性（预见可能性、违法性认识可能性、责任能力、行为能力）和性格责任（故意等）之外，日本历来还将期待可能性作为独立的责任要素加以提出。这种想法忠实遵从了期待可能性概念诞生之时，将其作为"伦理性责任要素（das ethische Schuldelement）"定位于独立的责任要素[2]的传统。

但是在有关责任要素的分析得到发展的今天，期待可能性这样的一般条款已经没有独立于行为控制可能性、性格责任的意义了。应该认为其不过是规制在怎样的场合能够认定行为控制可能性、性格责任等的规制原理。在德国，自从亨克尔（Heinrich Henkel）在梅茨格尔的古稀祝贺论文集中撰稿了有名的论文《作为规制性法原理的期待可能性与期待不可能性》，剥夺了期待可能性作为独立的责任要素的地位[3]以来，这也已经成为普遍看法。首先，就

〔1〕　Vgl. z. B. Schmidhäuser, AT, 2. Aufl., 10/119；林幹人：《刑法各論》，東京大学出版会1999年，460頁以下。

〔2〕　Berthold Freudenthal, Schuld und Vorwurf im geltenden Strafrecht. Zugleich ein Beitrag zur Kritik des Entwurfes zu einem Deutschen Strafgesetzbuch von 1919, 1922, S. 17, 27. 不过就算到了近年来，Reinhard Moors, Der allgemeine übergesetzliche Entschuldigungsgrund der Unzumutbarkeit in Deutschland und Österreich, ZStW116（2004），S. 908将期待可能性表达为"正义的紧急阀门（Notventil der Gerechtigkeit）"。另外，关于期待可能性概念诞生的详细经过，参见佐伯千仞：《刑法に於ける期待可能性の思想〔増補版〕》，有斐閣1985年。

〔3〕　Heinrich Henkel, Zumutbarkeit und Unzumutbarkeit als regulatives Rechtsprinzip, in: Festschrift für Edmund Mezger, 1953, S. 249ff. 就到之前为止与过失犯不同，在条文上读不出对期待可能性的考虑的故意犯，主张扩张适用免责性紧急避险（《德国刑法典》第52条、第54条）的立场和主张承认作为超法规的责任阻却事由的期待不可能性（甚至主张在故意犯的条文中也规定期待可能性）的立场之间展开了争论。不过进一步追溯的话，期待可能性的历史也可以说从一开始就被埋没在过失的一般理论中。1897年德国帝国法院作出的有名的癖马案判决（Leinenfängerfall＝RGSt30, 25）就是其适例。

行为控制可能性来说，期待可能性规制着例如在判断预见可能性之际刑法应当要求何等程度的谨慎性，或者在判断动机形成可能性之际刑法应当要求何种程度的遵守法律的努力。这样刑法就不要求会对日常生活也带来障碍，在这个意义上不可能期待的谨慎性和遵守法律的努力。其次，正如在第 3 章第 3 节 4（4）中所见的那样，一定的动机、情绪对性格责任给予的影响，根据刑法将怎样的事项看成危险性格的表现来决定，在这里期待可能性也发挥着作为规制原理的机能。[1]即只有期待可能性高的时候，才能将此评价为将危险性格原封不动外部化了。虽然是经常作为期待可能性低的事例被举出来，但在难以忍受饿肚子而偷盗了面包的场合[2]中，由于与性格无关的特别事由的影响过大，因此不能评价为危险性格直接与行为相关联，因而性格责任就很小。

-116-

当然，虽说是规制原理，但具体以怎样的形式进行规制，目前还是没有定论。又或者在此把期待可能性定位于独立的责任要素的观点所进行的讨论——即使不是逻辑性的——或许能成为参考。例如在今天的德国，少数将期待可能性作为独立的规范责任要素予以承认的论者之一莫姆森（Carsten Momsen）就从立足于社会契约论的目的合理性责任概念（zweckrationaler Schuldbegriff）出发，认为在法律义务的履行与生存相关的场合，期待可能性被阻却，《德国刑

---

〔1〕 最初提出这个想法的是 M. E. Mayer, Handlung, S. 188ff. 这一方面后来为李斯特门下的埃伯哈德·施密特（Eberhard Schmidt）所发展，另一方面被披上犯行答责性的外衣为毛拉赫所继承，巧妙地处理了从目的主义中露出的性格责任。关于这一经过，本文之前已经论述过了。在日本也采取这一想法的有，参见比如牧野英一：《重訂日本刑法（上卷）》，有斐閣 1937 年，184頁。另一方面对这一想法进行批判的有，vgl. Goldschmidt, Normativer Schuldbegriff, in: Frank-FS, S. 464ff.

〔2〕 另外经常被举出来的是所谓犯罪环境。成长在盗窃与其说被禁止，不如说被推崇的环境中的吉普赛少年犯盗窃罪就是此例。不过也有批判意见认为在这种场合不能得出性格责任轻的结论。井田良："カール·ポパーの非決定論と刑事責任論"，《ポパー·レター》6 巻 2 号（1994）。也有观点直接认为在这种场合原本就没有减轻责任的必要性。林幹人：《刑法の基礎理論》，東京大学出版会 1995 年，7 頁以下。不过这样说也不能说就是明显不合适，而且批判者提出的规范性地假设意志自由的对策也如后所述，在解决这个问题上无能为力。但是在元层次（meta-level）上进行这样的说明也并非不可能，即由于人格环境的异常性，行为无法评价为危险性格忠实表现。换言之，因成长在犯罪环境中而实施盗窃的吉普赛少年，比起在没有任何不自由的环境中成长但仍然染上犯罪倾向的不良少年，前者的处分必要性更低。这与在元层次上思考常习加重性格责任是相反的。平野龙一所说的实质的行为责任也可以理解为就是这种包含了元层次思考的性格责任（性格论的责任论）。参见平野龍一：《刑法総論 I》，有斐閣 1972 年，62頁。

法典》第 35 条规定的免责性紧急避险也说明了这一点。[1]当然，很难认为将这种想法原封不动地具体化为诸如控制能力、性格责任的规制原理的做法存在充分的理论根据，而且就结论而言，也存在不恰当的场合。但这至少说明了在指出了期待可能性是规制原理之后，还有很多值得讨论的问题。

2. 期待可能性阻却事由？

在日本，将期待不可能性独自作为责任减少或者阻却的根据加以使用的典型例证是防卫过当、避险过当的任意性减免，最终甚至是可罚性的阻却。所谓责任减少说便是如此（与此相对，在违法·责任减少说看来，必须也考虑违法减少）。不过这里所说的责任减少，不过是惊慌状态中动机形成可能性的减少、因对违法减少的认识而造成的性格责任的减少，进而基于情绪的非强壮性即虚弱性的性格责任的减少等的综合体。换言之，即便在这里，期待可能性实际上也没有发挥作为独立的责任要素的机能，只不过提供了具体责任要素减少的实质性理由而已。

学说中有观点将这样的各种各样责任要素减少，从而总计起来阻却责任——借用论者的话就是处罚得到宽宥——的场合称为免责事由（Entschuldigungsgrund），将其与丧失动机形成可能性的场合即责任阻却事由（Schuldausschließungsgrund）区别开来。[2]虽然使用这种用语是论者的自由，但对于这种将合乎规范的决定可能性（动机形成可能性）称作狭义的责任，将除此之外的（期待可能性）归类为可罚的责任[3]的做法，我觉得稍微有点误导性。

另外，除了防卫过当和避险过当，学说中还有不少观点想用期待可能性来规制所谓的良心犯（Gewissenstäter）或确信犯（Überzeugungstäter）。在宗教仪式中使用大麻的情形就是其典型。但是根据第 3 章第 1 节 7 中所述的理由，对于基于这种不以侵害他人人格为内容的信仰或比照于此的真挚的世俗良心的行为，可以解释为违法性已经得到减少或阻却（当然这也不是毫无限度地认定，利益衡量是必要的，这一点自不必说）。与此相对，在宗教恐怖主义

---

〔1〕 Carsten Momsen, Die Zumutbarkeit als Begrenzung strafrechtlicher Pflichten, 2006. 这由于太过忠实于霍布斯（Thomas Hobbes）以至于将其缺点也继承下来了。托马斯·霍布斯（Thomas Hobbes）著，水田洋田中浩訳：《リヴァイアサン》，河出书房新社 2005 年。

〔2〕 Sch/Sch（Lenckner），Vorbem § § 32ff.，Rn. 108. 不过在其"统计"中好像也包含了违法减少。

〔3〕 山中敬一："可罰的責任論について——期待可能性の理論の体系的地位"，《西原春夫先生古稀祝賀論文集（第 2 卷）》，成文堂 1998 年，137 頁以下。

中，由于信仰的内容追求对他人人格的侵害，违法性没有减少或阻却。另外，在日本裁判例中，教会牧师将因侵入建筑物等案件而被警察追捕的两名高中生收留在教会教育馆中约一周时间，对此，法院认为这是属于宗教活动自由的正当业务行为［神户简易裁判所昭和 50 年（1975 年）2 月 20 日判决（《刑事裁判月报》7 卷 2 号 104 页）= 牧会活动事件］。　　　　　　　　　　　–118-

　　以上处理的可以说是总论部分，在各论的领域中也存在为了说明法定刑轻而独自使用期待可能性低的情况。典型例证就是遗失物等侵占罪（《日本刑法》第 254 条）。即认为将遗失物昧下来具有诱惑性，因而期待可能性低，因此规定了比损坏器物罪还轻的法定刑。确实，说因为具有诱惑性所以刑罚轻容易被世人接受。但是，问题是这里所说的"诱惑性"的内容。如果认为这是"人往往追求利益而行动"的话，这在非法占有目的中利用处分意思（与营利目的等相同[1]）加重性格责任的意义上，反过来会提高期待可能性。在说明盗窃罪的法定刑比损坏器物罪还要重的时候，这一点得到普遍承认。因此，对于"诱惑性"，应该在"没有打算要做这么坏的事情"，即想要犯的不法没有那么大的意义上进行理解。总而言之，遗失物等侵占罪比起损坏器物罪，不法更小，反过来说，对遗失物的毁弃，至少不能超过遗失物等侵占罪的法定刑进行处断。

　　与上述相对，收取后知情使用罪（《日本刑法》第 152 条*）的法定刑比使用伪造货币罪（《日本刑法》第 148 条第 2 款）要轻，对此无法通过不法更小来进行说明。而恐怕是因为钱包中不知不觉混入了假币这一特殊情况降低了期待可能性，因此减少了性格责任。正因为如此，认为诈骗罪（《日本刑　　　　–119-

---

[1]　不过严格来说，利用处分意思和营利目的未必具有一致性。首先利用处分意思与营利目的不同，并不以对经济性或者社会性利益的追求为要件。不过作为替代，要求了营利目的中所没有的追求只有将标的物纳入自己（或者第三人）的利用过程中才能够获得的效用的意思这一要件。于是利用处分意思加重性格责任的理由与营利目的就有若干不同，并不在于由于牺牲了他人的对物欲的追求频频抬头因此具有较高压制必要性的动机，而是在于一般在追求前述特别效用的场合，容易产生想要夺取标的物的利用可能性的强烈动机这一点上。参见山口厚：《ケース&プロブレム刑法各論》，弘文堂 2006 年，96 頁（小林憲太郎）；伊藤渉ほか：《アクチュアル刑法各論》，弘文堂 2007 年，223 頁（小林憲太郎）；今井猛嘉ほか：《刑法各論》，有斐閣 2007 年，126 頁以下（小林憲太郎）。

　*　《日本刑法》第 152 条规定："收取货币、纸币或者银行券后，得知其为伪造或变造的东西，对其进行使用或者以使用为目的交付他人的，处其面额价值三倍以下的罚金或者小额罚金（日语为"科料"，金额为一千日元以上不满一万日元）。只是刑罚的金额不得为两千日元以下。"——译者注

法》第 246 条）也不成立的立场得到有力主张。

3. 规范责任论

想要通过非难可能性即期待可能性来构建责任的观点被称为规范责任论。但是如前所述，期待可能性不过是单纯的规制原理。因此，规范责任论应当理解为是指要求动机形成可能性等的行为控制可能性的想法。换言之，行为控制可能性为非难可能性奠定基础。而且既然行为控制可能性对于制裁普遍而言是必要的，那么不论何种制裁都包含非难的要素。人们经常说"刑罚以非难为其本质"。将这句话结合本文的理解来说，就是"既然是刑罚，那么行为控制可能性不仅在科处过失犯的场合，在科处故意犯的场合也同样必要，换言之，刑罚必须具有作为制裁的性格"。而且这样的话，与通常见解不同，对故意犯的非难的大小与过失犯完全相同。反复说明的是，两者之间法定刑的差距是来源于对前者类型性承认的处分的高度必要性。

最先提出对规范责任论的这种理解并且对其进行浸透的，自不必说，是以韦尔策尔为首的目的主义者。今天我们说的规范责任论就是目的主义的责任论。[1]在将违法性认识可能性从故意剥离，并将其与责任能力统合在一起这一点上，韦尔策尔厥功至伟。当时理论刑法学权威希佩尔（Robert von Hippel）将对故意要求违法性认识可能性的立场（限制故意说）称为规范责任论，[2]从这一点看来，韦尔策尔的想法具有令人震惊的新颖性。此后，韦尔策尔通过持续不断执拗地批评希佩尔来巩固自己的立场，[3]而本应当仅指把违法性认识可能性从故意剥离开来的责任论，则在不知不觉中变成了指的是把违法性认识可能性与责任能力一起统合在动机形成可能性之下的立场，进而形成规范责任论。[4]

〔1〕 关于其概要，vgl. z. B. Hirsch，in：Strafgesetzbuch. Leipziger Kommentar. Großkommentar，11. Aufl.，1994，Vor §32，Rn. 183ff.；ders.，Das Schuldprinzip und seine Funktion im Strafrecht，ZStW106（1994），S. 746ff.

〔2〕 Robert von Hippel，Deutsches Strafrecht，Band 2，Das Verbrechen，Allgemeine Lehren，1930，S. 279.

〔3〕 韦尔策尔甚至在日本最高裁判所进行演讲的时候都没有忘记对希佩尔的批判。汉斯·韦尔策尔（Hans Welzel）著，福田平编訳：《目的的行为論の基礎》，有斐閣1967年，39頁。

〔4〕 罗克辛也准确地指出，规范责任论与其说是有关责任理念的特定思考方法的产物，还不如说是精致的刑法体系性分析的产物。Roxin，Zur jüngsten Diskussion über Schuld，Prävention und Verantwortlichkeit im Strafrecht，in：Bockelmann-FS，S. 280.

　　当然，正如反复所说的那样，行为控制可能性并不仅在于动机形成可能性。[1]而且责任也并不仅在于行为控制可能性。但是从行为控制可能性出发理解规范责任论的内容，这一思考方向本身应当说确实是极其恰当的。在日本结果无价值论者间广受恶评的由韦尔策尔强调[2]的刑法的“社会伦理性机能（sozialethische Funktion）”也不过是稍微象征性地表现了仅仅以行为无价值论为基础，责任非难能够具有形成动机使人遵守规范即行为控制的机能而已。在这个意义上，甚至或许可以将社会伦理性机能直截了当地改称为制裁性机能。这可以从刑法对社会伦理性机能不起作用的人应当发挥的“预防性机能（präventive Funktion）”实质上指的是处分这一点上得到证实。因此，只要社会伦理性机能设想的规范是自由主义的，就没有必要指责该机能本身不是自由主义的了。实际上，韦尔策尔认为只有保障了基本的社会伦理性行为价值，法益才能得到全面的保护。[3]

-121-

-122-

---

〔1〕　不过规范责任论从其登场之初就一直强调规范的责任要素与（同样应该进行规范性判断的）预见可能性的不同性质。Goldschmidt, Österreichische Zeitschrift für Strafrecht, 1913, S. 160（认为无认识过失具有双重的规范的责任要素）；Hegler, Die Merkmale des Verbrechens, ZStW36（1915），S. 208（认为无认识过失中的“通常的注意程度”不是规范的责任要素）；Liszt/Eberhard Schmidt, Lehrbuch des deutschen Strafrechts, 26. Aufl., 1932, S. 275f.（与戈尔德施密特相同），ferner vgl. Sch/Sch（Lenckner），Vorbem §§32ff., Rn. 126. 在故意犯中，只要有故意就能进行动机影响，与此相对，在过失犯中，必须要行为人先预见到了犯罪事实再进行动机影响。由于担保过失犯中特有过程的要素是预见可能性，这并非共通于故意犯和过失犯的本来意义上的规范的责任要素。原初的规范责任论应该是这样思考的。参见瀧川幸辰：《改訂犯罪論序説》，有斐閣 1947 年，136 頁以下。但是也正如本文所述，这种态度应该改变。

〔2〕　Welzel, Abhandlungen, S. 224ff.

〔3〕　当然要说没有受到时代背景的影响那是在说谎。事实上根据他的观点，保障对帝国的忠诚，即法律心情这种行为价值的共同体的妥当性，与对具体法益的保护完全无关，具有独自的意义。Welzel, Abhandlungen, S. 228f. 但是社会伦理性机能这一表达在黑格尔学派甚至纳粹（基尔学派）丧失影响之后也得到了维持。Vgl. z. B. ders., LB, 11 Aufl., S. 1ff., auch Armin Kaufmann, Strafrechtsdogmatik, S. 263ff.

　　不过最近，这种社会伦理性机能遭到了来自积极的一般预防论的批判。后者将动用刑法的正当化根据也理解为使尚未在社会中扎根的规范扎根下来。松宫孝明：“今日の日本刑法学とその課題”，《立命館法学》304 号（2005），309 頁以下等。这可以说是就规范的内容提出了问题，但如后所述这未必就是准确的。

终章

韦尔策尔有一篇著名的论文叫《刑法体系的研究》（Studien zum System des Strafrechts）。其中所展示的目的主义这一思考方法，在使之前的体系焕然一新的同时，也长期束缚了之后的理论刑法学。德国的客观归属论受到行为无价值论的束缚，日本的结果无价值论也受到故意中心主义的束缚。本文以过失犯为突破口，试图摆脱这种状况。对于目的主义，我们一方面表示最大的敬意，另一方面应该对此予以废弃。

犯罪理论的核心概念有四个："不法与责任""故意与过失"。那么以何者为中心构筑犯罪理论，就因这些概念的组合而有四种版本。理论刑法学的历史已经经历了其中三种，即故意责任［李斯特-贝林-拉德布鲁赫的古典刑法体系（以及今天日本有力的结果无价值论）］、故意不法（目的主义）和过失不法（客观归属论）。但是唯一剩下的一个，即过失责任成为焦点的时代浩浩荡荡而来。正是其勾画了刑事制裁最下限的特征。本文将今天的结果无价值论表达为责任版目的主义。与此相对的话，本文采用的思考方法或许就可以表达为所谓责任版客观归属论。

在诸位读者之中，可能会有人认为就标准的即不法版客观归属论而言，正因为不法主要与行为的客观面有关因此是"客观"，而与主观面有关的责任版客观归属论直接称为主观归属论就好了。但是，客观归属论中所说的"客观"本来并不意味着与行为的客观面有关，而仅仅意味着是对故意犯和过失犯共通的要求。反过来，主观归属论则仅指故意犯固有的可罚性限定原理。正因为如此，一般认为特别认知影响客观归属。[1]因此，探究故意犯与过失犯责任中的共有物这一本文的思考方法，即使与行为的主观面有关，也可以说是客观归属论的一种。只不过在这里，通常被附加上的构成要件或者不法这样的暗中的前提被摘除了而已。

---

〔1〕 详细情况参见小林憲太郎：《因果関係と客観の帰属》，弘文堂2003年，122頁以下。

标准的即不法版客观归属论的缺点在于其虽然标榜机能的犯罪论，但其实质并不具备合理的机能。本来，有关客观的"可以做/不可以做"这一不法的判断与有关基于个人情况的"能够使之不做/不能够使之不做""是/不是危险性格的表现"这一责任的判断应该截然区别开来。这样一来，正当防卫、共犯的成立与否这些具体刑法理论才能够合乎区分不法与责任的趣旨并在此之上建构起来。[1]这才意味着犯罪论是"机能性的"。但是客观归属论通过使这种不法与责任的区别模糊化，使得犯罪论的机能性倒退。例如，因为基于伪造的结构计算书建造了建筑物，实际抗震强度大大低于抗震基准，但就算履行了一般对建筑人要求的注意义务也不能发现这一点，将这种建造行为与实际上遵守了抗震基准的建造行为同样从不法这一范畴中排除出去，这样的话，对于前者能够合法地进行阻止而对于后者则不能，对于两者的这种区别就必须从不同于不法与责任的区分的趣旨的角度来进行说明。这种独立于具体刑法理论讲述"不法与责任的区分"的犯罪论很难说是机能性的。这样的"讲述"终究来说是徒劳无益的，如果要想省去这种徒劳无用就会走向原本就不区分不法与责任的主观违法论（顺便说一下，即便暂且不提与具体刑法理论之间的关系，本文还论证了仅将行为控制过程中的一部分拿出来，将其分派到责任中的做法也是困难的）。但是即便这样，由于为了规制具体刑法理论，无论如何都必须区分客观的"坏"的判断和根据个人事由的界限性判断，因此分别将这两个判断分派到不法和责任的犯罪范畴中去的做法能够实现便利。以上所说的就是将客观归属论的基础置于行为无价值论所带来的缺陷，而本文主张责任版客观归属论，即将基础置于结果无价值论的客观归属论，其理由也在于此。

–124–

本文实现的过失犯的理论实际上十分简单，浅显易懂。用极为简单的语言归纳其精髓的话，内容如下：

（1）所谓过失犯的成立要件，即是所有处罚都必要的要件，故意犯及其他处罚形态是加重了的过失犯。

虽说存在故意，但也不能轻易处罚，而必须慎重地探讨在没有故意的时

---

[1] 当然不能说所有具体的刑法理论都是如此。而且就算是建构在不法和责任区别之上的刑法理论，就好比对于来自不构成不法的物的侵害也能进行正当防卫那样，理论的接口也并非完全一致。换言之，在这里重要的只是该区别"比没有要好，比别的要好"这样的判断。

候也应当满足的要件。目的主义的主张与此正好相反，在这一点上，依我说与其说是犯罪理论*，倒不如说是犯罪性理论**。不过今天的结果无价值论也不是没有这个意思。

（2）对所有处罚都必要的要件即过失犯的成立要件，不仅限于刑事制裁，对所有的制裁都是必要的。例如行为控制可能性这一意义上的责任，对所有的制裁都是必要的（责任主义），同时也为非难可能性奠定基础。因此，将责任定义为非难可能性的规范责任论，就是指对责任要求行为控制可能性的理论立场（不过需要注意的是，责任并不仅仅是行为控制可能性。）

另外，特别在德国，责任主义有时也在罪刑均衡的意义上使用。但是由于这稍微有点误导性，应当认为罪刑均衡不过是比例原则〔特别是狭义的比例性或者禁止过当（Übermaßverbot/Angemessenheit）〕的派生原理而已。这不仅规制制裁，也规制处分。虽然有时会受到"将刑罚理解为处分的话，就会造成在危险性完全消除之前持续科处刑罚无论多久都可以的局面"这样的批判，但这未必正确。而且过去由菲利（Enrico Ferri）所代表的新派将责任主义所说的责任理解为应当承受与危险性的除去相伴的负担的地位即社会责任。性格责任也可以说是其中之一。这种用法虽然不能说是相差得太过分而具有误导性，但其过于忽视了到目前为止与责任主义这一概念相结合的各种附随效果，因此也不妥当。

（3）故意犯的处罚具有结合了制裁和处分的复合性特征。换言之，在故意犯中，无法严格贯彻刑罚与处分的二元主义。

如果想要将故意犯的处罚也纯粹化为制裁的话，对其重罚化的根据就只能理解为一种量刑责任，即显示了对通过制裁的推动，对制裁这种规制手段积极对抗的态度。但是这种想法很难贯彻到底。因为既然追求犯罪事实的场合与并非如此的场合在刑责上存在巨大差异，那么在认识到犯罪事实之后产生违法性认识的场合与并非如此场合，或者根本就没有打算根据违法性的认识控制行为的场合与并非如此——即虽然做了打消犯罪冲动的努力但没能成功——的场合之间也必须在刑责上设置同样程度的差异，但是对现行法制度很难进行这样的理解（采取严格故意说也是勉强走了一半）。这恰好跟在故

---

  * 日语为"犯罪理論"。着重号为原作者所加。——译者注

  ** 日语为"犯罪の理論"。着重号为原作者所加。——译者注

意犯中很难将现行法制度理解为刑罚可以在不具有制裁性格的前提下而被科
处是同样的。因为在故意犯中也要求例如责任能力。而且由于这在行为时就
要求具有，因此无法将其纯粹化为刑罚适应性。[1]

　　当然，这种现行的制度设计是否妥当是另外的问题，而这也正好是"学
派之争（Shulestreit）"的主战场。而且最近在心神丧失者等医疗观察法的制
定之际再次燃起战火。如果维持现行的刑罚制度，在准备一套从制裁分离出
来仅科以处分的刑罚之外的体系的同时，即使满足了刑罚的要件，当另外还
存在更合适的抑制手段时，也应当采取使该抑制手段优先的体系。当然这里
所说的处分乃至抑制手段的内容及根据也是个大问题。

　　学说中曾有意见认为非难可能性不受任何东西决定，只有以经验性的意
志自由（经验性他行为可能性）为前提才可以想象。但是这样理解的话，通
过施加恶害来进行控制行为的制裁等制度也就丧失了其存在的基础。当然，
这也并不是说完全不需要意志自由这一概念。由于所谓被强制的行为通过制
裁也无法进行控制，因此以这种强制的不存在来表达意志自由也具有充分的
可能性（与此相对，将危险性格的显现表达为意志自由就有些勉强了）。换言
之，这里所说的意志自由的内涵，就被理解为制裁通过在此发挥作用而进行
行为控制，而正是在这一层面（谨慎程度或者遵守法律之努力的欠缺等）行
为被决定。在这个意义上被理解的意志自由反而成了制裁的逻辑性前提。而
所谓具有非难可能性的场合，就是只要行为人具备了刑法要求的谨慎程度和
遵守法律之努力的话，即使没有获得其他特别的知识或能力也能够避免不法，
但行为人却违反了这一要求而实施行动，结果引起了不法的场合。[2]

-126-

-127-

---

〔1〕　牧野英一：《重訂日本刑法（上卷）》，有斐閣1937年，154頁以下等。

〔2〕　以上的想法叫作柔软的决定论。参见平野龍一：《刑法の基礎》，東京大学出版会1966年，3頁
以下。近年来罗克辛及受其影响的人"（在存在对规范的响应可能性（normative Ansprechbarkeit）
的限度内）通过规范性地假设意志自由来确保责任主义"，这也是相同的趣旨（罗克辛进而将
本文所说的期待可能性表述为答责性（Verantwortlichkeit））。克劳斯·罗克辛（Claus Roxin）
著、宮澤浩一監訳：《刑法における責任と予防》，成文堂1984年；井田良：《刑法総論の理論
構造》，成文堂2005年，226頁以下等。根据制裁想要变更的层面决定行为这个意义上的意志自
由以制裁能够变更这一层面为逻辑前提，这确实如此。不过将行为人看作具有选择"满足/不满
足来自制裁的要求"的可能性，假设到这个意义上的经验性意志自由是作为自由主义的必要条
件。因此，想必对我们来说还不至于是主要有利地起着作用的幻想（正如接下来即将明确的那
样，论者所说的"有利"并不是指阻却·限制可罚性的意思，而是把处罚的形式变成自由主义
的意思，因此自由意志的假设倒不如以给可罚性以理论基础为由，"并非有利"这样的批判并没

　　而且就刑罚的目的是报应还是预防，如果是预防的话是一般预防还是特别预防，学说也存在争论。但是这些概念实际上都在各种各样的含义上被使用。而以这一事实为前提的话，这种问题的提出方法基本没有意义。

　　例如，如果报应意味着自我目的性的同态复仇（价值性同害刑）的话，这就偏离了国家的作用。[1]对平等人格的承认本质上对私权的享有和对国家的防御以及对其扬弃具有意义，这超出了通过对犯罪施加形而上的反作用来恢复人格等国家的部分（如果认为人格表现了市民社会中的相互承认的话，更准确地说是主体吧）。而且从相同的理由出发也不能推论出被害人的报复权，这只不过是根据康德主义者所说的意思准则的普遍主义要求，认为犯罪人应该受到报复的这一主观道德，因此也无法通过社会契约来论证国家刑罚的报应性质。而且正如李斯特恰如其分指出的那样，[2]本来应该为了守护国民的自由和安全而存在的国家如果促进了犯罪，甚至以"报应性正义（vergeltende Gerenchtigkeit）"的名目科处刑罚的话，倒不如说这种国家应该解体。不过，通过放弃发生论上的正当化而转为结果主义的正当化——话虽如此，这在放弃了让渡自然权的原理这一点上，也可以说已经偏离了社会契约的范畴[3]——原本就不承认社会契约这样的东西，即极度反感所谓工具型国家观的黑格尔学

　　（接上页）有切中要害）。因为处分也可以是自由主义。事实上，不管是制裁还是处分都必须是自由主义的。换言之，制裁与处分的区别不在于自由主义的程度，而存在于预想的抑制过程中。因此，处分之所以不以意志自由为前提是因为以下琐碎的理由而已，即不存在把危险性格的发现称作自由意志这样的表达方式。并不是因为只有处分在不假设经验性意志自由的情况下也能成立。

[1] 关于国家的作用，非常具有参考价值的文献是長谷部恭男：《比較不能な価値の迷路——リベラル・デモクラシーの憲法理論》，東京大学出版会 2000 年，1 頁以下。

[2] Vgl. Liszt, Aufsätze, S. 353. 他主要针对短期自由刑论述道："促进犯罪的刑罚，这是'报应性正义'最后而且最成熟的果实！（Eine Strafe, die das Verbrechen fördert: das ist die letzte und reifste Frucht der „vergeltenden Gerechtigkeit"！）"

[3] 也存在像某国那样因来自外部的强制而创立适合的国家的情况，话虽如此，如果说这种国家也能够自发性创立的话，就是想象了程序之外的正当化的要求，这跟自然权自发性让渡所追求的程序性正当化在本质上是矛盾的。在实定法解释论上，在一定的程序之履行被认为是正当化的实质性根据的场合，一般认为违反程序的人不得援引"即使履行了程序也还是可能会发生相同的结果"来免责，这也体现了前述道理。参见小林憲太郎：《因果関係と客観的帰属》，弘文堂 2003 年，51 頁以下。对企图在现代重生社会契约说思想的罗尔斯（John Rawls）和诺齐克（Robert Nozick）进行再一次压制的，参见井上達夫：《共生の作法——会話としての正義》，創文社 1986 年。于是对复仇是否属于自然权的讨论对是否应当采取报应刑论就没有影响。即使这里所说的自然权是可以自由伸缩的霍布斯式的自然倾向（conatus）也是如此。

派〔1〕则只不过可能并不会赋予抑制刑论以刑罚正当化原理的资格。因为如前所述，所谓国家恢复人格，正是该人格被终局性地作为最高普遍性形式（伦理）的国家所扬弃，因此表现了法本身。换言之，这在国家观上已经不合适了。

与此相对，如果认为报应意味着在科处刑事制裁之时，不法被实际侵犯这一要件是必要的，或者意志自由、非难可能性是前提的话，那确实如此。被认为是以决定论为基础的一般预防论原型的费尔巴哈的心理强制说（pszchologische Zwangstheorie）〔2〕正是这个意义上的报应刑论。只不过当时他的思想属于少数派，〔3〕同时，报应刑论的含义也不同而已。这样的话，与试图将过失还原为危殆化故意的施蒂贝尔（Christoph Karl Stübel）一同，在心理强制说之下，试图用故意性不注意这一形象将过失也包括在意思责任中的费尔巴哈的努力，用宾丁的话说"在过失中追求故意的做法（die Jagd nach dem Vorsatz in der Fahrlässigkeit）"〔4〕完全是白费力气。这跟当时主流的意志自由论甚至黑格尔学派存在决定性不同。

而具有处分侧面的刑罚，在仅将实际表现于行为的危险性作为对象的意义上，也是正确的。进而在罪刑均衡的意义上也同样如此。不仅如此，近年来，

-129-

〔1〕 Vgl. z. B. Hegel, Grundlinien, §75, 258, 278, 294; Christian Reinhold Köstlin, Neue Revision der Grundbegriffe des Criminalrechts, 1845, S. 1ff. ; Albert Friedrich Berner, Lehrbuch des deutschen Strafrechtes, 1857, S. 15. 不过，最近认为社会契约论是倡导政治应然状态的元伦理的见解正在扩大影响。Cf. Hannah Arendt, On Revolution, 1963. 自不必说，发端于米歇尔·福柯的权力论的后现代政治学加速了这种理解的发展。参见杉本敦：《権力の系譜学——フーコー以降の政治理論に向けて》，岩波書店 1998 年。

〔2〕 Feuerbach, Revision der Grundsätze und Grundbegriffe des positive peinlichen Rechts, Teil 2, 1800, S. 21f.

〔3〕 Vgl. z. B. Hegel, Grundlinien, §99（还参见全集版的补遗）；Julius Friedrich Heinrich Abegg, Die verschiedenen Strafrechtstheorieen in ihrem Verhältnisse zu einander und zu dem positiven Rechte und dessen Geschichte. Eine criminalistische Abhandlung, 1835, S. 68. 在设想了英国经验论或者康德想要克服的理性主义人性观这一点具有陈旧性，但在将其与罪刑法定主义相结合防止法官恣意性这一点上有其新意。正因为如此他被称为"近代刑法学之父"。当然虽然说具有陈旧性，但所谓合理选择理论的界限到今天仍然是重要的争论问题。众所周知，不管是康德以前的主体论，还是以后的胡塞尔（Edmund Gustav Albrecht Husserl）到海德格尔（Martin Heidegger）的主体论，指出这些都是错误的，通过独自的主体观即交往理性来试图解决霍布斯难题（即 The Hobbesian trap，也被译为"霍布斯陷阱"。——译者注）的是哈贝马斯（Jürgen Habermas）。Z. B. Jürgen Habermas, Moralbewußtsein und kommunikatives Handeln, 1983; ders. , Faktizität und Geltung. Betäge zur Diskurstheorie des Rechts und des demokratischen Rechtsstaats, 3. Aufl. , 1993. 到现在只有与此相对应的刑法理论还没有出现。Vgl. Klaus Günther, Schuld und kommunikative Freiheit. Studien zur personalen Zurechnung strafbaren Unrechts im demokratischen Rechtsstaat, 2005.

〔4〕 Binding, Normen IV, 1919, S. 328.

-130-　　连扬弃报应与预防的见解也有力地得到主张，[1]这样的话，前述的问题原本

[1]　"你不得杀人"这一规范的妥当性因杀人而被弱化，因此通过对此施加刑罚这一反作用再一次进行强化的积极的一般预防论就是这种观点。这是雅各布斯参考了黑格尔的"法的否定之否定"的报应刑论提出的观点，其特征在于从报应本身之中发现预防的目的。Jakobs, Schuld und Prävention, 1976. 这也象征性地体现在雅各布斯最近的《报应的目的》这一论文标题之中。ders., Der Zweck der Vergeltung, in：Androulakis-FS, S. 264ff. 在日本，相对于大场茂马、田中耕太郎、泷川幸辰等的报应刑论，小野清一郎的报应刑论，即基于道义共同体主义的报应刑论可以说具有与积极的一般预防论存在亲和性的特征。参见大場茂馬：《刑法総論（上卷）》，中央大学 1912 年；田中耕太郎：《法律学概論》，学生社 1953 年；瀧川幸辰：《刑法講義〔改訂版〕》，弘文堂書房 1930 年；小野清一郎：《新訂刑法講義総論〔第 15 版〕》，有斐閣 1956 年。除此之外，小野清一郎对于常习者还主张不定期刑，与其所参考的毕克迈耶（Karl Birkmeyer）连缓刑都否定的做法相对，小野清一郎对刑罚的特别预防效果的考虑也——虽然是在报应刑论的框架内——很引人注目。这充分体现了佛教的教诲无法还原为欧美的刑罚理论。参见小野清一郎：《仏教と法律——小野清一郎博士論文集》，愛知学院大学宗教法制研究所 1987 年。

根据这种积极的一般预防论，所谓责任，是指以通过处罚能够对其进行恢复的形式，能够有损规范妥当性的属性。简言之，处罚的目的决定了责任的内容。因此，责任并不具有独立于一般预防的意义，换言之，责任的概念与不法甚至犯罪的概念是一致的。Vgl. Heiko Hartmut Lesch, Der Verbrechensbegriff. Grundlinien einer funktionalen Revision, 1999. 阿亨巴赫（Hans Achenbach）放逐了这种（与量刑责任相对的）为刑罚奠定基础的责任的概念。Hans Achenbach, Historische und dogmatische Grundlagen der strafrechtssystematischen Schuldlehre, 1974; Bernd Schünemann（hrsg.）, Grundfragen des modernen Strafrechtssystems, 1984.

对此产生的第一个批判是人格的手段化。雅各布斯引用的卢曼的系统论可以说是指出了本质上以黑格尔式的主体为基础——因此才与哈贝马斯产生争论——和讨论制裁的机能（所谓机能主义理性）两件事之间的整合性（卢曼在其后期受到马图拉纳（Humberto Romesín Maturana）的自创生理论（autopoiesis）的影响，舍弃了其前半部分，而反过来，雅各布斯最近则开始舍弃其后半部分，这一点先放在这里）对该争论进行了有趣的分析的有，毛利透：《民主政の規範理論——憲法パトリオティズムは可能か》，劲草书房 2002 年。而令人震惊的是，雅各布斯的反驳为"所谓积极的一般预防论不过是描述了社会发挥作用的条件，而描述不会将人格手段化"。Jakobs, Das Schuldprinzip, 1993, S. 30. 根据这种说法的话，积极的一般预防论就丧失了原本作为刑罚目的论的适格性。

假设某个报纸上刊登了"因欺凌拒绝上学的孩子增加了"的报道。谁读了这个报道都不会说"贬损了拒绝上学的孩子的人格"。因为这不过是单纯的经验命题的描述。但是这同时也意味着这篇报道并没有就"因欺凌而拒绝上学的孩子增加了是好事吗"进行任何论述。同样，积极的一般预防论也没有就"可以处罚吗"进行任何论述。Vgl. Michael Pawlik, Person, Subjekt, Bürger. Zur Legitimation von Strafe, 2004; Roxin, Das strafrechtliche Unrecht im Spannungsfeld von Rechtsgüterschutz und individueller Freiheit, ZStW116（2004）, S. 929ff. 对积极的一般预防论较多的批判是认为其会陷入必罚主义，但由于积极的一般预防论本来就不是刑罚目的论，因此倒不如说这作为批判"不痛不痒"。在积极的一般预防论处于有力地位的德国理论刑法学界中，应当对指出了积极的一般预防论并没有在传统的责任概念上附加任何东西这一点的弗里斯特（Helmut Frister）的勇气表示敬意。Helmut Frister, Die Struktur des „vonluntativen Schuldelements ". Zugleich eine Analyse des Verhältnisses von Schuld und positiver Generalprävention, 1993.

就连提出来的必要都没有了。

鉴于以上状况，如果要结合本文的结构讲有意义的东西的话，不过是刑罚的制裁侧面实现一般预防，处分侧面实现特别预防这样的话而已。根据论者的不同，也有见解认为对其行为的控制针对的不是一般人而是行为人个人，因此这与一般预防无关，而与特别预防有关。反过来说仅仅想要控制一般人行为的才与一般预防有关。但是，正如第 3 章第 1 节 5 所述，脱离行为人个人创造出抽象的一般人这样的观念性存在，然后大肆讨论能否对其行为进行控制的做法是没有意义的。反而不如将一般预防理解为通过对人要求一般应当具备的谨慎程度、遵守法律之努力来实现抑制的想法。换言之，一般预防与特别预防的区别并不在于一般人与行为人这种抑制对象的差别，而在于其设想的抑制过程的差异。

-131-

不过这里有一点应当注意。确实，本文试图在与刑罚目的（乃至性格）相关联的基础上说明犯罪成立要件。但是即使某个犯罪成立要件 A 能够与某个刑罚目的 B 相关联进行说明，本文也并不主张只要 A 不存在 B 就一概不可想象，或者反过来只要存在 A，B 就总是能够想象存在等。与此相反，本文只是论述了抽象的对应关系，即如果在条文中被类型化了的要素 A 具备的话，一般情况下就能想象 B 存在，因此要求 A 是因为其类型性地为 B 奠定基础。不过即便如此，承认 B 反过来也类型性地为 A 提供特征这样的反馈也并无不可。所谓形式的责任概念和实质的责任概念的对立，也有可能进行这样的扬弃。而在个别具体的事例中，当 A 虽然存在但 B 不可想象之时，由于原本就欠缺将 A 这样的犯罪成立要件在条文中予以类型化的最终根据，至少不应当允许科处与 A 相结合的刑罚。与此相对，在不存在 A 却能够想象 B 存在的场合，根据罪刑法定主义的要求不能科处与 A 相结合的刑罚，但从 A 不存在也能够科处的刑罚中并没有排除根据 B 得以正当化的侧面的必然性。而且即使并非如此，根据 B 得以正当化的刑罚以外的抑制手段的发动——以满足其要件为限——也是允许的。学说中也有区分刑罚制度的正当化（宏观层面的正当化）与个别具体刑罚执行的正当化（微观层面的正当化）的见解。[1] A 这一刑罚的一般性要件得以正当化，也并不直接意味着连与 A 相结合的刑罚的个别具体执行也得到了正当化；另一方面，根据即使没有 A 也能够正当化的

-132-

[1] 佐伯仁志："刑法の基礎理論"，《法学教室》283 号（2004），45、46 页。

B，具有即使没有 A 也能够进行的个别具体刑罚执行得以正当化的侧面，在此限度内，这一见解可谓击中要害。

最后产生的最大疑问是，到底出于什么目的而特意要创设刑罚制度呢？因为本文最终讨论的也不过是制裁和处分的一般性要件而已。到目前为止学界给出的回答是刑罚的剧药性、最终手段性（ultima ratio）。换言之，通过只对重大的不法和责任科处，并且科处的是（最终来说也包括死刑的）重大恶害，来确保刑罚的独特性（当然在程序层面也确保了其独特性，而且在宪法上原本也赋予其特别的地位）。确实，这种预留最后一手这样的制度设计方法有其道理。但是近年来行政取缔法规中不断涌现的琐碎的罚则，不期却具有自我破坏的效果。

-133-

第 2 部

刑法归责的应用理论

I 信赖原则与结果回避可能性
——对有关交叉路口碰撞事故的两个最高裁判决的检讨

序章　两个最高裁判决

　　最近，最高裁判所第二小法庭就下述事实，撤销了认定成立业务上过失致死伤罪（《日本刑法》第 211 条，现该条第 1 款前段*）的原审判决以及一审判决，自行改判，宣告被告人无罪。[1]

　　被告人于平成 11 年（1999 年）8 月 28 日凌晨 0 时 30 分左右，驾驶普通乘用机动车从事出租车业务，准备直行通过没有进行交通整顿的交叉路口。由于该交叉路口左右视线不好，因此在到达该路口前必须先减速慢行，确认左右道路的交通安全后再行进。被告人没有履行前述安全确认义务，漫不经心地以约 30 公里到 40 公里的时速进入该交叉路口。因此，被告人车辆的左后侧部与正好从左方道路行驶而来由 A 驾驶的普通乘用机动车的前部相撞。结果导致被告人车辆撞上交叉路口前方右边角落的混凝土围屏，乘坐于后部座位的 B 被甩出车外，于当日凌晨 1 时 24 分左右因两侧血气胸和脑挫伤死于医院。另外，乘坐于副驾驶的 C 则遭受头盖骨骨折和脑挫伤等伤害，需治疗约 60 日。

　　本案事故现场为被告人车辆行驶的约 8.7 米宽的车道与 A 车行驶的约 7.3 米宽的车道相交的交叉路口。虽然各道路都在各自对面设置了交通信号灯，但在本案案发之时，被告人车辆对面的信号灯上闪烁的是黄灯，意味着可以

---

　　* 关于《日本刑法》第 211 条的变迁，参见前文第 6 页译者注。——译者注

〔1〕 最二小判平成 15 · 1 · 24 判时 1806 号 157 页，判夕 1110 号 134 页（以下引用内容出自判例时报）。该判决虽然没有登载在刑集上，但具有很大的社会影响，根据判决翌日的新闻报道，"最高检 · 熊崎胜彦公判部长评论　这是最高裁的最终判断，我们会真挚接受并在今后的实务中予以参考"。参见 2003 年 1 月 25 日日本朝日新闻早报。

-136- 在注意着其他交通情况的前提下行驶，而 A 车对面的信号灯上闪烁的是红灯，意味着必须暂时停止行驶。而且这两条道路都没有指定优先道路的道路标识，各道路的指定最高时速为 30 公里，从被告人车辆的行驶方向看清左右的交叉道路十分困难。

另外法院还认定，A 醉酒驾驶，以约 70 公里的时速行驶，远远超过 30 公里的指定最高时速，并且为了捡起掉在脚边的手机而没有注视前方行驶，在对面信号灯闪烁红灯的情况下仍然这样驶入交叉路口。

本案判旨如下：

"除去有关是否存在过失的评价这一点，本案的客观事实关系，如上所认定。……于此状况下，在驶入左右视线不好的交叉路口之时，被告人没有进行任何的减速，以约 30 公里到 40 公里的时速继续行驶的行为，不得不说违反了《日本道路交通法》第 42 条第 1 号所规定的减速义务，而且从业务上过失致死伤罪的观点看来也属于危险行驶，尤其是作为出租车司机处于应当确保乘客安全立场的被告人以前述样态行驶，不得不说这一点本身就值得谴责。

但是，另一方面，本案是以 A 车前部冲入被告人车辆左侧后部的形式发生的碰撞事故，就本案事故的发生，有必要留意 A 车异常的行驶状况。……考虑到 A 车如此的行驶状况，对被告人而言，就其是否能够回避本案事故，有必要进行慎重的检讨。……即便被告人减速至每小时 10 公里到 15 公里再驶入交叉路口内，考虑到采取上述紧急制动措施所要花费的时间，不得不说很难断定被告人车辆能够在碰撞地点之前停止，回避相撞。而且，本案在没有其他特别证据的情况下，就如果被告人车辆在本案交叉路口之前减速至每小时 10 公里到 15 公里确认交叉路口的安全的话就能够避免与 A 车相撞的事实，应当说仍存有合理怀疑的余地。"

-137- 简单整理一下判决的内容就是，①被告人在交叉路口之前必须减速（至每小时 10 公里到 15 公里）确认交叉道路的安全却没有做到。但是②即便做
-138- 到了，也可能无法避免事故，[1]因此③不存在过失。[2]

---

〔1〕 斋野彦弥认为："本判决的结果回避可能性判断的过程是，测定在以 10 公里或者 15 公里的时速驶入交叉路口之时各自紧急制动后的停止时间，推算从该时间内的碰撞位置反过来计算出的对

　　事实上在距今30年之前，最高裁判所第三小法庭就几乎相同的案件，同样撤销了认定成立业务上过失致死伤罪的原审判决及一审判决，自行改判，宣告被告人无罪。[1]但是乍一看其说理，则迥然不同。

　　被告人从事机动车驾驶业务。于昭和42年（1967年）11月26日凌晨4

（接上页）方车辆的距离，进而判断在该距离上被告人的现认可能性，很明显这'考虑'了对方车辆的行驶状态及其碰撞时点。是否允许这种结果的变动或抽象化就成为问题。"斋野彦弥："結果回避可能性——最近の最高裁判例を契機として（上）"，《現代刑事法》60号（2004），60·61页。但是，减速义务原本就不是减速行驶本身，是要求确认左右安全，在能够现实认识到A车这样的车辆的场合，必须将能够通过（紧急）制动来避免碰撞的可能性提高到减速行驶情况下的程度。因此，能够通过履行减速义务来避免事故这一要件，必须以通过基于对A车的现实认识而采取（紧急）制动这一过程，而且速度越快的话可能性越低，反过来速度越慢的话可能性越高这样的形式来认定。由此才产生了对上面对方车辆的行驶状态及其撞击时点的"考虑"。在学界，作为适用所谓注意规范保护目的理论的典型案件有药剂师案（RGSt15, 151）和牙医案或者说氯乙烷案（BGHSt21, 59）。前者的案情为："药剂师在没有医生新开的处方的情况下，4次将（含有有毒成分的）药品卖给生病的孩子的母亲，孩子服用了该药品而死亡。如果母亲向医生请求新开处方的话，医生也还是可能会（在告知母亲注意事项后）答应母亲的请求。"后者的案情为："尽管病人已经告知了心脏有问题的事实，牙医还是在没有让病人先接受内科医生检查的情况下对患者进行了全身麻醉，结果病人因心脏疾病而死亡。但是这一心脏疾病就算检查了也大概不能发现。"在此如果药剂师让母亲去开处方，或者牙医让病人接受检查的话，仅在这所必要的时间内被害人可能会多活一段时间，因此就具体的义务违反看起来好像肯定结果回避可能性没有问题。但是，注意规范保护目的理论会以这些义务的目的不在于推迟卖药或全身麻醉的时间为理由否定结果回避可能性。该理论与前面的说明具有完全相同的理论构造，在这个意义上，也可以将平成15年（2003年）判决评价为在暗中采纳了这个理论。关于注意规范保护目的的理论，参见小林宪太郎：《因果関係と客観的帰属》，弘文堂2003年，150页以下。

[2]　最高裁判所在①和②之前仅说了"除了有关是否存在过失的评价这一点，本案中客观的事实关系正如上面所认定的"，因此对于③可能存在不同意见。而且虽然通过这样的考虑否定过失的判例在最近开始多了起来，但过去否定因果关系的判例才是主流。后述昭和48年（1973年）判决也是在肯定因果关系的语境中，指出"考虑到本案中交叉路口的前述状况，被告人在交叉路口跟前没有减速的行为也并非没有违反《日本道路交通法》第42条的嫌疑，并且，也有认为被告人如果履行了减速义务本案的事故就可能不会发生的余地，在这个意义上，也不是不能说本案的疏于履行减速义务的行为与本案结果发生之间存在条件性因果关系"。判例的详细情况参见小林宪太郎：《因果関係と客観的帰属》，弘文堂2003年，4页以下。不过即便是否定因果关系的判例，也是关于在过失和结果之间所要求的因果关系的判例，因此与否定过失的做法实质上基本没有差别。与此相对，在判例否定因果关系的德国，否定过失犯的构成要件该当性的学说十分有力，这种学说根据完全相同的理由也否定故意犯的构成要件该当性，这一点需要注意。参见小林宪太郎：《因果関係と客観的帰属》，弘文堂2003年，122页以下、171页以下。

[1]　最三小判昭和48·5·22刑集27卷5号1077页。另外，案情和判旨与本案酷似的下级审裁判例有東京高判昭和44·10·20高刑集22卷5号771页。

时 20 分驾驶大型货车，以约 50 公里的时速在国道第 19 号线（车道宽约 7.85 米到 7.90 米）由南向北行驶到达该道路与东西方向县道（不区分步行道与车道，宽约 6.6 米）相交并设置了信号灯的交叉路口之前。该交叉路口不仅左右视野不好，而且县道上交通对面的信号灯上闪烁着红灯，国道上交通对面的信号灯上闪烁着黄灯，处于没有进行交通整顿的状态，并且不能认定国道的宽度明显广于县道。由于凌晨处于交通闲散状态，被告人疏忽大意，漫不经心地以相同的速度将要驶入该路口时，直到在到达交叉路口临近位置（交叉路口中央南方约 10 米处）时才在右斜前方 15 米的地点发现由 A 驾驶的以 60 公里的时速在右方县道上朝交叉路口行驶的普通乘用车。被告人采取紧急制动但由于来不及，在上述交叉路口中央附近自己车辆前部与 A 车左侧部发生激烈碰撞，由此导致 A 车中一名同乘人员死亡，A 以及其他 3 名同乘人员受伤。

本案判旨如下：

"确实，如果被告人履行了上述判决（指原审判决以及一审判决——笔者注）所示的注意义务｛指根据《日本道路交通法》[指为昭和 46 年（1971 年）法律第 98 号修正之前，以下相同]，在进入交叉路口之前先减速，充分注意到交叉路口内以及从左右道路过来的其他的车辆，在确认安全后驶入，由此将危险的发生防患于未然的业务上的注意——笔者注｝的话，本案的事故就可能不会发生，或者说至少会发生与本案事故不同的事故。问题在于被告人是否具有这样的注意义务。……被告人在驶近本案交叉路口之际，如果有已经从交叉道路驶入交叉路口的车辆或者在交叉路口跟前暂时停止，正准备启动从而驶入交叉路口的车辆的话，由于此时被告人要是直接驶入会有发生事故的危险，被告人就具有通过采取诸如注意其动静，减速慢行或者暂时停止等随机应变进行处置来回避危险的义务。但是在并非如此的场合，由于前述的交叉道路上的车辆全部遵守交通信号灯采取了暂时停止以及与此相关的措施，即使被告人的车辆直接驶入，也很难想象会出现从交叉道路接近而来的车辆先于被告人车辆或者与被告人车辆同时驶入交叉路口的情况，因此此时应该没有发生事故的危险。在没有特别情况的本案中，由于没有现实存在的事实足以认定其他车辆从交叉道路驶来，那么这些车辆就当然会在交叉路口跟前暂时停止，因而没有发生事故的危险，因此即使被告人没有减速而

-139-

是直接驶入交叉路口，也不能因此认为被告人存在不注意。

不过，考虑到本案中交叉路口的前述状况，被告人在交叉路口跟前没有减速的行为也并非就没有违反《日本道路交通法》第42条的嫌疑，并且，也有认为被告人如果履行了减速义务本案的事故就可能不会发生的余地，在这个意义上，也不是不能说本案的疏于履行减速义务的行为与本案结果发生之间存在条件性因果关系。但是，存在违反交通法规的行为并非就直接意味着存在刑法上个别的业务上过失，这一点自无需多言。不仅如此，如果认为在道路交通法上，若被告人履行了减速义务，交叉道路上的车辆就被解除了暂时停止的义务的话，被告人就应该预想到A以为被告人会履行减速义务从而不实施暂时停止的行为，被告人没有减速直接驶入交叉路口的行为因没有想到这一点而被问以过失的责任也是不得已的事。但是正如前所述，在本案交叉路口上，不管国道上交通状况如何，A都必须暂时停止，确认安全，像本案这样，以约60公里的时速冲入交叉路口的行为在道路交通法上无论如何都不可能得到容许，并且只要A进行了合法的驾驶，那么不管有无被告人的减速行为，本案事故都完全没有发生的可能性。因此，被告人没有减速的行为，在本案的具体状况下，不能说与事故具有直接关联，也不能因此说被告人存在不注意。

如果认为被告人必须进行原审判决所示的注意的话，就不得不说这无视了规定暂时停止等的道路交通法的趣旨。

如此看来，在面对自己车辆的信号灯闪烁黄色信号，而面对交叉道路的信号灯闪烁红色信号之时，在不存在特别情况的本案中，即使有车辆从交叉道路向交叉路口驶近，像本案被告人这样的准备驶入交叉路口的汽车司机只要在信赖交叉道路的车辆司机会遵守信号灯，采取诸如暂时停止以及与此相关的对避免事故而言合适的行动的基础上进行驾驶就足够，其并不负有预想到有可能存在像本案A那样违反法规，不进行暂时停止，并且高速冲入交叉路口的车辆，从而进行周到的安全确认的业务上的注意义务。即使被告人当时疏于履行《日本道路交通法》第42条所规定的减速义务，上述结论也不受影响。"（本判决还附有天野武一法官的反对意见，意见的实质是支持原审判决。）

将这一判决的内容简单归纳一下的话，就是①假如被告人遵守《日本道路交通法》第42条，在驶入交叉路口前先减速，充分注意到交叉路口内以及从左右道路过来的其他的车辆，履行了在确认安全后驶入，由此将危险的发

-140-

生防患于未然的业务上的注意义务的话，本案的事故就可能不会发生，或者说至少会发生与本案事故不同的事故。[1]但是②在不存在特别情况的本案中，虽然有车辆从交叉道路驶近，被告人只要在信赖交叉道路的车辆司机会遵守信号灯，采取诸如暂时停止以及与此相关的对避免事故而言合适的行动的基础上进行驾驶就足够，并不负有预想到有可能存在像本案 A 那样违反法规，不进行暂时停止，并且高速冲入交叉路口的车辆，从而进行周到的安全确认的业务上的注意义务，③即使被告人当时疏于履行《日本道路交通法》第 42 条所规定的减速义务，上述结论也不受影响。

将此判决与前述平成 15 年（2003 年）判决相比较，两者虽然在最终否定了过失或者注意义务违反这一点上是共通的，但在下面这一点上却存在巨大差异。即，平成 15 年（2003 年）判决，在对于疏于履行道路交通法规定的减速义务的行为是否构成注意义务违反这一点采取了保留态度的基础上，[2]作出了即使履行了减速义务，也有可能无法避免事故的判断。与此相对，昭和 48 年（1973 年）判决，则是在认为如果遵守了道路交通法规定的减速义务就能够避免事故的基础上，[3]作出了并没有要求到这一步的作为义务的判断。换言之，至少单从这两个判决看来，最高裁判所首先①将道路交通法规定的义务违反进行特定化；②对如果遵守了这样的义务就能否避免事故进行判断，

---

[1] 同样最初确认这一点的最高裁判例有最三小判昭和 43·12·17 刑集 22 卷 13 号 1525 页、最三小判昭和 45·11·17 刑集 24 卷 12 号 1622 页、最三小判昭和 45·12·22 刑タ 261 号 265 页等。神山敏雄认为，在最二小判昭和 42·10·13 刑集 21 卷 8 号 1097 页的案件中，也"能够推断如果被告人沿着道路的左侧行使并右转弯的话（当时的道路交通法的规定），事故可能不会发生"。神山敏雄："信賴の原則の限界に関する一考察"，《西原春夫先生古稀祝賀論文集（第 2 卷）》，成文堂 1998 年，54 页。另外参见西原春夫：《交通事故と信賴の原則》，成文堂 1969 年，269 页。只不过碰撞速度自不必说了，仅仅碰撞场所不同还不足够，还有必要对死伤结果本身发生了有意义的变更这一要件进行达到排除合理怀疑程度的证明。

[2] 由于最高裁判所说了"从业务上过失致死伤罪的观点看来也可以认为是危险行驶"，因此认为其就这一点作出了肯定的判断也并非不可能。但是，由于判例从来都是在肯定注意义务违反的场合直截了当地指出这一点，因此这种解释稍微有点不自然。妥当的解读还是应当认为这部分不过是指出了本案中的违反道路交通法的行为跟不携带驾照（《日本道路交通法》第 95 条第 1 款、第 121 条第 1 款第 10 项）等与事故危险无关的违反行为不同。

[3] 与此相对，原审判决（東京高判昭和 46·12·22 刑集 27 卷 5 号 1106 页）指出"就好像是说因为存在与违反道路交通法的行为之间的条件关系，直接就断定被告人存在过失，""虽然大肆使用'信賴原則'这一用语，但其实质始终就是道路交通法的解释和条件因果关系的确定"。田尾勇："判批"，《判例評論》181 号（1974），40 页。

就这一点如果得出否定结论就直接否定过失；[1]③即使得出了肯定的结论，在可以信赖其他人的合适的行为的场合，仍然否定注意义务违反，换言之，前述道路交通法上的义务仍然有不构成注意义务的余地。平成15年（2003年）判决由于上告趣意没有援引昭和48年（1973年）的判决，[2]因此也就没有谈到两者间的关系，但是进行这样的整理是可行的。于是在教学上，一般将②的部分称为"结果回避可能性"，将③的部分称为"信赖原则"。 −142−

不过这样的作业是基于怎样的理论根据，这一点未必明确。在这个意义上这种作业十分脆弱。比如说，在平成15年（2003年）判决的案件中，是不是不能一上来就直接适用信赖原则，否定注意义务违反呢？[3]反过来，在昭和48年（1973年）判决的案件中，如果被告人是以200公里的时速行驶这样的使符合交通法规行动的他人也陷入危险，换言之，即使适用信赖原则，也不能否定注意义务违反的样态驾驶的话，对于若遵守注意义务就能避免结果这一点，还有必要进行确认吗？对于这些当然会产生的疑问，只有沉默。

于是，由于明确这样的作业的理论根据，对于回答上述疑问而言是理所当然的事情，因此有必要对结果回避可能性、信赖原则这些概念本身进行探讨，明确其根据与界限。而且也只有这样，这种作业的合适与否、作业的正确形式才会明朗起来。 −143−

以上就是本文所要讨论的课题。

---

[1] 事实上，平井义丸反对昭和48年（1973年）判决，在指出"本案应当肯定被告人的过失责任"之际，附加了"如果是被告人即使减速了也还是无法避免本案的碰撞事故的话就另当别论"的保留。平井義丸："判批"，《研修》461号（1986），100页。

[2] 自选辩护人椎木绿司在此后的演讲中，就昭和48年（1973年）判决指出"可归结为违反判例的案件"，"我期待最高裁能够在本案承认信赖原则，把本案做成一个将信赖原则固定化了的新判例"。椎木绿司："刑事事件における信頼の原則"，《交通事故による損害認定の諸問題・交通法研究》32号（2004），95·96页，100页。恐怕是因为在制作上告趣意书阶段参考的西原春夫的《交通事故と信頼の原則》是在昭和48年（1973年）之前出版的，因此就不存在援引连该书都没有引用的昭和48年（1973年）判决的契机吧。不过由于他认为平成15年（2003年）判决也"采用了'信赖原则'的法理"，结果或许没有什么特别的问题。椎木绿司："最高裁で逆転無罪になった事例——業務上過失致死傷被告事件（無罪）"，《季刊刑事弁護》35号（2003），121页。

[3] 事实上，例如大阪高判平成3·4·26判夕770号257頁就在几乎相同的案件中——虽然引用了昭和48年（1973年）判决——突然就适用信赖原则否定了注意义务违反。另外还参见饭田简判昭和48·9·25判夕304号296頁。反过来肯定注意义务违反的有名古屋高判昭和42·3·1判夕220号115頁、大阪地堺支判昭和48·8·16判時725号111頁（只不过也并非不能解读为在此之前先假定以规定40公里的时速行驶来认定事故的回避可能性）。

第1章　结果回避可能性

第1节　减速义务的存在与否及内容

如序章中所见，最高裁判所首先对违反道路交通法规定的义务的行为进行了特定化。在通常的案件中，这并不是多么困难的作业，但是在两个最高裁判决的案件中产生了若干问题。

《日本道路交通法》第42条规定"车辆等在通行于根据道路标识等指定了应当减速的道路部分的场合以及下列所示其他的场合，必须减速"，其中第1项规定了"即将驶入左右视野不好的交叉路口，或者即将通过交叉路口内左右视野不好的部分之时（该交叉路口中正在进行交通整顿的场合或者通行于优先道路的场合除外）"。上述案件中，被告人"即将驶入左右视野不好的交叉路口"，并且并非"通行于优先道路"，[1]因此根据本条负有减速义务。

----

〔1〕 不过在昭和46年（1971年）《日本道路交通法》修正前，根据该法第36条第2款，一般认为通行在宽的道路上的车辆有优先通行权，因此减速义务被免除。最三小判昭和43・7・16刑集22卷7号813頁、最二小判昭和43・11・15集刑169号449頁、最二小判昭和44・5・2判時554号94頁、最二小判昭和44・12・5判時577号96頁、最三小判昭和45・1・27民集24卷1号56頁等。不过一般认为该条款中的"幅员明显宽的道路"是指，从交叉路口的入口，在交叉路口的入口上为了进入减速状态所必要的制动距离跟前的地点上，驾驶机动车的司机通常能够一眼就看出道路的幅员在客观上很宽。最三小判昭和45・11・10刑集24卷12号1603頁等。很明显昭和48年（1973年）判决的案件不属于这种情况。参见对此提出了若干疑问的西垣道夫："判批"，《警察研究》49卷9号（1978），74頁。与此相对，修正后根据该法第42条第1项括号内部分（参见正文），很明显，该宽的道路只要不是优先道路，就不免除减速义务。最二小决昭和63・4・28刑集42号4号793頁等。因此，在平成15年（2003年）判决的案件中，讨论道路幅员的宽窄的做法——正如最高裁判所自身也没有特别将此作为问题所明确的那样——严格来说是没有意义的。不过也有观点就"新法""没有就宽路通行车进行规定"的理由，认为"是因为判例对此（指减速义务——笔者注）的解除确立起来后实务上也没有不方便"。田尾勇："判批"，《判例評論》181号（1974），38頁。

　　但是在本案的交叉路口中，在被告人前进道路上设置的交通信号灯闪烁的是黄色信号，A 前进道路上设置的交通信号灯闪烁的是红色信号。而根据《日本道路交通法施行令》第 2 条第 1 款，"黄色信号闪烁"意味着"行人以及车辆可以在注意其他方面交通的基础上前行"，而"红色信号闪烁"意味着"1. 行人可以在注意其他方面交通的基础上前行；2. 车辆等必须在停止位置暂时停止"。如果认为这构成"正在进行交通整顿的场合"的话，被告人就免于减速义务。不过虽然存在若干反对见解，[1]判例就这一点一贯采取否定态度。[2]

　　即使是在被告人负有减速义务的场合，这意味着时速多少公里也未必明确。《日本道路交通法》第 2 条第 1 款第 20 项也不过规定着"减速"是指"车辆以能够立即停止的速度行进"而已。不过就这一点，通过解释，存在时速 10 公里以下等对此予以具体化的观点。[3]

-145-

第 2 节　结果回避可能性的起点

1. 假定到不实施成为处罚对象之举动的见解

　　接下来最高裁判所就如果遵守了道路交通法规定的义务的话能否避免事故作出判断。不过在判断结果回避可能性之际，就应当假定行为人的何种举动，在学说上也存在很大争论。虽然其对立点涉及方方面面，但其中最基本的就是是否假定到不实施成为处罚对象之举动的问题。由于关于这一问题我已经在其他论文[4]中表达了我的观点，以下仅对其他见解进行探讨。

---

〔1〕　西原春夫：《交通事故と過失の認定》，成文堂 1975 年，115、116 頁、191 頁以下、205 頁以下、213 頁以下；斋野彦弥："結果回避可能性——最近の最高裁判例を契機として（上）"，《現代刑事法》60 号（2004），64、65 頁注 7 等。另外，学说中也有见解一边对此予以否定，一边还是免除减速义务。冈野光雄："交差点における黄色の点滅信号の意味と信頼の原則"，《ジュリスト》575 号（1974），137、138 頁。

〔2〕　最一小决昭和 44·5·22 刑集 23 卷 6 号 918 頁（只不过严格来说是关于昭和 46 年（1971 年）修正前的《日本道路交通法》第 36 条第 2 款及第 3 款的）等。关于学说的详细情况，参见曾根威彦＝深尾勇紀："黄色点滅信号の意味と徐行義務との関係（上）（下）"，《現代刑事法》58 号（2004），77 頁以下；59 号（2004），80 頁以下。另外参见深尾勇紀："交差点の'範囲'"，《早稲田大学大学院法研論集》105 号（2003），277 頁以下。此文就交叉路口的概念进行了详细而精确的探讨，是一篇十分珍贵的论文。

〔3〕　宫崎清文：《注解道路交通法〔新版〕》，立花書房 1992 年，43 頁；村上尚文：《刑事裁判実務大系（第 4（i）卷）道路交通（1）》，青林書房 1993 年，26 頁以下等。

〔4〕　小林憲太郎：《因果関係と客観的帰属》，弘文堂 2003 年，53 頁以下。

　　就这一点持肯定说的见解，根据如何理解处罚对象，又可以进一步划分为好几个见解。比如说，认为处罚对象是法益侵害（危殆化）行为的论者，当该行为是作为时就假定其为不作为，当该行为是不作为时则假定其为作为。[1]而将处罚对象理解为注意义务违反或者危险创出的论者，则假定符合注意义务或者仅在被允许的危险之范围内的举动。[2]

　　其中后者主张，如果仅将法益侵害（危殆化）行为认定为处罚对象，那与通过这种做法所保护的法益相比，失去的行动自由（进而是社会有用性）就会失之过大。不过最近在后者之中，出现了并不依赖这种均衡论，换言之，与被保护法益的大小无关，从确保可以说是被绝对划定范围的一定的行动自由的观点来批判前者的观点。根据该论者观点，与在提出不作为犯中作为义务之际考虑"行动自由"的做法相均衡，在作为犯中成为"对行动自由的重大制约"，"行为人被强制从'以法律并不否认的形式参加的活动'本身中脱离"的场合，就不能直接提出不实施作为这种要求本身。"比如说，在并非完全没有行人或骑电动车的人突然冲出的危险场所，总是必须先暂时停下来确认安全；如果发现了前方有骑自行车的人，就必须停车等待其通过。如果总是要求上述这些切实的安全措施的话，实际上就跟对行为人说不要开汽车一样"，因此在这里充其量只要实施了诸如"小心翼翼地行驶""减速"等基准行为就可以了。因此，作为被假定的举动，也只要是作为"在使该活动能够继续的行为之中危险最低的行为"的基准行为就可以了。[3]

　　但是这种见解最后还是不得不依赖均衡论。在这个世界上原本也就存在着一些继续其本身就不被允许的活动，在判断比如说驾驶汽车的行为并不包含在这些活动之中之时，不进行由此产生的好处和坏处之间的衡量作业的思考方式，既是无法证明也是过于强的前提了吧。[4]而且这样的话，既然是否保障行动自由本来就受到衡量的影响，在能够对其进行限制的界限的问题上

---

〔1〕　例如，山口厚：《刑法総論》，有斐閣 2001 年，51、52 頁。

〔2〕　例如，林幹人：《刑法総論》，東京大学出版会 2000 年，122 頁以下。

〔3〕　橋爪隆："過失犯（下）"，《法学教室》276 号（2003），39 頁以下，特别是 45、46 頁。

〔4〕　过去韦尔策尔将构成不法概念边界的"社会上相当的"行为的内容理解为"从机能性看来，处于历史上所形成的国民共同生活秩序的范围之内"的东西，并认为"被允许的危险是社会相当性的特殊个例，仅仅在法益危殆化程度这一点上，与其他的社会上相当的行为区别开来"。Hans Welzel, Studien zum System des Strafrechts, ZStW58（1939），S. 516ff. 但是这样的见解今天已经没有人支持了。

应该也能这么说才对。

　　当然，论者可能认为，既然允许了继续进行某项活动，对其实施限制使得该活动事实上不可能的做法就是矛盾的。但是这取决于"事实上不可能"的含义。如果这意味着"无法遵守限制"的话，在结局上就仅仅是继续进行该活动的行为原本就不被允许而已。相反，如果意味着"如果遵守了限制，就会失去由此活动产生的诸如迅速移动的利益等好处"的话，只要达成了诸如交通安全这样的超过该好处的好处的话，所谓"事实上不可能"就不过是论者单纯的主观判断而已。

　　正如论者正确地指出的那样，在提出不作为犯中作为义务之际，将由此所保护的法益与失去的行动自由进行衡量的见解基本已经没有人主张，反而是在一定的范围内对行动自由进行绝对保障的见解十分有力。问题在于如何说明这种情况。比如说"没有积极实施对法益造成危险的行为的话不得处罚"，[1]"要符合保障人地位，必须能够被视为已经对行为选择的自由进行了事前保障的场合，换句话说，行为人过去基于自己的意志，其能够被视为事前选择了处于将来能够有效率地采取结果回避措施的地位"[2]等都是如此。

　　但是，仔细考虑的话，这里讨论的行动自由，跟到现在为止所论述的东西存在若干不同。而且，倒不如说后者在不作为犯中也被作为衡量的对象。举例来说，关于这一问题，根据最近进行了详细探讨的岛田聪一郎的见解，判断在提出不作为犯中作为义务之际所要求的作为容易性时"应当考虑的事情有，首先，i 由发生在被害人身上的事情而预测的法益侵害的质、量、程度与不作为人因履行作为义务而所预想的正当法益的侵害的质、量、程度；以及，ii 还有必要考虑两者发生的盖然性程度"。[3]与此相对，前者是基于"以自由主义为基础的刑法的大原则"或者防止突然袭击等不同的原理来限定可罚性，虽然这个根据本身当然会有另外的问题，但至少对于到目前为止的讨论没有影响。对于保证人地位，岛田聪一郎以"在自由主义社会中，人们只要没有给其他人造成麻烦，做什么都是自由的"为理由提出了危险创出的要求，进而

-147-

-148-

〔1〕　佐伯仁志："保障人的地位の発生根拠について"，《香川達夫博士古稀祝賀 刑事法学の課題と展望》，成文堂 1996 年，111 頁。
〔2〕　鎮目征樹："刑事製造物責任における不作為犯論の意義と展開"，《本郷法政紀要》8 号（2000），357 頁。
〔3〕　島田聡一郎："不作為による共犯について（2・完）"，《立教法学》65 号（2004），289、290 頁。

在该危险系基于社会分工的场合，以"在自由主义社会中，应当赋予人们在事前选择接受怎样的社会地位的余地"为理由，提出了"基于自己的意志到达该地区"这样的要求。[1]岛田聪一郎的上述观点也是体现了前述原理的典型。

当然，即便如此，在认为处罚对象是注意义务违反、危险创出的时候，所设想的注意义务、被允许的危险的具体内容也未必明确。即便存在对于规范成为问题的生活领域的诸如道路交通法等行政取缔法规的违反，这也并不直接就构成注意义务违反、危险创出。[2]但是与此同时，通说认为，只要没有因特别的情况而要求实施其他举止，如果遵守了行政取缔法规，就不必使行为人承担刑法上的责任。[3]因此，在前述两个最高裁判决的案件中，对被告人所赋予的注意义务的内容，只可以说不可能是比道路交通法规定的减速义务更严格的东西。也就是说，最高裁判所在判断结果回避可能性之际假定遵守了道路交通法规定的义务的做法，实际上意味着在对于可罚性要求了结果回避可能性的基础上，给了在对此予以肯定的盖然性最高的前提上仍然对此予以否定的案件一个"闭门羹"。问题在于这样做的理由是什么。如果说以结果回避可能性这一事实认定的问题就能使事情得到解决的话，这背后的考虑可能在于尽量先不涉及对信赖原则等也加以考虑而规定注意义务的内容这样的规范性问题。[4]

与上述观点相对，在认为处罚对象是法益侵害（危殆化）行为的论者看来，由于即使遵守了道路交通法所定的义务也无法避免事故的发生，因此无法从中推导出任何特别的效果。[5]当然，在作为的不作为（或不作为的作

-149-

---

〔1〕 岛田聪一郎："不作为による共犯について（2·完）"，《立教法学》65 号（2004），289、290 頁。

〔2〕 Z. B. Claus Roxin, Strafrecht: Allgemeiner Teil, Band I, Grundlagen, Aufbau der Verbrechenlehre, 3. Aufl. , 1997, §24, Rn. 16.

〔3〕 Z. B. Makoto Ida, Inhalt und Funktion der Norm beim fahrlässigen Erfolgsdelikt, in: Festschrift für Hans-Joachim Hirsch, 1999, S. 237. 佐久間修："過失犯における刑罰法規の明確性——構成要件の過失と行政取締法規の関係について"，《大野真義先生古稀祝賀 刑事法学の潮流と展望》，世界思想社 2000 年，200 頁。不过要从明确性原则中推导出这个观点是困难的。参见小林憲太郎：《因果関係と客観の帰属》，弘文堂 2003 年，174 頁以下。

〔4〕 参见《判例時報》1806 号，158 頁（匿名コメント）。

〔5〕 也有观点在这种场合否定作为预见可能性的过失，理由是在"行为人虽然实施了有失谨慎的行为，但即使他收集信息谨慎行动，对结果发生的具体预见也还是"无法达到的场合，就无法说对于现实发生的具体结果行为人能够预见。松宮孝明：《刑法総論講義〔第3版〕》，成文堂 2004 年，200 頁。但是对于为何必须要将预见可能性的对象具体化到如此程度，其理由未必明确。

为）比遵守了行政取缔法规、医疗水准（lex artis）[1]的作为（或不作为）危险性更大的场合，例外性地会产生前述"闭门羹"的效果。注射错误的药剂（不注射要比注射合适的药剂危险性更大）、在过于狭窄的空间内超车（由于后续车辆紧跟过来，不超车要比拉开合适距离之后再超车的危险性更大）等就是适例。但是前述两个最高裁判决的案件显然不是这样的场合。因此对于这些论者而言，对最高裁判所进行的作业进行合理说明是一件困难的事。

2. 不假定到不实施成为处罚对象之举动的见解

与上述见解相对，近年来，在判断结果回避可能性之际，原本就并不假定到不实施成为处罚对象之举动的见解也逐渐有力化。不过这种见解几乎无一例外认为处罚对象是法益侵害（危殆化）行为。将处罚对象理解为注意义务违反、危险创出的论者虽然在理论上也有充分的可能性不假定到不实施成为处罚对象之举动，但是他们却作出了这种假定，恐怕是为了避免将处罚范围限定得太窄吧。因而，上述见解与一方面认为处罚对象是注意义务违反、危险创出，另一方面假定到不实施成为处罚对象之举动的见解，在结论上没有什么多大的变化。

-150-

作为这种见解的最初提出者，不得不提到的就是町野朔。根据他的观点，"如果是不违反法律期待的行为的话，合法行为自不必说，即便是不合法的行为，如果结果发生的可能性很低的话，附加一个有可能实施的行为当然是可以的……这跟认为缺乏结果的客观预见可能性这样的'代替行为'是合法还是违法没有直接关系"。[2]

不过仅仅这样说，对于究竟能不能想象"即便是不合法的""不违反法律期待的行为"这一自然而然产生的疑问，无法给出恰当的回答。[3]于是学说中有观点主张对于"不违反法律期待的行为"仅仅赋予"不以该构成要件予以处罚"这一消极的含义。[4]但是如果就根据其字面意思接受这种见解的话，

---

[1]　不过这种社会生活上的规范（Verkehrsnormen）并非总是被赋予与行政取缔法规等法规范（Rechtsnormen）同样的效力。Z. B. Roxin, AT I, 3. Aufl. , § 24, Rn. 18. 关于这一问题的详细情况，vgl. Rudolf Alexander Mikus, Die Verhaltensnorm der fahrlässigen Erfolgsdelikt, 2002.

[2]　参见町野朔：《犯罪論の展開 I》，有斐閣 1989 年，169 頁。另参见町野朔：《刑法総論講義案 I〔第 2 版〕》，信山社出版 1995 年，159、160 頁。

[3]　参见林幹人：《刑法の現代的課題》，有斐閣 1991 年，54 頁；林幹人：《刑法総論》，東京大学出版会 2000 年，123 頁。

[4]　山口厚ほか：《理論刑法学の最前線》，岩波書店 2001 年，5 頁（佐伯仁志）。

在比如说喝醉酒后产生杀人故意将他人刺死的场合，就会以如果喝了更多的酒陷入无责任能力状态的话也同样会刺杀为理由而否定结果回避可能性，那么可罚范围就被限定得过于狭窄了。当然论者也有可能在将故意、过失包含在构成要件的基础上，主张仅假定"不符合该构成要件"的行为。但是如果认为构成要件"由于只是单纯的概念，能够对其进行各种各样的定义，同时由于是一种工具，所以应当根据是否起到作用来判断其优劣"，并且"对于工具来说，其起作用与否随着用途而变化"的话，[1]对于确定被假定的举动的内容这一用途而言，构成要件并且是包含了故意、过失的构成要件是否起作用，就需要进行另外的论证。因此，对于"不违反法律期待"这一部分，还是有必要赋予稍微积极一点的含义。

最近出现一种观点认为，"不违反法律期待"的含义是，刑法为了保护法益而能够影响行为人动机的界限。也就是说，"在问题的法益具有不仅免受故意行为的侵害，也免受过失行为的侵害这种程度的重要性的场合，对行为人的处罚所追求的就是'连过失都没有的行为'。与此相对，在仅免受故意行为侵害的法益的场合，对行为人的处罚所追求的就仅仅是'没有故意的行为'"。[2]但是由于也可以说原本所有的法益免于侵害的并不是只有故意、过失的行为，而是"以该构成要件进行处罚"的行为，因此形成动机的界限

---

〔1〕 佐伯仁志："構成要件論"，《法学教室》285 号（2004），32 頁。

〔2〕 鈴木左斗志："刑法に於ける結果帰責判断の構造——犯罪論の機能的考察"，《学習院大学法学会雑誌》38 巻 1 号（2002），247·248 頁。像结果回避行为的内容这样，对能否进行客观归责进行判断是必要的，而对于其内容的确定而言行为人的主观方面也发挥重要作用。鈴木左斗志将这种局面称为"客观归责和主观归责'交叉的领域'"。同样的想法——除了以前认为动机形成的界限一律在于没有故意的行为这一点——在解决因果关系错误的问题时也采用了。鈴木左斗志："因果関係の錯誤について"，《本郷法政紀要》1 号（1993），212 頁。不过论者最近对过去的归责理论一直致力于的实质性价值判断进行了详细的分析，将其内容理解为"如果在因果经过中介入了无法赋予行为人结果预见可能性的局面的话，就不应当进行结果归责"。而其理由在于，"刑法处罚行为人……是要通过对行为人施加影响以实现使结果预见可能性丧失的局面，从而最终阻止结果的发生"，为此，"在与责任主义的关系上，刑法的法益保护必须采取这种受到限定的过程"。鈴木左斗志："因果関係の相当性について——結果帰責判断を規定してきたいくつかの視点の検討"，《刑法雑誌》43 巻 2 号（2004），45 頁以下。这个理由可以理解为与本文基于同样的想法。但是至少在这个阶段无法采取这种想法。因为从这个理由推导出的要件——正如论者自身对从"一般预防必要性"中规定"因果关系的相当性"的见解的批判中所能够看出的那样——只不过是不属于介入这种局面的场合这一要件而已。

-151-

难道不也仅仅是"不以该构成要件进行处罚"的行为吗？当然，比如说在逻辑上人们也可以从多元性原理来构建责任，从实质上将其划分为缺乏故意、过失的场合与并非如此的场合。但是仅仅规制故意、过失的原理，能否保护法益免遭欠缺故意和过失的行为的侵害，因而这种行为是否构成动机形成的界限，关于这些问题想必需要另行论证吧！

－152－

　　当然，在这里需要注意的是，这些见解——町野朔的除外——与在将处罚对象理解为法益侵害（危殆化）行为的基础上假定到不实施该行为的见解相比，也并不是说可罚范围就片面狭窄。换言之，根据论者的观点，"如果认为存在以没有结果回避可能性为理由而否定归责的场合的话，这也仅限于即使行为人实施不为该构成要件处罚的行为同样的结果也会发生的场合"，[1]也就是说，即使不实施法益侵害（危殆化）的行为同样的结果还会发生这一要件对于归责没有影响。换句话说，避免的对象并不是结果本身，而不过是"对结果的贡献（影响力的大小）"[2]罢了。因此，在只有不实施法益侵害（危殆化）行为，才会丧失比方说结果的预见（可能性）的场合，可罚范围反而变得更宽了。

　　但是正如我在其他场合[3]所详细论述的那样，结果回避可能性对于构成结果无价值这一刑法否定性评价的归责而言是不可欠缺的要件。仅仅通过给予对结果的贡献，即对法益的侵袭性以否定性评价，[4]并不能说对于法益侵害也能做相同评价，因此无法以此为根据来肯定犯罪的成立。而且这一点上述论者也从反面予以了承认。比如，根据上述论者的观点，将他人患病的没有多少剩余生命的宠物犬杀害的行为，"缺乏"损坏器物罪的"可罚的违法性"。[5]但是其实质性根据不外乎是法益正在被病毒、细菌的活动所威胁，换

---

〔1〕　山口厚ほか：《理論刑法学の最前線》，岩波書店 2001 年，5 頁（佐伯仁志）。

〔2〕　鈴木左斗志：《刑法における結果帰責判断の構造——犯罪論の機能的考察》，《学習院大学法学会雑誌》38 巻 1 号（2002），204 頁。

〔3〕　小林憲太郎：《因果関係と客観的帰属》，弘文堂 2003 年，3 頁以下。

〔4〕　佐伯仁志认为包括自说在内的"通说……的实质根据"在于"与在实施了法律期待的行为的场合不处罚的做法之间的均衡"。佐伯仁志："因果関係（1）"，《法学教室》286 号（2004），48 頁。

〔5〕　鈴木左斗志："刑法における結果帰責判断の構造——犯罪論の機能的考察"，《学習院大学法学会雑誌》38 巻 1 号（2002），142 頁。

-153-　　言之，就算实施了欠缺结果预见的行为，[1]狗也会因为这种替代原因而死亡。而且，如果认为并不存在合理理由将病毒、细菌的活动从其他的替代原因中区别开来，并且行为人是否认识到这种替代原因对可罚的违法性的判断也没有影响的话，这就跟对归责要求结果回避可能性的观点没有任何差别了。

　　而且就算姑且不论以上这一点，在判断结果回避可能性之际，在犯罪论体系上肯定结果回避可能性之后，再假定欠缺原本应该最开始讨论的要件的行为的做法，本来在某种意义上就是蕴含矛盾的作业。因为在欠缺这种要件之时，就已经缺乏结果回避可能性，换言之，这样的要件实际上就不是要件了。

　　最后，最高裁判所在判断结果回避可能性之际，假定遵守了道路交通法规定的义务的做法，其意义可以理解为跟 1 中所说的"闭门羹"一样的效果。因为即使与道路交通法不一致，也还可能存在很多欠缺结果预见可能性的行为。

　　3. 不假定构成犯罪之行为的见解

　　最近还出现了以刑法一边假定犯罪行为一边剥夺法益保护的做法存在矛盾为理由，主张不假定这种行为的见解。[2]不过这并非是与 1 和 2 的见解相
-154-对立的看法，[3]而是可以评价为对假定之行为的内容进行更进一步限定的见解。

　　但是，比如在假定了欠缺结果预见可能性并且也符合道路交通法的驾驶行为，结果回避可能性还被否定的交通事故中，只有当这偶然发生在前往撞死情敌的途中之时，以驾驶行为本身构成杀人预备罪（《日本刑法》第 201条）而将这个行为排除出去，肯定结果回避可能性恐怕是奇怪的结论吧。部分学说认为"就算是以杀人为目的，也无法禁止所有的驾驶行为"，[4]这样

---

〔1〕　与此相对，铃木左斗志认为："'结果'的内容应当理解为'所讨论的法益状态与在时间上更为靠前（过去）的时点的法益状态相比较，前者处于不好的状态'。"铃木左斗志："刑法に於ける結果帰責判断の構造——犯罪論の機能的考察"，《学習院大学法学会雑誌》38 卷 1 号（2002），148 頁。但是根据这种理解的话，在故意妨碍重症患者恢复的场合也要否定法益侵害（危殆化），这样就违反了论者的话，无法准确把握被害的实际样态了。还是应当采取本文的思考方法。

〔2〕　虽然语境不同，但参见島田聡一郎：《正犯 · 共犯論の基礎理論》，東京大学出版会 2002 年，366 頁。

〔3〕　事实上论者采取的是与 2，特别是与町野朔接近的见解。参见島田聡一郎："判批"，《ジュリスト》1219 号（2002），169 頁。

〔4〕　林幹人：《刑法総論》，東京大学出版会 2000 年，121 頁。林干人认为饮酒行为、"前往"被害人家的行为是被允许的危险，参见林幹人：《刑法の基礎理論》，東京大学出版会 1995 年，131頁以下。

的话就也可以认为"就算是以杀人为目的，也无法禁止所有买菜刀的行为"了。论者在判断危险的容许性时，着眼于有用性、中止可能性（危险性小的程度）、日常性等要素，[1]但在驾驶和买菜刀之间，所有的这些要素都不存在有意义的差别。

当然，在国家不得以恶行为理由损害正当利益这一命题中，完全没有包括这样的命题，即这里所说的"恶行"必须是针对该利益的东西。但为了避免上述结论，有必要将犯罪行为限定为针对所涉及的法益之中。

但是，就算这样思考，这种见解还是有疑问。因为国家以恶行为理由侵害正当利益的做法构成自相矛盾，而这样的恶行并不存在必须充足犯罪全部成立要件的必然性。只要具有作为处罚对象的资格就行了，[2]换言之，完全有可能认为2的见解已经犯了自相矛盾的错误了。

另外根据这种见解，最高裁判所在判断结果回避可能性之际假定遵守了道路交通法规定之义务的做法，在违反该义务构成犯罪的限度内［减速义务违反罪（《日本道路交通法》第 42 条第 1 项，第 119 条第 1 款第 2 项、第 2 款）］，就是再当然不过的作业了。[3]

－155－

---

［1］ 参见林幹人：《刑法の基礎理論》，東京大学出版会 1995 年，131 頁以下；斎藤信治：《刑法総論〔第 5 版〕》，有斐閣 2003 年，83 頁。

［2］ 关于具备正当化事由的场合，参见小林憲太郎：《因果関係と客観的帰属》，弘文堂 2003 年，54 頁以下。

［3］ 虽然 A 的行为也构成犯罪［违反暂停罪（《日本道路交通法》第 43 条、第 119 条第 1 款第 2 项、第 119 条第 2 款）］，但从这些已经被现实化了的理由来看，已经按照原样被考虑进去了。

第 2 章　信赖原则

第 1 节　信赖原则的根据

1. 无效果说和褒奖说

前一章在并不以有关在判断结果回避可能性之际应当假定行为人怎样的行为的特定立场为前提的情况下，就日本最高裁判所在讨论被告人罪责时最初所进行的如果被告人遵守了道路交通法规定的义务能否避免事故的发生这样的判断所具有的归责理论上的意义进行了探讨。据此，最高裁判所进行的上述作业，根据立场的不同有可能是结果回避可能性判断本身，即便不是如此也是预先解除对部分欠缺结果回避可能性的场合的归责的判断，或者反过来预先将部分存在结果回避可能性的场合纳入归责，这种稍微具有难以给出合理说明的意味的判断。但是不论从何种立场出发，在经过上述作业意味着接近可罚性这一点上没有任何不同。

但是，正如在序章中所见，即使如果被告人遵守了道路交通法规定的义务就能避免事故的发生，在能够信赖他人合适的行为的场合，最高裁判所认为注意义务违反仍被否定，换言之，前述道路交通法上的义务有不构成注意义务的余地。这种认为"行为人在实施某行为之时，在其信赖被害人或者第三人会实施合适的行动是相当的场合，即使因该被害人或者第三人的不合适的行动发生了结果，行为人对此也不负责任"[1]的思考方法被称为信赖原则。

这一原则在昭和40年代（1965年—1974年）以交通事故犯罪为中心为多

-156-

---

[1]　西原春夫：《交通事故と信頼の原則》，成文堂1969年，14頁。

数最高裁判例所采用并风靡一时。[1]虽然近年来明确表示采用该原则的判例不怎么多,[2]但这"可以理解为因为就可能涉及信赖原则的案件,在充分考 -157-

---

[1] 举例的话,有最三小判昭和41·6·14刑集20卷5号449頁(不过不是交通事故犯罪,而是对醉汉的);最三小判昭和41·12·20刑集20卷10号1212頁;最二小判昭和42·10·13刑集21卷8号1097頁;最三小判昭和43·7·16判時524号80頁;最三小判昭和43·12·17刑集22卷13号1525頁;最三小判昭和43·12·24判時544号89頁;最三小决昭和45·7·28判時605号97頁(不过是对儿童的,否定了信赖原则的适用);最一小判昭和45·9·24刑集24卷10号1380頁;最三小判昭和45·11·17刑集24卷12号1622頁;最三小判昭和45·12·22判夕261号265頁;最二小决昭和46·6·23刑集25卷4号603頁(不过是对行人的,否定了信赖原则的适用);最二小判昭和46·6·25刑集25卷4号655頁;最二小判昭和47·4·7集刑184号15頁;最一小判昭和47·11·16刑集26卷9号538頁;最一小判昭和48·3·22刑集27卷2号240頁;最三小昭和48·5·22刑集27卷5号1077頁;最一小判昭和48·9·27判時715号112頁;最三小判昭和48·12·25集刑190号1021頁等。片冈聪指出:"可以说最高裁判例原则上只在'交叉路口事故'中适用信赖原则。"参见片冈聰:《最高裁判例にあらわれた信賴の原則》,東京法令出版株式会社1975年,30頁。另外,在此之前的下级审裁判例有,仙台高判昭和30·12·21(公刊物未登載);名古屋高判昭和30·12·21高刑判特3卷4号102頁;東京高判昭和31·12·22判時106号26頁;福岡高判昭和32·5·10高刑判特4卷10号248頁(对行人);吉井簡判昭和33·6·26第1審刑事裁判例集1卷6号955頁;岡崎簡判昭和33·10·21第1審刑事裁判例集1卷10号1695頁(对行人);岡崎簡判昭和34·2·14下刑集1卷2号379頁;名古屋高判昭和34·3·16高刑集12卷4号270頁(对行人);吉井簡判昭和34·6·11下刑集1卷6号1411頁;行橋簡判昭和34·10·10下刑集1卷10号2171頁;田川簡判昭和35·1·14下刑集2卷1号59頁(对行人);東京高判昭和36·9·29下刑集3卷9=10号833頁(不过是对儿童的);東京高判昭和37·11·27東高刑時報13卷11号291頁;大阪高判昭和38·4·8判夕192号173頁;京都地判昭和39·1·30下刑集6卷1·2号57頁(对行人);福岡高判昭和39·10·28下刑集6卷9·10号996頁等。另外,神山敏雄指出:"还需要留意的是从大审院时代就散见基本上与信赖原则同样的思考方法。"大塚仁ほか編:《大コンメンタール刑法(第3卷)〔第2版〕》,青林書院1999年,306頁(神山敏雄)。参见大判大正3·3·11刑録20輯278頁(对行人);大判昭和5·9·22新聞3172号5頁(对行人);大判昭和6·9·28法律学説判例評論全集20卷刑法302頁(不过是对儿童的);大判昭和15·7·23刑集19卷609頁(对行人)。

[2] 昭和50年代(1975年—1984年)以后适用信赖原则的下级审裁判例有:大阪高判昭和50·8·29高刑集28卷3号329頁(不过不是交通事故犯罪);東京高判昭和50·8·29東高刑時報26卷8号139頁;大阪高判昭和50·11·13刑月7卷11·12号884頁;札幌高判昭和50·11·27刑月7卷11·12号890頁;札幌高判昭和51·3·18高刑集29卷1号78頁(不过不是交通事故犯罪,是北大电气手术刀误接事件控诉审判决);東京高判昭和51·4·13東高刑時報27卷4号52頁;札幌高判昭和51·8·17刑月8卷6~8号366頁;福岡高那覇支判昭和61·2·6判時1184号158頁(后视镜事件);名古屋高判昭和61·4·8刑月18卷4号227頁;大阪高判昭和62·5·1判時1240号139頁(对行人,不过信赖的对象不是被害人而是保安);大阪高判昭和62·10·14判時1264号137頁(对行人);大阪高判昭和63·7·7判夕690号242頁(对行人);大阪高判平成3·4·26判夕770号257頁;東京高判平成6·2·23判夕858号294頁等。

虑判例趣旨的基础上，调查处理的实务适用了该原则。"[1]

不过就该原则在犯罪论体系上处于什么位置，其基于怎样的根据，以及在怎样的范围内能够认定，学界尚未形成一致意见。[2] 其中尤其重要的是第二个问题。因为该原则在其根据是妥当的范围内能够认定，并且在各个体系中，被定位于其根据所构成的犯罪成立阻却事由中。

将目光转向有关这一点的学说时，特别在日本，认为信赖原则不存在对其进行规范性正当化的根据，因此也不发生特别的法律效果的见解得到有力主张。即，"信赖原则只不过是明示性地表达了过失犯的一般性成立要件，并不构成特别的原则或者要件"之类，[3] "信赖原则只不过具有提醒这样一件事，即在一般情况下不能仅以存在结果有可能发生的状况为理由就肯定结果发生的预见可能性，对此必须进行慎重的检讨这种实际上"[4]的意义。[5]

而且最近在德国也有人开始主张同样的见解。即根据布林克曼（Bernhard Brinkmann）的观点，在讨论过失之时，首先必须进行作为其事实性基础的事前的危险预测（Gefahrprognose）。只要将过失犯构成要件的重心放在决定规范上，不管采取怎样的过失构造论这都不会发生改变。并且使用经验法则、自然法则作为此时的法则知识。不管采用怎样的存在知识这也都不会发生改变。接下来，为了使这种危险预测上升为危险判断（Gefahrurteil），必须对是否属于作为社会相当性的下位类型的法所不允许的危险的规范性基准进行澄清。构

---

[1] 《判例時報》1806 号，159 頁（匿名コメント）。

[2] 关于争论的详细状况，参见内藤謙：《刑法講義総論（下）I》，有斐閣 1991 年，1147 頁。

[3] 平野龍一：《刑法総論 I》，有斐閣 1972 年，197、198 頁。同时与接下来马上要看的山口厚一样，平野论述道："摆脱结果责任、绝对责任，将过失责任还原为本来的过失责任样态的努力之一就是对信赖原则的承认。"

[4] 山口厚：《問題探究 刑法総論》，有斐閣 1998 年，164 頁。

[5] 揭示了同样的思考方法的还有，町野朔ほか：《考える刑法》，弘文堂 1986 年，203 頁（町野朔）；町野朔：《刑法総論講義案 I〔第 2 版〕》，信山社出版 1995 年，292、293 頁；松宮孝明：《刑事過失論の研究》，成文堂 1989 年，47 頁以下；深町晋也："危険引受け論について"，《本郷法政紀要》9 号（2001）139 頁；山口厚編著：《クローズアップ刑法総論》，成文堂 2003 年，93 頁（島田聡一郎）等。不过，林阳一认为，原本说来，"日本通常提倡的信赖原则，不问作为其前提的过失构造论如何，是在行为人具有信赖他人合适的行动的事实的场合，对其处理进行类型化而积累起来的判断指针"。西田典之＝山口厚：《刑法の争点〔第 3 版〕》，有斐閣 2000 年，77 頁（林陽一）。

-158-

成该基准的是诸如交通法规、医疗水准等为规制特定生活领域而存在的规范，即特别规范（Sondernorm）。而信赖原则与经常所主张的不同，并非这种特别规范，而不过是在危险预测时所使用的经验法则的一种。他是这么说的。[1]

根据这种见解，在这两个最高裁判决的案件中，在信赖原则这一标题下讨论的就只是，如果被告人以这种速度驶入交叉路口的话交叉道路的交通会发生怎样程度的危险。而且如果在被告人以 50 公里的时速行驶的昭和 48 年（1973 年）判决案件中适用该原则的话，在被告人以 30 公里到 40 公里的时速行驶的平成 15 年（2003 年）判决案件中更应该适用该原则。

但是仅根据这种见解的主张无法剥夺信赖原则特别的法律效果，因此也无法不讨论其根据就了事。因为正如后面也会说到的那样，该原则有可能是关于在讨论某个对象是否具有预见可能性之前，询问原本应该就怎样的对象讨论预见可能性的问题。用这两个最高裁判决案件来说的话，在被追问发生了怎样程度的危险的"交叉道路的交通"上，原本是不是包括没有暂停的 A 车，信赖原则有可能是处理这个问题的。在日本，有观点通过采用旧过失论，认为该原则没有特别的意义，[2]严格来说这并不正确。

与上述可以被称为无效果说的见解相对的学说，是认为只有从历史上看来才能够赋予信赖原则特别意义的所谓褒奖说。[3]这种见解立足于只要所有的交通参与人都遵守交通法规的话就绝对不会发生事故这样的前提，认为在事故发生时，对于实际遵守了交通法规的人，给予免除其责任的褒奖，换言

-159-

---

[1]　关于以上论述，vgl. Bernhard Brinkmann, Der Vertrauensgrungsatz als eine Regel der Erfahrung. Eine Untersuchung am Beispiel des Lebensmittelstrafrechts, 1996（以下简称为 "Vertrauensgrungsatz"）. Vgl. auch Justus Krümpelmann, Die Verwirkung des Vertrauensgrundsatz bei pflichtwidrigen Verhalten in der kritischen Verkehrssituation, in: Festschrift für Karl Lackner, 1987, S. 289ff.

[2]　芝原邦爾ほか編：《刑法判例百選 I 総論〔第 5 版〕》，有斐閣 2003 年，107 頁（今井猛嘉）；町野朔ほか編：《ロースクール刑法総論》，信山社出版 2004 年，92 頁（町野朔）等。

[3]　这是德累斯顿（Dresden）检察官居尔德（Hermann Gülde）首倡的学说，最早使用 "信赖原则（Vertrauensgrundsatz）" 这一用语的也是他。Vgl. etwa Hermann Gülde, Der Vertrauensgrundsatz als Leitgedanke des Straßenverkehrsrechts, JW 1938, S. 2785ff. 顺便提一下，日本也有观点认为，"有必要将信赖原则定位于交通政策之下的例外性优遇"，"既然信赖原则被定位于为了应对道路交通这一大量交通现象而从交通政策的观点出发的例外原理，对于将其扩大适用到不存在需要像道路交通这样进行统一处理的特别情况的其他领域的做法，就不得不采取消极的态度"。神山敏雄："信頼の原則の限界に関する一考察"，《西原春夫先生古稀祝賀論文集（第 2 巻）》，成文堂 1998 年，64、70 頁。

之，他能够以他人也遵守交通法规为前提。从根源上说，这是作为追求交通法规的稳定性这一道路交通政策之一环产生出来的思考方法。[1]在这两个最高裁判决案件中，由于被告人违反了道路交通法规规定的减速义务，因此信赖原则不适用。

但是这种见解存在疑问。以道路交通法为首的交通法规本来就包含了许多双重危险防止措施。[2]在这两个最高裁判决案件中，既对被告人赋予减速义务，又对 A 赋予暂停义务就是其中一例。但是，如果连这种可以说以对他人的不信任为前提的义务都遵守了的话，免除责任就是理所当然的事情，不值得特别称呼为褒奖。而且即使称这个为褒奖，无论如何也不能说这是以允许对他人的信赖的形式所赋予的。反过来，仅以违反了以对他人的不信任为前提的义务为理由，就说对他人的信赖已经变得不被允许的话，倒不如说这应该被称为不信任原则。褒奖说在德国于 20 世纪 30 年代登场之际，将帝国法院以前要求机动车司机对其他交通参与人的不合理的行为都考虑进去的做法[3]批评为"不信任原则（Mißtrauensgrundsatz/Mißtrauensaxiom）"，并将对此的克服作为口号提了出来。回想起这一段历史，真是够讽刺的。

2. 被允许的危险说

也被称为现在的通说的见解在排斥褒奖说，维持信赖原则的基础上，与无效果说不同，试图对该原则进行规范上的正当化。在此经常被作为根据引

---

[1] 居尔德认为后述的不信任原则是基于个人主义（Individualismus）的原理，与此相对，他主张基于国家社会主义（Nationalsozialismus）的信赖原则。这典型表现在"有关道路交通的法秩序的主要任务并不在于对违反交通规范之人的保护，而是对民族整体的保护"这样的表述中。Gülde, JW 1938, S. 2786. 不过对于认为信赖原则产生于纳粹法律思想的理解，也有人提出了有力的不同意见。参见斉藤誠二："信頼の原則とナチスの法思想——刑法学会での発言を契機として（1）·（2·完）"，《判例時報》701 号（1973），8 頁以下；702 号（1973），13 頁以下。

[2] 普珀认为，在进行危险作业，操作危险设施之时，法律往往基于多个参与人的注意义务，命令采取不仅双重的，而是多重的危险防止措施（Mehrfachsicherung）。Ingeborg Puppe, in: Nomos Kommentar zum Strafgesetzbuch, AT, 1997, Vor § 13, Rn. 151（以下简称为"NK"）.

[3] Z. B. RGSt59, 318; 61, 120; 65, 135. 对这些判例进行变更的是 RGSt70, 71。另外，就信赖原则的历史进行准确的介绍和讨论的文献有西原春夫：《交通事故と信頼の原則》，成文堂 1969 年，79 頁以下；井上祐司：《行為無価値と過失犯論》，成文堂 1973 年，59 頁以下；松宮孝明：《刑事過失論の研究》，成文堂 1989 年，47 頁以下等。

用的是所谓被允许的危险。[1]行为人应当实施的行为由刑法通过强制该行为 　-161-
而保护的法益与丧失的行动自由（甚至社会有用性）之间的平衡所决定，如
果过于重视前者，必须将他人所有的行动都考虑进来，在这个意义上如果认
为必须以对他人的不信任为前提的话，后者就会变得过大。[2]但是被允许的
危险这个概念本身妥当与否暂且不论，[3]这种见解存在若干疑问。

　　例如在这两个最高裁判决案件中，如果被告人偶然知道了在这个时间段
经常开车疾驰的 A 会通过交叉路口，既然事实上 A 车往往不会暂停，被告人
履行减速义务对于事故的防止就起到很大作用。与此同时，即使要求了减速
义务作为注意义务，作为并非总是能掌握疾驰快车的出没时刻和出没地点的
被告人，仅仅在该时间段并且仅在该交叉路口减速的话也没有什么不好，因
此其丧失的行动自由就难以说有多么大。在判断被允许的危险之际，一般要
考虑行为人特别知晓的情况（特别认知），[4]例如对于知道被害人的血友病
的行为人要比不知道的人赋予更加严格的注意义务，其理由也正在于此。　-162-

　　但是，是否可以信赖他人这样的规范性判断，并不仅限于这种衡量。即
使从被保护的法益与丧失的行动自由的衡量的观点看来，上述两个例子具有
相同的构造，由于血友病是单纯的病理现象，单方面地成为行为人考虑的对

---

[1]　Z. B. Lothar Kuhlen, Fragen einer strafrechtlichen Produkthaftung, 1989, S. 133（不过，在 Günter
　　　Stratenwerth/Kuhlen, AT I, 5. Aufl., 2004, §15, Rn. 68 中，或许是因为补订了施特拉腾韦特的教
　　　科书，认为 3 中所见的自我答责性原理说在有限的范围内也是妥当的）；Roxin, AT I, 3. Aufl.,
　　　§24, Rn. 22; Peter Cramer/ Detlev Sternberg-Lieben, in: Adolf Schönke/Horst Schröder, Strafgesetz-
　　　buch. Kommentar, 26. Aufl., 2001, §15, Rn. 149（以下简称为 "Sch/ Sch"）。日本的文献参见
　　　西原春夫：《交通事故と信頼の原則》，成文堂 1969 年，37 頁以下；藤木英雄：《過失犯の理
　　　論》，有信堂高文社 1969 年，175 頁以下；井上祐司：《行為無価値と過失犯論》，成文堂 1973
　　　年，137 頁（只不过反对信赖原则和被允许的危险的法理）中山研一ほか編：《現代刑法講座
　　　（第 3 卷）過失から罪数まで》，成文堂 1979 年，83 頁（山中敬一）。
[2]　片冈聪认为："最高裁判例通过适用信赖原则免除的注意义务，都尽是'减速义务'和'对交
　　　叉道路和左右后方的安全确认义务'……因为正是此（指这种义务——笔者注）才是妨碍交通
　　　通畅，产生交通堵塞的'元凶'……对于像注视前方的义务这样的，履行该义务不需要采取暂
　　　停或者减速措施的注意义务，就不应当将其作为信赖原则的适用对象。"片冈聪：《最高裁判例
　　　にあらわれた信頼の原則》，東京法令出版株式会社 1975 年，56 頁以下。但是将作为衡量对象
　　　的行动自由和社会有用性限定在快速移动上的做法是没有理由的。
[3]　连在现在的德国，依然有人主张这种层次的批判，这一点值得注目。Vgl. z. B. Brinkmann, Ver-
　　　trauensgrundsatz, S. 122ff.
[4]　Z. B. Roxin, Finalität und objektive Zurechnung, in Gedächtnisschrift für Armin Kaufmann, 1989,
　　　S. 250.

象，而 A 是自由、独立活动的人类，因此不能将被告人放置于监护其行为的立场上。这样想也完全有可能，而且在重视个人自律的现行宪法下，倒不如说这样的解释才更合适。

3. 自我答责性原理说

部分论者这样来说明信赖原则的根据。构成法共同体的人都能够排除他人的干涉进行自由活动，但每个人也都拥有对其中发生的冲突必须专属性地负责的领域（所谓答责领域）。比如说，在棒球用品店的店员向顾客出售球棒，而顾客用球棒实施杀人的场合中，一般情况对于顾客如何使用球棒店员无权置喙，于是就算球棒被用来杀人店员也不用负责任。店员在出售球棒之时，可以"信赖"球棒不会被用来杀人（而是用来打棒球）。因此严格来说，"信赖原则"这种表达就不合适了。因为这里处理的并不是"信赖"这种心理问题，[1]而是答责领域的划分这种规范性问题（自我答责性原理）。[2]

将此放到两个最高裁判决案件中看的话，即使被告人偶然知道了在这个时间段经常开车疾驰的 A 会通过交叉路口，由于被告人不具有监视、劝阻 A 不要疾驰的立场，因此由该疾驰产生的碰撞事故就不得通过让被告人负担，

---

〔1〕 因此，认为"作为适用信赖原则的主观要件，首先第一必要的是现实存在对他人的妥当行为的'信赖'"（西原春夫：《交通事故と信赖の原则》，成文堂 1969 年，44 頁）、"当加害车辆的司机对被害人没有具体信赖之时，原本就没有适用信赖原则的缘由"（片冈聪：《最高裁判例にあらわれた信赖の原则》，東京法令出版株式会社 1975 年，45 頁）的看法也是不正确的。就算认为信赖原则的根据在于被允许的危险，也同样如此，正如罗克辛所说，"不信赖的人也能够援引信赖原则"。Roxin, Bemerkungen zum Regreßverbot, in: Festschrift für Herbert Tröndle, 1989, S. 187.

〔2〕 这一想法始于施特拉腾韦特和伦克纳（Theodor Lenckner），并为舒曼（Heribert Schumann）所发展。Stratenwerth, Arbeitsteilng und ärztliche Sorgfaltspflicht, in: Festschrift für Eberhard Schmidt, 1961, S. 390ff.；Theodor Lenckner, Technische Normen und Fahrlässigkeit, in: Festschrift für Karl Engisch, 1969, S. 506；Heribert Schumann, Strafrechtliches Handlungsunrecht und das Prinzip der Selbstverantwortung der Anderen, 1986（以下简称为"Handlungsunrecht"）。

另外，正如正文球棒的例子所表明的那样，适用了信赖原则的话，不仅是正犯，连共犯也不成立，即便将其根据理解为自我答责性原理也是如此。换言之，共犯与正犯一样，都是对属于自己答责领域内的结果成立的不法类型，只不过根据其他原理区分两者。与此相对，一部分论者从结果存在于正犯的答责领域这一理由出发，认为共犯的处罚根据在于"与他人（故意的）不法的连带（die Solidarisierung mit fremdem〔vorsätzlichem〕Unrecht）"这一共犯行为本身已经具备的特别的行为无价值。Schumann, a. a. O., S. 49ff. 但是，正如下一节也会说到的那样，信赖原则也有其界限。反过来，在没有超过其界限的场合，原本也不能说"行为适合于造成对法的妥当力（Geltungskraft）而言的社会心理性危险，动摇（erschüttern）法的平和（Rechtsfrieden）得到保障的这种感情"。这是在承认信赖原则的概念之时已经作为前提的规范判断。

即为了防止其发生而赋予减速的注意义务的形式来解决。

　　这种见解是将把个人视为独立的自律性人格，认为人格的发展不受他人的阻碍，同时必须不依靠他人而是自己保障在此过程中不产生冲突这种现代社会的基本理念忠实地进行了理论化，基本上能够得到支持。而且像被允许的危险、结果回避可能性、预见可能性之类的，对该冲突产生的具体结果进行归责的通常的归属原理，[1]只能在最初划分的答责领域的内侧通用，在这个意义上，信赖原则可以表达为所谓元层次（meta-level）的归属原理。　　-164-

　　不过，在社会生活上要求的规则当中，至少对于（包括双重危险防止措施的）行政取缔法规等面向防止该冲突的法律的明文规定，[2]只要其不属于单纯的宣示性条款*或者通过接受对其违反带来的不利益能够解释为实质上被解除的规定即象征性立法，答责性主体就必须切切实实遵守这样的规定，而且只有这样才可以评价为实施妥当行为的法共同体的健全的成员。因此，在任何一个参与人都不过是违反了不得将实施妥当行为的他人陷入危险的法律的场合，就产生的冲突互相免责的关系得以发生。[3]但是，这不过是所有人都将他人作为答责性主体互相尊重的当然结论。而且正如 2 中所见，只要行为人没有特别认知，这种相互免责状况就已经因被允许的危险而产生了。

　　不过同时需要注意的是，以上述根据为基础的信赖原则也有一定的界限。接下来就其界限，在追溯该原则的根据的同时进行探讨。更具体说来，就是要对特别是之前所处理的交叉路口碰撞事故中，存在怎样情况的话该原则就变得不妥当了这一点进行阐明。　　-165-

---

〔1〕　区分正犯和共犯的原理也是如此。参见第 136 页注〔2〕。

〔2〕　而且，正如体育规则所代表的那样，在并不为法律所否定的自律性部分社会中适用的规则体系，至少对于该部分社会的成员在一定的范围内产生与法律同样的效力。参见芝原邦爾ほか編：《刑法判例百選Ⅰ総論〔第 5 版〕》，有斐閣 2003 年，113 頁（小林憲太郎）。

　*　参见后文第 154 页译者注。——译者注

〔3〕　有观点对这一点进行了批判，并采取了下一节所说的失效原理，或者引进了"在交通法规或者有关交通的条理、习惯上，加害车辆被允许优先于其他车辆在该道路上通行"（不过"如果只是一般性地'交通的实际情况'如此这种程度的话，还不足以构成适用信赖原则的事由"）这一适用信赖原则的一般性要件。朝岡智幸："判批"，《判例タイムズ》304 号（1974），92・93 頁；片岡聰：《最高裁判例にあらわれた信頼の原則》，東京法令出版株式会社 1975 年，1 頁以下、64 頁以下、175 頁；香城敏麿："判批"，《警察研究》54 巻 11 号（1983），84 頁以下等。还有观点"以双方的违反行为中，何者具有更大的引起结果发生的危险为基准来解决问题"。大塚仁ほか編：《大コンメンタール刑法（第 3 巻）〔第 2 版〕》，青林書院 1999 年，325 頁（神山敏雄）。

第 2 节　信赖原则的界限

1. 外在界限

在考虑信赖原则的界限之时，必须区分两种场合进行思考，即作为其根据的自我答责性原理原本就不妥当的场合，和并非如此而乍一看只不过是看起来没有适用信赖原则的场合，可以将前者称为内在界限，后者称为外在界限。

代表后者的是被称为"具体性征兆"的东西。其内容是，在行为人决定应当实施的行为的时点上已经存在其他人会实施不恰当行为的具体性征兆的场合，信赖原则不适用。[1]昭和48年（1973年）判决在适用信赖原则之时，就以"不存在特殊情况"为其条件。可以认为这里所说的"特殊情况"，是指"被告人在驶近本案交叉路口之际，已经有从交叉道路上驶入交叉路口的车辆或者在接近交叉路口的地方暂停后，启动并正要驶入交叉路口的车辆这样的场合"，因此这也可以说就是提到了这种具体性征兆。

但是，即使在被告人驶近交叉路口的时点上，A车已经从交叉道路上驶入交叉路口，A仍然是答责性主体这一点没有变，因此不存在排除适用信赖原则的合理理由。不过由此产生的具体效果仅仅是被告人能够以已经驶入交叉路口的A车会实施适合于交通情况的行为为前提而已。换言之，由于必须以A车没有暂停，直接驶入交叉路口的事实为前提，乍一看不过是看起来没有适用信赖原则而已。学说中有见解认为"在认识到对方已经实施了违反行为的场合，不应当适用该原则（信赖原则——笔者注）……但是，即使认识到了对方实施了违反行为，在能够期待对方不再进一步继续实施违反行为，会为了避免结果发生采取次善之策，而行为人信赖于此并实施的行为被认为是合理的场合，也可以适用该原则（信赖原则——笔者注）"。[2]在结论上

---

[1] Z. B. Hans-Joachim Rudolphi, in: Systematischer Kommentar zum Strafgesetzbuch, Band I, 26. Lfg., 6. Aufl., 1997, Vor § 1, Rn. 72; Jürgen Baumann/Ulrich Weber/Wolfgang Mitsch, AT, 11. Aufl., 2003, § 22, Rn. 44; Gunnar Dittge, in: Münchener Kommentar zum Strafgesetzbuch, Band I, 2003, § 15, Rn. 144.

[2] 大大塚仁ほか编：《大コンメンタール刑法（第3卷）〔第2版〕》，青林书院1999年，325頁（神山敏雄）。

-166-

可以理解为说了同样的意思。

　　问题是此处信赖原则的效果仅限于此的理由是什么，对此可以这样说明。不管过去原本有怎样的经过，在行为人决定应当实施的行为的场合，必须以现实存在的事实关系为前提。比如说，在前方有障碍物的场合必须对自己的车辆进行减速，不管该障碍物是因红色信号灯合法停车的车辆也好，还是在禁止停车的场所违法停车的车辆也好，这没有任何不同。因此，不论是他人不恰当的行为正在实施的场合，还是已经无法将他人现在的行为整合性地说明为将来的恰当的行为的场合，[1]行为人应当采取的行为都必须以他人不恰当的行为作为前提。

　　不过反过来说，只要不是这样的场合，即使存在预见可能性，也无法认定具体性征兆。例如，即使被告人在驶近交叉路口之际偶然看到了快速疾驰的 A 车正从交叉路口驶近而来，只要其行车速度与在交叉路口上的暂停义务不相容，[2]被告人就免除了减速的注意义务。况且仅以现实上存在很多不暂停的车辆为理由还是不充分的。作为排除信赖原则的场合经常被举出的有"典型的规则违反（Typische Verkehrswidrigkeiten）"，[3]这难言妥当。在这一点上，例如，当司机在意图改变自己车辆（电动车）的前进路程，要从停在县道上的车辆的右侧方向通过时，从之前的前进路程上要看清被停着的车辆

–167–

---

[1] 虽然很难明确表达出具体怎样的场合属于这种情况，但至少如后所述，仅凭快速疾驰的车这样的外表来进行判断的做法是不妥当的。例如，雅各布斯认为信赖原则的根据不仅在于被允许的危险，还在于自我答责性（溯及禁止）原理，根据他的观点，信赖原则"在自己的行为只有作为面向直接侵害行为之达成的行为才具有动机形成可能性（公式 a），或者依存于仅对他人的犯罪具有动机形成可能性的计划（公式 b）的事例中，对非保障人也不能适用"。Günther Jakobs, Regreßverbot beim Erfolgsdelikt. Zugleich eine Untersuchung zum Grund der strafrechtlichen Haftung für Begehung, ZStW89 (1997), S. 29; ders., AT, 2. Aufl., 1991, 7. Abschn., Rn. 51.

[2] 虽然是关于正在进行交通整顿的交叉路口的论述，片冈聪认为："只要在交叉路口跟前还留有'被认为安全停止所必要的制动距离'，对此的信赖就还是合适的。"片冈聪：《最高裁判例にあらわれた信赖の原则》，东京法令出版株式会社 1975 年，143 頁。

[3] Z. B. Friedrich-Christian Schroeder, in: Strafgesetzbuch. Leipziger Kommentar. Großkommentar, 11. Aufl., 1993, § 16, Rn. 169. 对于将过失理解为构成要件实现可能性的认识可能性的施罗德（Schroeder）来说，信赖原则首先是与认识可能性的判断有关的，因此就能够特别容易地说明正文引用的部分。而认为信赖原则的根据在于被允许的危险的罗克辛则对于将信赖原则的根据理解为自我答责性原理的见解提出批判意见，认为如此的话就会造成在有可能认识到他人过失的场合也适用信赖原则。Roxin, AT I, 3. Aufl., § 24, Rn. 22. 不过需要注意的是，他作为信赖原则的界限所提出的"可能认识到的犯行倾向的促进（Förderung erkennbarer Tatgeneigtheit）"的具体内容跟正文所说的具体性征兆基本没有什么差别。Vgl. ders., in: Tröndle-FS, S. 186ff.

所遮挡的前方道路状态是完全不可能的，而且司机自己也知道存在从停着的车辆的前方左侧驶入县道的道路，以及平时也存在从该道路驶入县道的车辆，在此场合，东京高等裁判所昭和 50 年（1975 年）12 月 11 日判决（《高等裁判所刑事判例集》28 卷 4 号 506 页）认为，即使信赖从该道路驶入县道的对面车线的车辆会在横穿马路前履行安全确认义务，但不能认定该信赖具有社会相当性，因此上述情况构成否定适用信赖原则的特别情况。本文对该判例存在疑问。

–168–还有观点认为他人是老年人、幼年者、醉酒者等无法期待实施恰当行为的人的场合也属于具体性征兆的内容。[1]确实在这种场合不应该适用信赖原则，但由于其理由在于这些人不是答责性主体，因此倒不如说应该归类到 2 中所说的内在界限中去。换言之，还有可能以对答责能力的欠缺不具有认识可能性为理由对行为人免除责任。[2]

2. 内在界限

接下来讨论的是内在界限。这里除了在 1 的最后所说的那种他人原本就不具备作为答责性主体的资格的场合，还包括并非如此，而由于存在特别情况，行为人必须连他人的不恰当行为也考虑进来的场合。后者一般称为"答

---

〔1〕 西田典之＝山口厚：《刑法の争点〔第 3 版〕》，有斐閣 2000 年，76 页（林陽一）。判例的话参见東京高判昭和 42·9·21 高刑集 20 卷 4 号 533 頁（当 7 岁的儿童背对着机动车在该车前行方向道路左侧玩耍之时，机动车司机负有采取诸如鸣笛使其注意，或者减速慢行以便为防儿童不测的行动随时能够停止或避让等适当措施的注意义务，因而不能适用信赖原则）、大阪高判昭和 45·8·21 高刑集 23 卷 3 号 577 頁（放学途中的 6 岁儿童长时间站在设置在机动车前进方向左侧人行道的绿化隔离带上，从他站的地点只要迈出一步就到了车道上，他只盯着对面车道看，显然并没有注意到机动车在驶近，此时机动车司机就负有业务上的注意义务，应当预见该儿童有可能会实施诸如开始实施危险的横穿马路行为等不测的行动，直接鸣笛使其注意，并且减速或慢行以便为防儿童不测的行动，在此场合不应当适用信赖原则）、広島高判昭和 57·10·5 高等裁判所刑事裁判速報集（昭 57）570 頁（在驾驶机动车前行途中发现在人行横道附近的人行道上带着幼儿的母亲站着说话的场合，就当然应当预见母子特别是幼儿有可能突然冲向道路，因此不能适用信赖原则，而是负有为防止事故发生于未然而减速、慢行的业务上的注意义务）、東京高判昭和 59·3·13 高等裁判所刑事裁判速報集（昭 59）147 頁（在凌晨 1 时 45 分左右，在这个时间段交通量极少，没有通行车辆，在绿灯时驶入通过酒店林立的商店街的道路的交叉路口之时，在行进中不得信赖不会出现因醉酒而违反信号灯在交叉路口内横穿马路的人）等。

〔2〕 最三小决昭 45·7·28（第 131 页注〔1〕）也认为："由于能够认定被告人直到发生碰撞之前都没发现从公交下车的被害人，而且也不存在足以认定有应当能够预见幼儿冲出来的具体状况，因此原审判决（東京高判昭和 43·12·19——笔者注）以被害人为 4 岁的幼儿为理由否定适用信赖原则的做法是错误的。"

责领域的扩张"。[1]

　　问题是具体在怎样的场合能够认定这种答责领域的扩张呢？直截了当地说，这仅限于行为人处于保障人地位的情形。因为在此行为人不仅要对来自他人的干涉进行应对（具体性征兆的场合），还必须主动积极地干涉，在这个意义上，实质上涉及的是不作为。[2]典型例子有，父母不得信赖很小的孩子不会去伤害他人，医生不得信赖患者就算没有得到嘱咐也会进行恰当的处置行为。

–169–

　　另外，作为信赖原则的界限，有时会举出具有监督地位、优越知识的场合。[3]虽然其内容未必明确，但这些只要能够为保障人地位奠定基础就能够获得支持。而且学说中有见解认为，就像记者从收集信息的人那里获得有关他人名誉之信息的场合那样，在将他人的所作所为接受到自己的行为中之时，他人就负有使得行为人免于实施注意措施的特别义务（Entlastungspflicht），据此，只要其答责领域没有延伸到行为人的答责领域之中，就不得适用信赖原则。[4]虽然其趣旨也未必明确，原则上记者必须直接保障发布的事实的正确性，但在比如说信息的来源是通信社的报道的场合，就只有该通信社专属性地承担责任。如果是在这个意义上的话，可以与前者进行同样考虑。而且在将信赖原则的根据理解为自我答责性原理的场合，其不仅规制行为人应该实施的行为，也规制归责的一般性原理。而在结果发生之前介入了他人的过失的案件中也一般性肯定归责的理由，就在于行为人实施的使恰当行为的他人也陷入危险或者诱发他人的过失这样的危险创出的行为为保障人地位奠定了

---

[1]　认为在他人是警察或医院等机关的场合原本就不可能存在"特别情况"，即无法扩张答责领域的见解也十分有力。Vgl. etwa Roxin, AT I, 3. Aufl., § 11, Rn. 111ff.

[2]　最近就这种可以称为实质性不作为的界限，还包括暗示的承诺和利用他人的恣意性动机形成的案件，进行详细讨论的论文有島田聡一郎："不作為による共犯について（1）"，《立教法学》64 号（2003），1 頁以下。

[3]　Z. B. Lenckner, in: Engisch-FS, S. 507f. 日本的文献参见例如土本武司：《過失犯の研究——現代的課題の理論と実務》，成文堂 1986 年，138 頁以下；大塚仁ほか編：《大コンメンタール刑法（第 3 巻）〔第 2 版〕》，青林書院 1999 年，316、317 頁（神山敏雄）。

[4]　Shumann, Handlungsunrecht, S. 21ff. 行为人负有这种广义的注意义务，即不仅要应对认识到的他人的过失或者征表此的情况，还要谨慎地选任准备接受其所作所为的他人，在一定情况下还要对他人的所作所为乃至其成果进行监督或者查点的注意义务，其理由在于涉及存在于自己答责领域内的危险。而正文所论述的界限应当从参与人共同行动之际的社会角色和在社会通常观念上与其相结合的任务的观点来决定。a. a. O., S. 23ff.

-170- 基础。[1]

不过在这两个最高裁判决案件中，由于无法认定存在为被告人的保障人地位奠定基础的事由，在此没有必要考虑信赖原则的内在界限。

3. 失效原理

除此之外，作为构成信赖原则之界限的东西，学说中还提出了所谓"失效原理"。其含义因论者不同而各式各样，有力见解将此理解为"在认定行为人自身有（除了不携带驾照等跟事故的危险无关的内容外）什么违反法律行为的场合，不允许以他人的恰当行为为前提设定注意义务"。[2]这种观点很可能是以认为违反规则的人没有资格要求他人遵守规则这一所谓"清白原则（clean hands）"为根据的。[3]而例如最高裁判所第二小法庭昭和 42 年（1967 年）10 月 13 日判决[4]指出："根据本案当时的《日本道路交通法》第 34 条第 3款，第一类型电动车在右转弯之时，必须预先从其前方尽可能靠近道路左端，并且沿着交叉路口侧端缓慢行驶。而被告人驾驶第一类型电动车，在中间线稍微靠左侧就开始右转弯，因此违反该条款，构成《日本道路交通法》第

-171- 121 条第 1 款第 5 项之罪，而这与是否存在前述注意义务无关。"从这一点看来，日本判例对失效原理持反对态度。[5]

---

[1] 只不过这里所说的保障人地位，仅仅是扩张答责领域的契机而已，因此无论是将现实发生的具体结果归责于当初的作为也好，还是归责于后面的不作为也好，都必须进一步满足通常的归属原理。

[2] Statt vieler Sch/Sch（Cramer/Sternberg-Lieben），§15, Rn. 215.

[3] 参见三ツ木健益："信赖の原则の原点にかえれ"，《法律のひろば》26 卷 10 号（1973），30·31 页；土本武司：《過失犯の研究——現代的課題の理論と実務》，成文堂 1986 年，84 页等。三木健益在无证驾驶和饮酒驾驶的场合也否定适用信赖原则，他认为："最高裁判决の思考方法……来源于对部分学者某种意义上不负责任的见解的无批判接受，丧失了信赖原则想要实现的本来的机能，日本的'信赖原则'已经偏离了其应有的姿态，甚至可以认为就像变异了的孩子一般，走在其特异独行的道路上，给实务招致了巨大的混乱。"论者（当时）身为司法研修所教官，为何以这种形式对著名学者和最高裁判所进行责难，这到现在都不得而知。

[4] 刑集 21 卷 8 号 1097 页。另外还有最三小判昭和 45·11·17 刑集 24 卷 12 号 1622 页、最三小判昭和 45·12·22 判夕 261 号 265 页以及前文昭和 48 年判决等。

[5] 与此相对，例如東京高判昭和 59·12·27 高等裁判所刑事裁判速报集（昭 59）367 页作出的判示为，在并未进行交通整顿，而且左右视线不好的交叉路口上，当车辆从其他路口的入口上准备驶入设有暂停的道路标识和停止线标识的道路之时，若要适用所谓信赖原则，认为如果注视了交叉道路的停止线附近确认了是否存在将要驶入交叉路口的车辆的话，就算尽到了对交叉道路的安全确认义务，行为人必须自己也缓慢行驶到达交叉路口入口附近，并在该地点采取安全确认措施。另外参见名古屋高判昭和 61·4·8 刑月 18 卷 4 号 227 页。不过这样的判例属于少数。

　　当然，如果认为这种见解的含义是认为若行为人犯了使实施适合于交通情况举止的他人也陷入危险的违反法律行为就认定注意义务违反的话，暂且不论将此称为信赖原则的界限是否合适，从结论上看是没有问题的。事实上判例之中也显示了这样的口吻。

　　例如，最高裁判所第一小法庭昭和 47 年（1972 年）11 月 16 日判决[1]作出判示认为，为了从交叉路口向右转弯，一边沿着中央线打右转弯信号一边准备开始向右转弯的车辆的司机，即便违反《日本道路交通法》第 34 条第 2 款［指被昭和 46 年（1971 年）法律第 98 号修正之前］从交叉路口跟前 6 米的地点就开始右转弯，在跟遵循了上述规定的右转弯方法相比，该行为没有进一步增大与后续车辆碰撞之危险的场合，只要不存在预期到了或者能够容易预期到在对向车线里会出现高速超越自己车辆右侧的后续车辆这种特别的情况，就不负更加周到地确认后方安全的注意义务。问题是这里所说的"（违反道路交通法的行为）没有进一步增大碰撞之危险"的含义。乍一看这似乎仅仅指诸如不携带驾照等与事故的危险没有关系的东西。但是在即将从交叉路口右转弯之际，没有驶入交叉路口中心接近内侧的位置而是从距离交叉路口入口跟前 6 米的地方就开始右转弯的行为，在与事故危险的关联性这一点上，无论如何都不能与不携带驾照等同日而语。[2]不过由于最高裁判所否定了注意义务违反，对于上面所说的"没有进一步增大碰撞之危险"，还是应当宽泛地理解为"只要他人实施了适合于交通情况的举止，就能降低事故危险"。在本案中，既然被告人在距离交叉路口中心 29 米的地方就打了右转弯信号并且减速到每小时 30 公里了，这种情况就属于这样的情形。事实上跟在被告人车辆的其他后续 3 辆车都采取了适当的驾驶措施，根据被告人的右转弯信号，向左避让并通过了。

　　而且在学说中，例如西原春夫在"虽然违反道路交通法的行为与事故的发生处于条件关系，但过失被否定的场合"中，列举了①"行为人的违反行为对于其他的交通参与人来说已经是既成事实，认为其他的交通参与人会将此违反行为考虑进来而行动的想法是相当的场合"和②"不管自己是否有违

—172—

─────────

[1]　刑集 26 卷 9 号 538 頁。
[2]　事实上，例如東京高判昭和 43・8・28 下刑集 10 卷 8 号 810 頁就以对有关右转弯方法的道路交通法的违反行为"与遵循了符合规定的右转弯方法的场合相比，显然前者具有与后续车辆碰撞更高的危险"为理由，肯定了注意义务违反。

反行为，对对方恰当行为的信赖都是相当的场合"。[1]根据他的观点，信赖的对象是"其他的交通参与人会遵守交通秩序"，由于这里所说的交通秩序的实体是"道路交通法以及其他交通法规规定的交通规则"和"交通习惯或者交通道德"，[2]在由行为人所犯的道路交通法违反行为产生的危险因他人的适合于交通情况的举止而消解的场合中，其内容是对前者之遵守的案件就对应②，其内容是在遭遇其他交通参与人的交通违反行为时应当随机应变进行处理这样的后者之遵守[3]的案件就对应①。

不过问题是之前所述的见解包含的是超越了这些判例、学说意义上的情形。而在此场合，失效原理侵害了信赖原则作为信赖原则所应当具有的最低限度的内容。这是因为——正如已经在讨论褒奖说的部分（第2章第1节1）所论述的那样——信赖原则原本就不受以双重危险防止措施等对他人的不信任为前提的行政取缔法规等的束缚，而是以对他人的信赖为前提设定注意义务的内容。反过来反对失效原理的判例只不过单纯地论述了采用信赖原则而已。

在此失效原理并不是与信赖原则对立的东西，只不过仅仅在被违反的注意义务因信赖原则而得到缓和的场合中，以对此进行弥补的形式，在该违反行为与结果之间仅要求比通常要缓和的关系。[4]当这个原理被批判为自陷禁

---

[1] 西原春夫：《交通事故と過失の認定》，成文堂1975年，128頁。对此表示赞成的有香城敏麿："判批"，《警察研究》54卷11号（1983），84頁等。另外，西原春夫过去——在分析德国判例的时候——曾认为在行为人所实施的交通规则违反行为"对事故具有原因性（ursächlich）的场合，不得适用信赖原则"。西原春夫：《刑事法研究（第1卷）》，成文堂1967年，155頁。不过这种论述后来被修改了，参见西原春夫："交通事故と信頼の原則——その適用のある場合とない場合"，《法律のひろば》21卷3号（1968），15·16頁。

[2] 西原春夫：《交通事故と信頼の原則》，成文堂1969年，47頁。

[3] 不过《日本道路交通法》第70条（罚则：第119条第1款第9项、第119条第2款）规定"车辆等的司机应当准确操作车辆的方向盘、制动等装置，并且应当根据道路、交通以及该车辆等的状况，以不危及他人的速度和方法驾驶"，从而引入了所谓安全驾驶义务，因此也不见得就不能说是对前者的遵守。

[4] Vgl. Klaus Kirschbaum, Der Vertrauensschutz im deutschen Straßenverkehrsrecht, 1980, S. 124ff. [不过基施鲍姆（Klaus Kirschbaum）看起来也采用了最早意义上的失效原理]反过来说，最早意义上的失效原理并没有缓和在违反法律行为与结果之间要求的关系。Vgl. etwa Helmut Niewenhuis, Gefahr und Gefahrverwirklichung im Verkehrsstrafrecht, 1984, S. 112ff.；Sch/Sch（Cramer/Sternberg-Lieben），§15, Rn. 215.

区原则（versari in re illicita）*之时，[1]正是以这样的理解为前提的。

　　但是就算这样理解，也无法支持失效原理。因为信赖原则对注意义务的缓和有正当的理由，而以对此进行弥补的必要性为前提的归责要件的缓和则无法具有正当性。[2]关于这一点很难断言日本判例的立场，但可以作出如下推测：

　　正如已经在序章和第 1 章中所述，在遵守了如果适用了信赖原则就可能不会作为注意义务的内容而被要求的更严格的行政取缔法规还是无法避免结果的场合，最高裁判所在讨论信赖原则之前否定因果关系或者过失。但是最高裁判所的这种态度与上述意义中的失效原理之间具有分歧。因为既然遵守了更严格的行政取缔法规也无法避免结果，仅以遵守为信赖原则所缓和的注意义务，虽然可以说更是如此，但如果采用失效原理，在对后者的违反的场合从归责要件中将结果回避可能性摘除的话，就算这样也并不一定否定归责。于是，即使是如果遵守了更严格的行政取缔法规结果就能够避免，并且连为信赖原则所缓和的注意义务的违反也被认定的场合，仍有必要再三追问如果遵守了这样的注意义务，能否避免结果。

-174-

---

　　*　拉丁语 *versari in re illicita*（直译是"停留在不法状态"），全称是"*versanti in re illicita imputantur omnia quae sequntur ex delicto*"，意思是"处于不法状态的人，要对由此产生的一切后果承担责任"，是中世纪教会法中追究结果责任的做法，一般认为与近代刑法的责任主义原理相违背。中国对此的译法有"违法肇因者"（王钰：《罪责观念中自由和预防维度——以相对意志自由为前提的经验功能责任论之提倡》，载《比较法研究》2015 年第 2 期，第 104 页）和"自陷禁区"（李波：《规范保护目的理论》，载《中国刑事法杂志》2015 年第 1 期，第 28 页）。后者的译法较为通行，例如许玉秀：《当代刑法思潮》，中国民主法制出版社 2005 年版，第 695 页；李邦友：《结果加重犯基本理论研究》，武汉大学出版社 2001 年版，第 94 页。——译者注

[1]　Z. B. Roxin, AT I, 3. Aufl., § 24, Rn. 24; Duttge, Zur Bestimmtheit des Handlungsunwerts von Fahrlä-ssigkeitsdelikten, 2001, S. 473.

[2]　Vgl. NK (Puppe), Vor § 13, Rn. 154.

终章 结语

  本文以昭和 48 年（1973 年）和平成 15 年（2003 年）的两个最高裁判决为素材，对日本最高裁判所主要在交叉路口碰撞事故中在判断参与人的可罚性之际进行的作业之具体内容进行了解明。另外还对此处使用的作为（阻却）可罚性要件的结果回避可能性和信赖原则的概念进行了讨论，同时还尝试说明这种作业的理论根据和界限。

  不过在这过程中，以道路交通法的妥当性作为当然的前提，以刑法上的注意义务能够在何种程度上独立于道路交通法为焦点。而为这种"独立性"奠定基础的思考方法就是信赖原则。但是如果将信赖原则的根据求诸自我答责性原理，以重视个人自律的社会观为基本出发点的话，[1]在诸位之间可能会产生这样的疑问，即以双重危险防止措施[2]等对他人的不信任为前提的行政取缔法规以及其他法律本身，除了出于特别的情况命令了他人的监护性保护或监督的场合，就变得无法具有正当性了。这确实没有将他人视为答责性主体，在这个意义上看起来好像违反了现行宪法的理念。

  从理念上说的话，[3]没有信赖原则可能会更好。事实上，在欧洲，比方说如果相交的道路的一方有暂停标志的话，通常情况下另一方就会有优先道路的标志。这样道路交通法上的义务就接近于刑法上的注意义务。但是在基于赋予双重危险防止措施的趣旨，法律通过明文同时导入了只要其中一方得

---

[1] 另外，需要注意的是，即使认为信赖原则的根据在于被允许的危险，只要行为人没有特别认知，对行动自由（甚至社会有用性）进行与被保护的法益达到了失衡的程度限制之行政取缔法规以及其他法律的正当性也会成为问题。

[2] 还存在对被害人也赋予实施一定行为之义务的行政取缔法规及其他法律，其适正性也会成为问题。关于此，参见小林憲太郎："被害者の自己保護義務と結果の帰責——危険の引き受けと被害者の素因を中心に"，《立教法学》66 号（2004）（＝本书第 2 部 II）。

[3] 实际上西原春夫也认为："在非优先道路上设置的暂停标识的保安效力只存在于由设置于优先道路上的优先标识强化的……'侵害优先等于白白送死'这样的观念所体现的强力的交叉路口事故防止对策上。"西原春夫：《交通事故と信頼の原則》，成文堂 1969 年，185 頁。

到遵守就能防止事故的两个义务的场合，采用将能够以遵守另一个义务为前提作为理由对其中仅仅一个义务进行免除的解释是不合适的。正因为如此，例如在这两个最高裁判决的案件中，不能以 A 履行道路交通法规定的暂停义务为前提，免除道路交通法对被告人规定的减速义务。[1]反对说[2]忽视了这一点。

-176-

---

〔1〕　例如，免除了在宽路上通行车辆的减速义务的最三小判昭和 43·7·16 刑集 22 卷 7 号 813 頁同时也指出，当没有进行交通整顿的交叉路口上左右视线不好的时候，即使根据《日本道路交通法》第 43 条与前进方向相交的左右道路上存在暂停的道路标识，并且相对于该道路的车辆自己具有优先权，也不得因此免除《日本道路交通法》第 42 条的减速义务。

〔2〕　例如，就昭和 48 年（1973 年）判决，西垣道夫认为："如此倒不如直接说没有减速义务。如果是说虽然有减速义务但从前述思考方法出发认为在刑法上无过失的话，那就没有必要先认定减速义务。总之在逻辑上不够明快。"西垣道夫："判批"，《警察研究》49 卷 9 号（1978），76 頁。在同一頁，就最一小判昭和 48·3·22 刑集 27 卷 2 号 240 頁，他认为"本来就负有《日本道路交通法》第 42 条的减速义务的被告人，法院通过适用信赖原则直接否定了减速义务"，但本判决对是否存在道路交通法规定的减速义务并未作出判断。不过需要注意的是，这种论述的背后存在西垣道夫特有的想法，即原则上将道路交通法上的义务与刑法上的注意义务视为相同。参见西垣道夫："判批"，《警察研究》49 卷 9 号（1978），77 頁。

II 被害人的自我保护义务与结果归责

——以危险接受与被害人特殊体质为中心

序章 "被害人"引起关注的两个契机

近年来，刑法上的归责理论中，"被害人"开始逐渐获得关注。大体来说有以下两个契机。

其中之一就是千叶地方裁判所有关发生在长野县的摩托车沙地赛事故的判决。[1]该案案情如下：

被告人虽然在摩托车沙地赛行驶方面经验尚浅，并且因驾驶技术不成熟而无法充分把握赛道状况，却仍然接受了拥有 7 年摩托车沙地赛行驶经验的被害人的请求，让被害人与自己共同乘坐一辆沙地赛用摩托车，在沙地赛道上行驶。在逼近下行急坡左侧角落之时，虽然被害人发出了"踩刹车"或"踩刹车减速"的指示，被告人仍没有进行充分的减速，因而发生了转向不足，尽管紧急调整方向，但并没有起作用。感受到碰撞危险的被告人踩急刹车并向左转向，但由于发生甩尾而撞上计数器，车辆左后部撞上左侧裸露的山岩，继而转向右方，车辆前部激烈撞上赛道右侧的圆木防护栏，导致被害人死亡。

在该案中，千叶地方裁判所根据以下理由宣告被告人无罪：

"成为本案事故原因的被告人的驾驶方法以及由此发生的被害人死亡结果，是共同乘车的被害人所接受的危险之现实化的事态，而且，也不能说欠

---

[1] 千葉地判平成 7・12・13 判時 1565 号 144 頁。

缺社会相当性，因此本案中被告人的行驶行为被阻却了违法性。"（判决已生效。）

在日本，以本判决为契机，就被害人认识到了危险并且自己赴险的行为在结果发生的场合对行为人可罚性的影响，展开了激烈的讨论。[1]教学上称之为"危险接受"。在之前的归责理论中，直接反映被害人在侵害过程中任意性参与的概念只有所谓的"被害人同意"。现在又在此之上新导入了各种各样的分析工具。

第二个契机就是关于被害人特殊体质对归责的影响，出现了一种与之前完全不同的见解。举例来说，行为人殴打了被害人的面部，被害人由于患有脑梅毒而死于脑组织崩坏。[2]根据之前的一般性讨论，主观相当因果关系说、折中相当因果关系说——假设对于被害人的脑梅毒行为人没有认识，并且行为人乃至一般人都无法认识——会否定殴打行为与被害人死亡结果之间的因果关系，而条件说、客观相当因果关系说则会肯定因果关系，只不过在结果加重犯的伤害致死罪中，会以欠缺责任主义观点所要求的对加重结果即死亡结果的预见可能性为理由否定伤害致死罪的成立。这仅进行了对在被害人特殊体质与除此之外的事由之间共通的考虑，即对于归责而言是否要求对共同作用于结果发生的事由具有预见可能性（或者因果经过的所有局面是否都提

−178−

---

[1] 本判决的评释（或者类似的文章）有：大山弘、松宫孝明："判批"，《法学セミナー》41 卷 11 号（1996），74、75 頁；野口元郎："判批"，《研修》582 号（1996），71、72 頁；《平成 8 年度重要判例解説》，《ジュリスト臨時増刊》1113 号，有斐閣 1997 年，147、148 頁（荒川雅行）；《判例セレクト '96》，《月刊法学教室》198 号別冊付録，有斐閣 1997，32 頁（佐伯仁志）；猪田真一："同乗者の承諾と業務上過失致死罪——ダートトライアル同乗者死亡事件判決"，《帝京法学》21 卷 1 号（1999），95 頁以下；十河太朗："危険の引受けと過失犯の成否"，《同志社法学》50 卷 3 号（1999），341 頁。另外，关于这一题目，在小林憲太郎：《因果関係と客観的帰属》，弘文堂 2003 年中引用的文献之后，又出版了東雪見："法益主体の危険引受け（1）·（2·完）"，《上智法学論集》47 卷 2 号（2003），第 69 頁以下；47 卷 3 号（2003），77 頁以下；山口厚編著：《クローズアップ刑法総論》，成文堂 2003 年，123 頁以下（島田聡一郎）；塩谷毅：《被害者の承諾と自己答責性》，法律文化社 2004 年等。

[2] 处理类似案件的判例有最二小判昭和 25·3·31 刑集 4 卷 3 号 469 頁。该判例指出："在能够认定只要不存在被害人因脑梅毒而发生大脑高度病变这一特殊情况被害人的行为就不会造成致死结果的场合，即使被告人在行为当时不知道并且也无法预测该特殊情况的存在，在行为与该特殊情况相结合造成致死结果之时，可以肯定行为与结果之间的因果关系。"

供了结果的预见可能性〔1〕），如果是的话，以何种基准来进行判断。

但是近年来出现了一种新的观点，其并不止于这样的考虑，而特别地就被害人特殊体质在归责理论上如何处理才合适这一被害人特殊体质所固有的讨论展开了论述。开此先河的佐伯仁志这样论述道："被害人并不是一般人（一般被害人）而是应当作为具有独立个性的个人被尊重，具有特殊体质的被害人也应该作为这样的人而在刑法上被保护……否定法律因果关系就意味着对被害人间接赋予了避免该特殊体质的风险的义务，违反了公平……即使是同样存在于行为时的情况，对于像地下炸弹那样的与行为人和被害人都没有关系的情形，或者在被害人将炸弹放入裤子口袋时让被害人承担风险也不违反公平的情形，则另当别论。"〔2〕

那么，对于这两个契机，乍一看可能觉得其不过是在判断能否归责之际所涉及的被害人事由这一极为一般层面上的符合而已。特别是关于危险接受，由于根据在这样的主题之下所设想的案件的性质，人们重叠性地主张了各种各样解决方法，从其内容而看，确实可能如前所述。但是在危险接受当中，特别是被害人在行为以后采取了回避措施这一事由作为有些场合〔3〕的解决方法被有力地主张的情况中，存在认为能够对被害人特殊体质的处理也进行规制的想法。

比如说，最近就危险接受进行了详细探讨的岛田聪一郎这样论述道："在必须以个人的自我保护为前提建立社会制度的现代社会中，对于有这样能力（指该被害人所具有的生理的、物理的危险回避能力——笔者注）的人，人们往往期待其行使这样的能力，因此应当将有关是否行使该能力的个别意思从考虑中除去，来判断行为时的危险。这样的话，以被害人欠缺危险认识和结果实现意思为前提，再考虑到被害人的能力，危险的程度已经被抑制到相当

-179-

---

〔1〕　参见鈴木左斗志："因果関係の相当性について——結果帰責判断を規定してきたいくつかの視点の検討"，《刑法雑誌》43 卷 2 号（2004），45 頁以下。

〔2〕　山口厚ほか：《理論刑法学の最前線》，岩波書店 2001 年，25 頁（佐伯仁志）。

〔3〕　最近的最高裁判例中存在很多处理这种场合的判例。比如说，最二小判平成 15·7·16 刑集 57 卷 7 号 950 頁（在公园以及公寓起居室中受到被告人等暴力的被害人趁机逃跑，为躲避被告人等的追捕而进入公寓附近的高速公路上，被疾驰而来的汽车追尾而最终为后续的汽车轧死的案件）、最二小決平成 16·2·17 刑集 58 卷 2 号 169 頁（被告人与共犯等共谋对被害人实施啤酒瓶殴打头部等的暴行造成被害人受伤，被害人被送至医院接受治疗时为了擅自出院而拔掉治疗用管，最终死于病变的案件）等。

低了，但由于被害人没有行使该能力而发生了结果的场合，由于可以评价为在行为时仅存在很小的危险而结果异常地发生了，在法律上应当作为异常的因果经过，否定因果关系和结果归属。"[1]在这里，被害人自己本应当实施恰当的举止来避免遭受损害，但其没有实施该行为，这被认为是否定归责的理由之一。那么该想法也正好从反面说明了这样一个想法，即以被害人没有回避特殊体质的风险的义务为理由肯定归责。

最近的归责理论中也存在这种以被害人的所谓自我保护义务为基础，根据是否存在对该义务的懈怠来决定归责结论的见解。不过由于被害人与第三   -180- 人不同，具有所涉及的法益之主体的地位，因此要想对被害人赋予保护该法益的义务，需要提供与对第三人赋予该义务不同的理由。另外，即便被害人的自我保护义务存在正当化基础，就被害人在怎样范围的风险必须保护自己，也有必要另外进行详细讨论。而且通过将这些点明确化，在归责理论中被害人所发挥的作用之一也同样得到正确的厘定。[2]

---

〔1〕　山口厚编著：《クローズアップ刑法総論》，成文堂2003年，150頁以下（島田聡一郎）。

〔2〕　实际上，行为媒介者应当避免结果而未避免这件事为何对归责有影响这本身也已经成为重要的争论问题。不过对于不同论者所主张的关于此问题的解决方法合适与否本身，对此本文并不想进行讨论。关于笔者对本问题的看法，参见小林憲太郎："信頼の原則と結果回避可能性——交差点事故に関する二つの最高裁判決の検討"，《立教法学》66号（2004）（=本书第2部I）。

第1章　自我保护义务的存在与否

——论危险接受

如序章所述，在危险接受中，被害人对自我保护义务的违反是被作为以否定因果关系之相当性的形式而出现的。需要注意的是，这里的相当性被赋予了超越了单纯事实上的盖然性、经验上的通常性的含义，[1]因为被害人对自我保护义务的违反并不限于在事实上看来是异常的东西，而且反过来说，被害人所实施的符合自我保护义务的举止也并不见得从事实上看就是通常的。而且如果认为相当性通过与历来的用法相结合，有呈现仅仅涉及事实上的通常性的外观之虞，既然"通过在合法则性、经验上的通常性、预见可能性这一事实性判断的背后加入规范性判断，将规范性的考虑表现出来面对批判的做法更为可取"，[2]那么考虑使用其他的表达也并无不可。

那么，假如认为这种被害人的自我保护义务与第三人负有的法益保护义务是相同的东西的话，对于该义务的违反而言，逻辑上就不存在契机要求被害人对实现于结果的危险具有正确的认识。当然，对于此论者自身也意识到了这一点，作为要求被害人认识到危险的根据，论者另外说道："对于具有危险回避义务的人来说，如果要求其不断行使该能力，那么被害人就要不断地注意危险是否存在，由此就会产生萎缩效果，这将大幅度限制潜在的被害人和市民从事一般社会活动的自由"。[3]但是这样的根据具有完全同样的盖然性，对于就第三人的法益保护义务的违反也要求对其危险的认识而言，也能

[1] 当然，如果序章中所见主张只是认为在判断因果关系的相当性之际，"就行为人没有危险回避意思，要进行能否给出合理说明这一事实性判断"〔深町晋也："判批"，《法学教室》281 号 (2004)，149 页〕的话，或许还不能这么说。但是论者的趣旨在于"承认规范性考虑"。山口厚编著：《クローズアップ刑法総論》，成文堂 2003 年，151 页（島田聪一郎）。

[2] 山口厚ほか：《理論刑法学の最前線》，岩波书店 2001 年，29、30 页（佐伯仁志）。佐伯仁志使用了"法律因果关系"作为接下来即将要阐述的"其他的表达"。

[3] 山口厚编著：《クローズアップ刑法総論》，成文堂 2003 年，150、151 页（島田聪一郎）。

够适用。这样在介入了被害人失误的场合广泛否定归责，与此同时在介入了第三人失误的场合，同样的结论也得到维持。

当然对于这一结论本身，有可能提出归责范围过窄因而不妥当的批判。[1]但是这一批判仅止于单纯的直观感受，因此必须追问对被害人赋予与第三人的法益保护义务同样的自我保护义务在理论上原本是否合适。而就这一问题必须做出否定回答。

被害人原本就与第三人不同，为了追求什么目的而放弃所涉及的法益或者使之面临风险也是被害人的自由。[2]这样，如果认为被害人被赋予了自我保护义务，而应当成为对该义务最直接的违反的举止又是被害人的自由的话，这就意味着原本就不存在自我保护义务之类的东西。当然，在这种场合将第三人的法益侵害放在被允许的危险的框架内讨论，或者认为是发生了与通过紧急避险而正当化相平衡的事态，这样做也并非不可能。但是根据通说，[3]上述的"自由"这一评价是在没有想象任何优越利益的基础上作出的。

-182-

不过，在被害人有意识地伤害自己的身体，或者因冒这样的风险而结果实际上遭到伤害的场合，与因忘了道路结冰而奔跑从而摔倒受伤的场合中，仅仅在后者讨论对一定的行动准则的违背也并非不可能。正因为如此，就算在前者不允许对伤害行为、危险接受行为进行阻止，在后者也允许阻止奔跑行为。但是这里所说的行动准则实际上与自我保护义务是不同的东西。因为这不过是对于自己的举止，要在充分考虑其在于所涉及的法益的关系中具有的意义之后再行动，这一可以说是元层次（metal-level）的行动准则，而在遵

---

[1] 不过在引起危险的行为被正当化的场合，由于不能期待回避该危险，因而在介入合法行为的场合也不能否定归责。参见山口厚ほか：《理論刑法学の最前線》，岩波書店 2001 年，22 頁（佐伯仁志）。另外，即使被害人或者第三人尽到了自我保护义务或者法益保护义务，在创出了仍无法消解的危险的场合，还是能够以保障人地位为根据肯定归责。参见山口厚編著：《クローズアップ刑法総論》，成文堂 2003 年，第 152 頁（島田聡一郎）；小林憲太郎："信頼の原則と結果回避可能性——交差点事故に関する二つの最高裁判決の検討"，《立教法学》66 号（2004）（＝本书第 2 部 I）。

[2] 论者自身以此为理由——虽然是就被害人在行为之后无法采取回避措施的场合来说的——在被害人冒险实施不是犯罪的行为因而由此不可避免地发生结果的场合阻却违法性。山口厚編著：《クローズアップ刑法総論》，成文堂 2003 年，160 頁以下（島田聡一郎）。

[3] 也存在与此相对立的被称为利益衡量说的见解。具体内容参见小林憲太郎：《因果関係と客観的帰属》，弘文堂 2003 年，第 65 頁以下。

守了这一行动准则之后是否寻求自我保护则完全取决于被害人的自由。因此在上面的例子中，之所以允许阻止奔跑，不外乎是因为如果被害人认真思考在结冰的道路上奔跑的意义的话，就会在赶上开始上课的时间之上优先考虑身体的安全，从而从容缓慢地走路了。

综上，被害人的自我保护义务之类的东西并不存在。但是另一方面，对于像交通事故这样被看成是社会生活上典型的冲突而言，法律例如道路交通法为了防止这种冲突，对于就由此产生的具体损害而言具有被害人地位（或者可能具有该地位）的人，也会在明文上赋予诸如在进入交叉路口时暂停、减速等一定举止的义务。虽然这种规定的合适与否本身值得探讨，但至少既然现实存在着，只要不是单纯的宣示性条款*或者能够解释为通过对伴随着对其违反的不利益的接受而实质上得到解除的规定，就不得不要求遵守这一义务。另外，就像体育规则所代表的那样，在具有独立性的自律的部分社会中适用的规则体系，至少在一定范围内对于该部分社会的成员来说，具有与法律同样的效力。[2]就一定的部分社会所固有的冲突而言，无非是通过该部分社会的内部规则对此进行防止，如果对此或多或少予以否认的话，结果就是否定了自律的部分社会的存在。[3]如果仅设想独来独往行动的个人的话，这可能是可取的。但是应该想到还存在着只有通过形成所谓的"团体"才可能实现的自由。这样，比如说在因被害人违反道路交通法、体育规则而发生结

-183-

* 日语原文为"努力规定"，字面意思是努力规定，是指虽然法律以"必须在……做出努力"（~に努めなければならない）的形式规定了某种义务，但就违反该义务的行为并没有规定罚款或者刑罚等法律后果。例如，《日本健康促进法》｛健康增进法［平成14年（2002年）法律第103号］｝第25条规定："学校、体育馆、医院、剧场、观览场、集会场、展示场、百货店、事务所、官公厅设施、饮食店以及其他供多数人使用的设施的管理人，必须在采取必要措施以防止使用这些设施的人被动吸烟（指在室内或者与此相当的环境内，被迫吸他人烟草产生的烟）方面做出努力。"但该法第八章"罚则"，却并没有规定违反第25条的法律后果。据此，该法第25条的规定就是"努力规定"。根据其性质，本书将其翻译为"宣示性条款"。——译者注

[2] Vgl. Dieter Dölling, Die Behandlung der Körperverletzung im Sport im System der strafrechtlichen Sozialkontrolle, ZStW96（1984），S. 57ff. 另外，关于这种语境中的部分社会论，西村秀二进行了详细的讨论，参见西村秀二："スポーツ傷害の刑事責任"，《内田文昭先生古稀祝賀論文集》，青林書院2002年，64頁以下。

[3] 反过来，作为健全的市民社会的敌人的本身为法律所否认的部分社会，由于不应该保障其存在，因此不适用本文论述的观点。暴力团、黑手党（Mafia）、盗窃团伙之类的犯罪组织就是其典型。

果的场合，也能肯定存在否定归责的余地。[1]

第2章　自我保护义务的范围

——论被害人特殊体质

如前章所述，被害人应当避免结果但没有避免这一事由，原则上不能成为否定归责的理由。结合被害人特殊体质来说的话，就是即使人们在日常生活上因自己的特殊体质而没有注意防止结果发生，也不能仅以此来排除就发生了的结果对他人进行归责。而这个道理并不限于被害人特殊体质，借用序章中佐伯仁志举的例子来说的话，对于被害人放入裤子口袋中的炸弹，也同样适用。

不过仅以此来对佐伯仁志的主张进行反驳显然是不充分的。因为对被害人来说是否存在与第三人同样的对其违反就会排除归责的法益保护义务的问题，与在（根据其他理由）否定归责上，被害人为避免不被填补的损害[1]而不得不承受的负担相较于在一定属性上不同的其他被害人，能否更大这一问题，在逻辑上属于不同层次。打比方来说，可以将前者表达为自我决定的

-184-

---

[1] 关于这一点，日本东北大学的米村滋人副教授（医师，当时为东京大学法学政治学研究科博士课程）指出："确实，在侵权行为法的框架中，不能'转嫁'给加害人的损害就要由被害人忍受，在这个意义上'负担'被强加于被害人身上。但是在刑事法的框架中，受保护的被害人利益不过是通过事前的犯罪预防带来的利益，虽说加重了加害人的刑罚，其也并不处于被害人的事后负担就相应减轻这样的协调（trade-off）关系之中。至少在侵权行为法的讨论中，说到'加害人与被害人的损害分担'之时，讨论的并不是抽象意义上的风险分配、利益保护的对称性，更多的是意味着极为具体的、就事论事的金钱负担的分配，而且一般认为过失相抵制度就是为了实现这样的金钱分配的制度。特殊体质考虑肯定说在这样的语境中也是先肯定侵权行为的成立与抽象的赔偿义务，再在过失相抵的层面减轻金钱负担，因此在讨论构成要件判断等犯罪成立与否的局面中，并没有直接牵扯到特殊体质考虑肯定说与特殊体质考虑否定说之间的对立。"确如其言，因此本文观点也必须在"专属于自己的答责领域，因此必须在自己的负担中予以消解的冲突"这样的超越"极为具体的、就事论事的金钱负担"的形式上加以理解。具体参见小林宪太郎："信赖の原则と结果回避可能性——交差点事故に关する二つの最高裁判决の检讨"，《立教法学》66号（2004）（＝本书第2部I）。不过这实际上还存在着另一个大问题，即在刑法理论中引用并不采取这种见解的侵权行为法理论的设想是否合适。

问题，而后者则是平等的问题。虽然两者都与被害人为保护自己而不得不承受的负担，即广义上的自我保护义务相关，但是从后者的观点看来，未必就排除了对特殊体质与口袋中的炸弹做不同处理的可能性。具体来说，为了回避特殊体质的风险而让被害人承受比健全的常人更大的负担的做法因为不平等而肯定归责，而为了回避口袋中的炸弹的风险而让被害人承受比未携带炸弹的人更大的负担的做法则因为是合理的区别而否定归责。 ‑185‑

　　但是如果打算让具备特殊体质的人不用承担该特殊体质的风险就了事的话，反过来行为人的负担就太大，在这个意义上应当认为平等原则也没有要求到这一步。以序章中的脑梅毒事件为例。可以推测佐伯仁志可能会肯定殴打行为与被害人死亡结果之间的法律因果关系，只不过因为对死亡结果没有预见可能性而否定伤害致死罪的成立。但是严格想来这样处理是不可能的。因为如果平等原则的要求是不让患脑梅毒的人负担该风险，在这个意义上按照其实际情况保护被害人的话，即使要求行为人就死亡结果具有预见可能性，这也应当以被害人患有脑梅毒这件事为前提进行判断。反过来说，"这种情况（指地下炸弹、口袋中的炸弹——笔者注）之存在于行为时不可能预见的场合，应当否定法律因果关系"〔1〕的主张——是否合适暂且不论——之所以在逻辑上能够成立，就是因为存在让被害人负担这种情况的风险的余地。佐伯仁志指出"在判例上，涉及行为时特殊情况的案件基本上都是有关被害人特殊体质的，这样（指之前论述的佐伯仁志说那样的——笔者注）理解也并不存在实际上的不妥当（指与判例的结论没有矛盾——笔者注）"，〔2〕必须认为这句话的意思是判例不仅肯定因果关系，还肯定伤害致死罪的成立。〔3〕但是 ‑186‑

---

〔1〕　山口厚ほか：《理論刑法学の最前線》，岩波書店 2001 年，25 頁（佐伯仁志）。

〔2〕　山口厚ほか：《理論刑法学の最前線》，岩波書店 2001 年，25、26 頁（佐伯仁志）。

〔3〕　在通常被认为虽然存在因果关系但对死亡结果没有预见可能性的案件中，肯定伤害致死罪成立的最高裁判例有：最三小决昭和 22・11・14 刑集 1 卷 6 頁［被害人（当时 69 岁）骨质非常脆弱，即使非常轻轻地踢一脚也会造成骨折等严重事态，被告人将被害人推倒后踢了其左背部几脚，造成肋骨骨折肺脏损伤的伤害，被害人死于因气胸继发引起的心力衰竭］；最二小判昭和 25・3・31 刑集 4 卷 3 号 469 頁（被告人以右脚踢了被害人左眼部分，被害人由于一直患有脑梅毒因而大脑高度病变，在面部受到激烈外伤后脑组织崩坏而死亡）；最一小决昭和 32・3・14 刑集 11 卷 3 号 1075 頁（被告人以双手手掌连续不断 3 次用力殴打被害人两边脸颊，被害人因平素喜爱饮酒而已经患有脑底部动脉硬化症，且当日又因饮酒导致脑血管血压上升，最后死于蛛网膜下腔出血引起的脑部压迫）；最三小决昭和 36・11・21 刑集 15 卷 10 号 1731 頁（被告人用双手抓住被害人所穿的衬衫并用力勒其脖子，撞倒后导致被害人仰面朝天摔倒，被害人由于一直患有高

让行为人承受这样大的负担的做法，反过来也会损害被害人与行为人之间的公平吧。因此，在一定的限度内让具有特殊体质的人也负担——姑且不论是否应与口袋中装了炸弹的人程度相同——该风险的做法才是合理的。

前面佐伯仁志的见解与有力的民法学说[1]相似。但需要注意，这些学说主张的是"被害人特殊体质的风险应当由加害人承担，就加害行为与被害人特殊体质共同作用而产生的损害的发生、扩大，应当不以加害人的预见可能性为要

-187-

（接上页）度的心脏肥大等重笃病变，因而立即死于心肌梗塞）；最一小判昭和 46·6·17 刑集 25 卷 4 号 567 页［被告人抓住患有隐匿性心脏病的被害人（当时 63 岁）前襟并使其仰面朝天摔倒，接着用左手锁住其颈部右手捂住其口部，进而用夏天用的薄被盖住其脸部并压住其口鼻部，被害人死于急性心脏病。不过在将否定了抢劫致死罪成立的原审判决进行撤销并发回重审时仅就因果关系作出了判示］等。

[1] 不过日本最高裁判例采取了不同的立场。即在被害人特殊体质对损害的发生、扩大发挥作用的场合，在计算确定损害赔偿数额之时，参照损害的公平分担这一损害赔偿法的理念，可以类推适用《日本民法》第 722 条第 2 款的过失相抵的规定，对该特殊体质因素予以考虑。最一小判昭和 63·4·21 民集 42 卷 4 号 243 页（心因性要因的场合）；最一小判平成 4·6·25 民集 46 卷 4 号 400 页［疾患的场合。另外，泷泽孝臣认为，"与昭和 63 年（1988 年）判决限定在心因性要因进行判断的做法不同，不将本判决的对象限定在'被害人的疾患'，而是广泛地将'被害人的特殊体质性因素'也作为对象来理解难道不是也可以吗"，参见《最高裁判所判例解说民事篇平成 4 年度》，法曹会 1995 年，212 页（滝澤孝臣）；最三小判平成 8·10·29 民集 50 卷 9 号 2474 页［不过判决认为，即使被害人有与平均体格或者通常体质不同的身体性特征，在该特征不构成疾患的场合，只要没有特殊情况，在计算损害数额的时候就不能考虑被害人的上述身体性特征。另外，作为对平成 4 年（1992 年）判决的理解，前田阳一认为："如果认为本判决是因不注意引发的且就至少不能说是不可避免的'疾患'而言参照了'公平'来对其加以考虑的案件的话，就不可避免的先天性异常体质、不仅是不可避免还是更为普遍存在的'年龄增长的要因'，就可以理解为就对此进行考虑的做法持否定见解"。前田陽一："判批"，《法学会雑誌》110 卷 8 号（1993）167 页］；最三小判平成 8·10·29 交通民集 29 卷 5 号 1272 页（疾患的场合）；最二小判平成 12·3·24 民集 54 卷 3 号 1155 页（不过仅限于被害人的性格因具有个性的多样性，而被排除在通常设想的范围之外的场合）等。
東京地判平成元·9·7 判時 1342 号 83 頁认为，"加害人必须对被害人全盘接受（a tortfeasor takes his victims as he finds him）"是侵权行为法的基本原则，因此不允许以肉体上、精神上更强的存在的人为基准来判断该侵权行为与损害之间的相当因果关系的存在与否等。另外，横浜地判平成 2·7·11 日判時 1381 号 76 頁（不过在控诉审中東京高判平成 3·2·27 判時 1386 号 98 頁中被变更）也认为由于"侵权行为人必须对被害人全盘接受"是侵权行为法上的原则，因此即使被害人的特殊体质对损害的发生、扩大起了作用，加害人也应当就所有的结果承担责任。另外，参见名古屋地判昭和 63·3·2 日交通民集 20 卷 2 号 337 頁；広島地判平成 2·5·31 交通民集 23 卷 3 号 695 頁；大分地判平成 3·2·14 交通民集 24 卷 1 号 174 頁；広島地判平成 3·3·14 交通民集 24 卷 2 号 328 頁；奈良地葛城支判平成 4·3·19 日判夕 796 号 197 頁。

件，而将其作为赔偿的救济对象"。[1]确实，这种主张是前后一贯的，而且也可能符合有关寻求被害人与行为人之间公平之道的损害赔偿法的理念。但是构成这一主张的"在怎样的范围内允许通过使其负担特殊体质的风险而限制可能的（潜在的）加害人一方的自由这一问题……在侵权行为责任成立的阶段就已经被作为衡量的对象了"这一想法，[2]至少在刑法上会被作为自陷禁区原理而受到排斥。[3]

那么具有特殊体质的人必须负担的风险究竟到怎样的范围呢？从结论来说，对这一风险的负担应当限于不构成对参加社会生活本身的限制的范围之内。不论有关寻求被害人与行为人之间公平之道的刑法理论如何，超过这个限度让被害人负担风险就意味着法律将有障碍的人们排除在社会之外，这无论如何都不能得到允许。[4]反过来，让被害人负担在此范围之内的风险则并

-188-

---

〔1〕　特殊体质减责被否定。参见窪田充見：《過失相殺の法理》，有斐閣 1994 年，79 頁；西垣道夫：
　　　"体質・持病等の素因の寄与について"，《ジュリスト》536 号（1973），146 頁；瀬川信久：
　　　"不法行為における過失相殺の拡張——公平を理由とする賠償の減額はどこまで認められる
　　　か"，《法学教室》145 号（1992），85 頁；平井宜雄：《債権各論 II 不法行為》，弘文堂 1992
　　　年，159、160 頁；北河隆之："素因減責論の現状と課題"，《東京三弁護会交通事故処理委員
　　　会創立 30 周年記念論文集・交通事故訴訟の理論と展望》，ぎょうせい1993 年，125 頁；吉村
　　　良一："原因競合"，《法学教室》198 号（1997），70 頁；潮見佳男：《不法行為法》，信山社出版
　　　1999 年，322 頁以下。围绕所谓的特殊体质考虑说的争论，是有关用德国法来说的话就是不以负
　　　债（Verschulden）要件为必要的"满足了负责的因果关系（haftungsausfüllende Kausalität）"。
〔2〕　参见窪田充見：《過失相殺の法理》，有斐閣 1994 年，84 頁；潮見佳男：《不法行為法》，信山
　　　社出版 1999 年，323 頁。
〔3〕　洼田充见认为："特殊体质考虑说中作为宣传标语（catch phrase）而被提倡的……在具体的加害
　　　人与可能的加害人的公平中所谓的'同样程度的行为承担同样程度的责任'这一想法，从刑罚
　　　法规中制裁的观点来理解基本上是很容易的。"参见窪田充見：《過失相殺の法理》，有斐閣
　　　1994 年，72、73 頁；窪田充見："不法行為法と制裁"，《石田喜久夫先生古稀記念・民法学の
　　　課題と展望》，成文堂 2000 年，667 頁以下。
〔4〕　特殊体质与地下的炸弹，在无法影响本人的责任，在此意义上属于不能谴责的情况这一点上是
　　　共通的。因此，只让被害人在一定的范围内负担特殊体质的风险并不是因为特殊体质属于不能
　　　对本人进行谴责的情况，而是现行法不得不规定无障碍设施（barrier free）或相类似的政策（在
　　　参与社会活动上与健康正常人的平等）。
　　　与此相对，有观点认为："法益归属秩序先于侵权行为法。因此，具有特殊体质的人只要无法将
　　　损害转嫁给他人，就不得不作为法益主体而自己承担损害。只要他人对于与特殊体质共同发生
　　　作用产生的损害不承担侵权行为的责任，就没有实现保护具有特殊体质的人的余地。"参见橋本
　　　佳幸："過失相殺法理の構造と射程——責任無能力者の'過失'と素因の斟酌をめぐって（5・
　　　完）"，《法学論叢》139 巻 3 号（1996），9 頁；棚瀬孝雄編：《現代の不法行為法——法の理
　　　念と生活世界》，有斐閣 1994 年，149 頁以下（嶋津格）。但是，就算这成为让被害人负担不能

-189-

不违反平等原则。这一点可以从认为不应该让被害人负担特殊体质的风险这一有力的民法学说也实质上主张与本文相同的观点[1]中可以看出。

接下来要解决的问题就是如何让具有特殊体质的人负担该风险。首先，在行为人能够认识风险原因的场合原本就不存在让被害人负担该风险的必要。[2]因为在此场合，即使要求行为人对该风险的原因进行充分全面的考虑，也不会对行为人的行动自由造成达到有失与被害人之间公平的程度的限制。因此，上述问题就存在于行为人对该风险的原因全然无法认识的场合中。可以想到的选项有否定结果归责，即连构成要件该当性也否定的方法，以及仅否定作为责任要素的预见或者预见可能性的方法。而不管是构成要件该当性还是责任

（接上页）对其进行遣责之情况的风险的根据——正因为如此跟论者的话相反，对于被害人，也应该对其分配其权利领域之外的，就像地下的炸弹那样特别的损害风险——这也不能成为让被害人负担特殊体质风险的根据。因为无障碍设施的想法原本就是即使"他人对于与特殊体质共同发生作用产生的损害不承担侵权行为的责任"，也要"实现对具有特殊体质的人的保护"。

〔1〕 比如说洼田充见认为："应当认为不应该对具有特殊体质的人参加通常社会活动施加限制（如不要在一般人能够行走但有很多车辆通行的道路上行走）（就这一点而言，不能进行过失相抵）。但是，反过来说，就较少限制具有特殊体质的人的行动自由的措施（例如穿着围腰胸衣等），就有非常大的余地以未采取该措施为理由而进行过失相抵。"参见窪田充見：《過失相殺の法理》，有斐閣 1994 年，第 83 頁。另外，潮見佳男认为："在能够期待被害人发现或者协调特殊体质，并且能够基于此合理控制自己的行动的场合，应当认为可以没有采取能够期待的措施这一被害人的归责性为基础减少赔偿额。"参见潮見佳男：《不法行為法》，信山社出版 1999 年，324 頁；吉村良一："原因競合"，《法学教室》198 号（1997），70 頁；水野謙："被害者の身体の特徴の競合と損害賠償額の算定"，《森泉章先生古稀祝賀論文集·現代判例民法学の理論と展望》，法学書院 1998 年，523 頁；水野謙：《因果関係概念の意義と限界——不法行為帰責論の再構成のために》，有斐閣 2000 年，312 頁以下。

〔2〕 这在医疗失误中有很多。民法学说中参见能見善久："寄与度減責——被害者の素因の場合を中心として"，《四宮和夫先生古稀記念論文集·民法·信託法理論の展開》，弘文堂 1986 年，231頁。不过，能見善久在责任保险制度原本就很完善的场合之外，采用了特殊体质考虑说。参见能見善久："寄与度減責——被害者の素因の場合を中心として"，《四宮和夫先生古稀記念論文集·民法·信託法理論の展開》，弘文堂 1986 年，251 頁。与此相对，参见落合誠一編：《論文から見る現代社会と法》，有斐閣 1995 年，114、115 頁（能見善久）（从"作为人的平等这一基本价值"出发，"难道不应该仅仅停在考虑心因性特殊体质的地步上吗"）。不过人们认为最近的最高裁判例（参见第 158 页注〔1〕）打算在一定程度上制止特殊体质减责的做法。例如，参见大村敦志：《基本民法Ⅱ债権各論》，有斐閣 2003 年，264 頁以下。但是其实际内容就是正文的观点，即"对'个体性差异范围内的身体性特征不构成作为减责对象的特殊体质'这一例外规则……进行正当化的是加害人的预见可能性的作为其反面的'个体差异范围内'这一概念。"星野英一ほか編：《民法判例百選Ⅱ债権〔第 5 版〕》，有斐閣 2001 年，197 頁（窪田充見）。

都不过是犯罪论体系上的概念，因此判断哪种方法更合适就应当着眼于该选项在该犯罪论体系中所产生的效果。[1]

　　首先，虽说是让被害人负担特殊体质的风险，但在无端的侵害与风险原因相结合从而对重大法益构成威胁的场合，应当肯定为了保护法益而实施的正当防卫。但由于这两种方法都能得出这个结论，因此这不是决定性的。接下来考虑能否成立共犯。比如说在行为媒介者存在自律性的决定因而难以对背后者肯定（间接）正犯性的案件中，[2]当背后者能够认识风险原因而行为媒介者不能认识之时，如果认为行为媒介者的行为欠缺构成要件该当性，只要就共犯的成立至少要求最小从属性，哪怕是作为共犯，对背后者也不能加以处罚，这并不合适。另一方面，如果仅否定作为责任要素的预见或者预见可能性的话，在预见了即使不与风险原因相结合也会发生结果的这一事实经过，或者对此有预见可能性的场合，即在所谓的因果关系错误中，这并不能限制可罚性，因而对这种做法也会感到不充分。但是很多学说都积极承认这样的结论，[3]在这个意义上，可以说这比否定构成要件该当性要更合适。[4]

　　以此为前提来考虑脑梅毒事例的话，首先可以肯定因果关系乃至结果的客观归属要件。[5]问题是在结果加重犯的伤害致死罪中从责任主义观点所要

-190-

-191-

[1] 关于这种刑法解释方法论，参见小林憲太郎：《因果関係と客観的帰属》，弘文堂 2003 年，182 頁以下。

[2] 关于正犯性的标准，参见島田聡一郎：《正犯・共犯論の基礎理論》，東京大学出版会 2002 年。

[3] 町野朔："因果関係論と錯誤理論"，《北海学園大学法学研究》29 巻 1 号（1993），215 頁以下；前田雅英：《刑法総論講義〔第 3 版〕》，東京大学出版会 1998 年，324 頁；山口厚：《問題探究刑法総論》，有斐閣 1998 年，131 頁等。也有对特殊体质与口袋中的炸弹进行同样处理，都让被害人承担该风险的观点。例如，山口厚认为："血友病事例（指 A 用刀具刺杀 B，本来只会造成 B 摩擦伤，但 B 由于是血友病患者而死于失血过多的场合——笔者注）与 A 本来为了想让 B 不受痛苦而瞄准心脏进行射击，结果由于偏离了心脏而射中了腹部，导致 B 因失血过多而痛苦地死去的事例，前者是杀人未遂，而后者是杀人既遂，对于是否存在这样不同处理的根据存在疑问。"

[4] 这一点，即便采取了将预见或者预见可能性"作为责任要素的构成要件要素"或者"属于责任类型的构成要件要素"的体系，也同样适用。山口厚ほか：《理論刑法学の最前線》，岩波书店 2001 年，98 頁（佐伯仁志）；佐伯仁志："構成要件論"，《法学教室》285 号（2004），36 頁。因为可以认为共犯最多只从属于作为违法要素的构成要件要素，另一方面，"在构成要件没有对因果经过进行特定化的场合，即使行为人想象的因果经过与现实的因果经过存在差异，也不阻却故意，这是（论者也采用的——笔者注）构成要件符合说的理论归结"，因而对此无法通过将故意作为构成要件要素而予以消解。山口厚ほか：《理論刑法学の最前線》，岩波书店 2001 年，117 頁（佐伯仁志）。

[5] 当然，这里也有可能涉及前一章所见的危险接受，在此不予讨论。

求的对加重结果即死亡结果的预见可能性。当然，如果殴打行为达到了也能够导致健康的正常人死亡的程度的话，对此能够没有问题地予以肯定。问题是并非如此的场合。如果对被害人来说，穿着防止头部摇动的围腰胸衣（cor-set）很容易，因而也具有充分的期待可能性的场合，因为没有穿而产生的风险就必须由被害人负担。[1]因此，如果殴打行为只会造成没穿围腰胸衣的脑梅毒患者死亡的话，只要行为人不可能认识到被害人虽然患有脑梅毒但没有

---

〔1〕 如前所述，像这样对被害人应当负担的特殊体质的风险进行限制的做法，是因为如果不这么做的话就会对具有特殊体质的人参加社会生活本身造成不当限制。反过来说，在并非如此的场合，即像交通事故所代表的那些所涉及的冲突并不是在参加社会生活过程中类型性产生的场合，对被害人应当负担的特殊体质的风险就不进行限制。严格来说，脑梅毒的事例基本上都是这样的场合，因此只要行为人对被害人患有脑梅毒的情况无法认识，就应当否定对死亡结果的预见可能性。另外，作为这样限定解释的根据，除了刑法必须尽可能摆脱自陷禁区原则之外，第156页注〔1〕中所提到的米村滋人副教授也进行了以下论述："对于民事法上的特殊体质考虑否定说的论调，我比较在意的是，其中认为肯定考虑特殊体质或者一般性地让被害人负担特殊体质的风险的做法会限制具有特殊体质的人参加社会活动的论调，我感觉这稍微有点片面性。论者一般都是想到了交通事故中具有特殊体质的人的重笃的身体伤害的事例。但是在侵权行为类型和犯罪类型多样化的今天，反过来交通事故这样的偶发型事故才是例外的，更多的是能够以某种方式在事前进行风险计算的场合。在这样的场合中，由谁分担特殊体质的风险未必就与'参加社会活动'的难易结合在一起。例如——虽然下列所举的例子中的第一个并非损害赔偿法的问题，也可能不构成对刑事法学说的批判——在生命保险等中，具有设想范围以上的风险的人一般不能成为被保险人，或者必须负担较高数额的保险金，但能否说这样的'差别待遇'直接阻碍了'参加社会活动'就是一个问题。通过保险公司精密的风险计算而安定了的保险财政的构筑成为可能，而这也可以说在终局上是为了包含具有特殊体质的人在内的潜在的契约者团体的利益。如果对某种程度以上的保险金的差别化进行禁止会反过来导致具有特殊体质的人原本就会拒绝签订契约的话，可以说这才会阻碍'参加社会活动'。而且，考虑到医疗失误的案子，这难道不是更明显吗？连对特殊体质考虑肯定说的论者很多也认为在医疗失误中应当全面否定考虑特殊体质，但是这样的话，具有药物过敏既往史的患者就很有可能无法在诸多的医疗机构中接受充分的药物治疗，可以说这才是侵害了具有特殊体质的人接受医疗的权利（当然在医疗的场合诊疗被行政性的强制'开始'，但是行政管理并不涉及后续的治疗内容，因此完全可以想象如果包含事实上的不利益的话，具有特殊体质的人受到不利对待的事态）。结果就是，考虑到发生在一定交易行为之后发生的事故等，以当事人负担能够预测而且合理的风险的形式，进行能够安心进入交易关系的利益分配，毋宁说这才有助于更好地'参加社会活动'。至少对于考虑特殊体质本身与对'参加社会活动'的限制、促进具有先天性结合这一前提，免不了些微片面性的印象。因此，虽然说也可以选择阻碍像交通事故这样的'参加社会活动'的可能性很大的场面，来进行应当否定考虑特殊体质这样的衡量性判断，但在解释理论的层面来说，作为得出一定结论的前提，无法否定尚有不充分的部分。"
这里前面所说的限定解释，实际上已经内在于"防止阻碍具有特殊体质的人'参加社会活动'"这一原理之中，这确实准确且有说服力。这可以说是与过度的福利国家反而会造成对弱者的疏远这一针对福利主义的批判立足于同样的思想。

穿围腰胸衣这件事，就应该否定对死亡结果的预见可能性。反之，由于不能让被害人负担超过这一限度的特殊体质的风险，所以如果殴打行为会造成穿着围腰胸衣的脑梅毒患者也死亡的话，就可以直接肯定对死亡结果的预见可能性。[1]

---

〔1〕 从前面所说的想法出发，在判断结果回避可能性之际，无法让被害人负担的特殊体质风险的原因也不被考虑。例如，虽然没达到会导致健康正常的人死亡的程度，在存在能够让穿着围腰胸衣的脑梅毒患者死亡的替代原因的时候，还无法否定死亡结果的回避可能性吗？在考虑到结果回避可能性是构成要件该当性的问题这一点的同时，对此还有必要进行进一步的探讨。

终章　结语

就广义上的被害人违反自我保护义务给归责带来的影响，本文在探究其根据的基础上对其进行了探讨。不过这里得出的结论是没有什么影响。也就是说，原则上被害人并不负有与第三人同样的法益保护义务，因此即使第三人的失误有可能以对此的违反为理由而排除归责，也不能以相同的理由来使被害人的失误排除归责。另外，即使被害人在一定的范围内不得不承受风险回避的负担，这也不过是否定了责任。

不过这也并不是说，被害人的事由对于归责没有任何意义。第一——我早已说明[1]——被害人自己奔赴会发生的结果及其危险的行为，与被害人是否负有应当遵守的义务以及是否存在对该义务的违反无关，前者有可能排除归责。第二，比如说在被害人的特殊体质对结果发生起作用的场合中，也有观点认为应当从与特殊体质考虑说不同的法政策上的考虑来否定归责。所谓的打击损害以及被称为赔偿神经机能症甚至定期金神经官能症（Rentenneurose）的情况就是适例。这里所说的打击损害，是指听到丈夫死于交通事故的噩耗的妻子，因受到打击而患上神经官能症的场合。与此相对，赔偿神经机能症则是指"起因于对赔偿的愿望或者因得不到赔偿而不满的心因反应"。[2] 而在这些场合中，比如说能否将神经官能症这一伤害结果归责给交通事故的加害人则成为问题。日本有几个民事裁判例特别就赔偿神经机能症否定了（相当）因果关系。[3] 其理由在于一种家长主义想法，即如果不肯定赔偿的话，

---

[1]　参见第 155 页注[1]。

[2]　仙台高判昭和 57・3・10 交通民集 15 卷 2 号 346 頁。

[3]　大阪地判昭和 45・5・9 下民集 21 卷 5・6 号 660 頁；仙台高判昭和 57・3・10 交通民集 15 卷 2 号 346 頁；岡山地倉敷支判昭和 61・5・23 交通民集 19 卷 3 号 679 頁等。与此相对，肯定相当因果关系的有：広島地判平成 2・5・31 交通民集 23 卷 3 号 695 頁（不过在一般性地否定特殊体质减责的同时，在赔偿神经官能症的场合肯定了减责）；広島地判平成 3・3・14 交通民集 24 卷 2 号 328 頁（同上）；最一小判平成 5・9・9 日判時 1477 号 42 頁。

赔偿神经机能症的原因也就原本不存在了。[1]　　　　　　　　　　　－194－

　　但是，像这种有关在归责的判断中被害人的事由所发挥之作用的问题只能留待另行撰文讨论了。　　　　　　　　　　　　　　　　　　　　　－195－

---

[1]　裁判例虽然没有明说，但就这一点的详细情况，参见能見善久："寄与度減責——被害者の素因の場合を中心として"，《四宮和夫先生古稀記念論文集・民法・信託法理論の展開》，弘文堂1986年，227、228頁；窪田充見：《過失相殺の法理》，有斐閣1994年，25頁以下。

III 论所谓胎儿性致死伤

第1章 熊本水俣病事件之后

所谓的胎儿性致死伤，是指"在胎儿阶段因过失而使之遭到伤害，并且这一伤害在出生后也产生了影响时，行为人成立什么犯罪"[1]的问题。这个问题在所谓的熊本水俣病事件中一下子为世人瞩目，[2]但现在有一种关于此问题的讨论基本上都全部出现了的感觉。但是，现在讨论这个问题的理由在于，在与围绕此问题的讨论无关的其他领域中发展出的刑法理论也给出了此问题的解决方法。稍微更具体说来就是，在刑法总论中，所谓结果归责理论也具有在一定的范围内限制可罚性的效果。

以下在就这一点进行详细讨论之前，我想先再次对熊本水俣病事件进行简单说明。本案案情如下：

由于被告人等将含有有毒甲基汞的工业废水排出工厂，而被害人的母亲食用了被上述甲基汞污染了的水产品，因此被害人在出生前处于胎儿阶段就

---

〔1〕 西田典之：《刑法各論〔第2版〕》，弘文堂2002年，26頁。不过严格说来，没有必要限定在过失的场合。另外，关于胎儿性致死伤的问题，详见齊藤誠二：《刑法における生命の保護——脳死·尊厳死·臓器移植·胎児の傷害〔3訂版〕》，多賀出版1992年；阿部純二ほか编：《刑法基本講座（第6卷）各論の諸問題》，法学書院1993年，3頁以下等。

〔2〕 而在德国，以所谓的沙利度胺（thalidomide）事件为契机就此问题展开了激烈的讨论。关于该案，参见比如藤木英雄："西独のサリドマイド裁判（上）（下）"，《ジュリスト》402号（1968），105頁以下；406号（1968），127頁以下；藤木英雄："西独のサリドマイド刑事訴訟打切決定（1）~（3·完）"，《ジュリスト》493号（1971），98頁以下；494号（1971），101頁以下；495号（1971），76頁以下；斎藤誠二："西ドイツ刑法学のことども——サリドマイド事件を中心として（2）·（5）"，《判例時報》648号（1971），12頁以下；650号（1972），9頁以下。

在胎内受到甲基汞影响而导致大脑发育异常，此后虽然出生了但健全成长受到妨碍，在 12 岁 9 个月之时，因所谓水俣病引发的营养失调、脱水症而死亡。

第一审熊本地方裁判所昭和 54 年（1979 年）3 月 22 日判决（《刑事裁判月报》11 卷 3 号 168 页）[1]基于以下理由，肯定业务上过失致死罪（《日本刑法》旧第 211 条，现为该条第 1 款前段）的成立。

"要成立业务上过失致死罪，作为构成要件要素之客体的'人'的存在是必要的，通常这以实行行为之时存在为常态。但是，之所以认为在作为构成要件要素之客体的'人'的存在欠缺的场合不成立业务上过失致死罪，是因为由于客体的'人'绝对不存在，最终来说，完全没有作为构成要件结果的致死结果发生的危险性。……本来，胎儿具有'人'的机能的萌芽，这是一种在出生之际能够顺利发育具有'人'的完全机能的能力。胎儿在经过正常的妊娠期之后，就完全具备作为'人'的机能并通过分娩而脱离母体，因此，在对胎儿施加来自有害的外部侵害行为，使'人'的机能的萌芽产生障碍的场合，在出生为'人'之后，就充分存在对其造成业务上过失致死罪构成件结果的致死结果发生的危险性。……在存在对人发生致死结果之危险性的场合，并非在实行行为之时客体的'人'就必须存在，因为在对人发生致死结果的时点客体的'人'存在，应当认为就足够。……实质上看来，在疏于履行业务上必要的注意义务，对人造成致死结果的场合，成为原因的行为不管是尚在胎儿的阶段实施的，还是在成为人之后实施的，从价值上看来，两者之间并没有多大的区别。而且，招致对人致死结果的原因不管是发生在胎儿之上，还是发生在人之上，这不过是导致对人致死结果的因果过程中的若干不同，两者之间不存在导致刑法评价上特别不同的本质性差异。"

-197-

该判决的立论方法存在致命性缺陷。在理论上，危险性要件与客体要件

---

[1] 支持此判决的文献，参见板倉宏：《現代社会と新しい刑法理論》，勁草書房 1980 年，294、295 页；中谷瑾子："胎児に対する加害と過失致死傷罪の成否——肯定説といわゆる罪刑法定主義の感覚"，《法学研究》53 卷 12 号（1980），114 页；金沢文雄："いわゆる胎児性致死傷について"，《広島法学》10 卷 4 号（1987），31、32 页［不过为了保持与堕胎罪的平衡，仅限定于胎儿出生后生存了相当一段时间的场合。另外，其后来改变学说，全面赞成后述的最高裁判所决定。参见金沢文雄："判批"，《判例タイムズ》682 号（1989），77、78 页］；《昭和 63 年度重要判例解説》，有斐閣 1989 年，145 页（平良木登規男）。

本来就是相互独立的，以充足了前者为理由缓和后者的做法是不被允许的。因此，应当在危险性之外的其他地方寻求实行行为时作为客体的人可以不现实存在的根据。[1]该判决还自称"实质"考察继续论证道，实行行为（或者其侵害作用）的对象不管是胎儿还是人，在价值上没有差别。但是胎儿不同于人，仅受到堕胎罪的保护，判决这个说法的根据实在是有问题，这个意义上的考察不过是单纯地先说出了结论而已。而且同样认为"必要的是……结果发生在行为客体之上"[2]的有力学说同时也因堕胎罪的存在而对业务上过失致死罪的规范保护范围进行限制。[3]

与此相对，第二审福冈高等裁判所昭和 57 年（1982 年）9 月 6 日判决（《高等裁判所刑事判例集》35 卷 2 号 85 页）则以下述理由驳回了辩护人的控诉。

"另外，就能否认定被害人是作为人受到伤害而死亡这一点，在原审说理上再附加一句，本案被告人等的业务上过失排水行为并没有在被害人出生 8 个月的时候停止，特别是，其侵害在过了可能发病的前述时点到所谓部分露出的时点之间，持续性通过母体对被害人发生作用。于是，在到露出的时点之前能够包括性地认定加害的限度内，就已经不存在不满足对人的过失伤害的地方，因此肯定针对基于前述伤害而死亡的被害人的业务上过失致死罪也是可能的。"

如前所述，第一审判决基本没有什么信息内容。在这个意义上，第二审判决使用了"在原审说理上再附加一句"的措辞也并非没有道理。但是这"一句"的具体内容与第一审判决企图实现的目标完全是不同的东西。即，第二审想要论证的内容是，为了肯定业务上过失致死罪的成立，实行行为（或者其侵害作用）在部分露出的时点之后仍然在继续，也就是说，在实行行为（或者其侵害作用）之时作为客体的人现实存在。

不过仔细考虑的话就会发现，这种论证由于忽视了以下这一点而遭遇了挫败，即对于业务上过失致死罪而言因果关系的要件也是必要的。首先，即便将部分露出时点之后仍然在持续的排水行为理解为实行行为，由于该行为

-198-

---

[1] 野村稔以遗弃罪所要求的针对被害人生命、身体的危险性的存在为根据，在行为时客体已经死亡的场合也肯定该罪的成立，参见野村稔：《未遂犯の研究》，成文堂 1984 年，266 页。基于同样的理由，这种观点难言妥当。

[2] 山中敬一：《刑法各論 I》，成文堂 2004 年，43、44 页。

[3] 山中敬一：《刑法各論 I》，成文堂 2004 年，44 页。

与致死结果之间不存在因果关系，这也无法为业务上过失致死罪的成立奠定基础。而且第二审判决——与第一审判决不同——认为实行行为的侵害作用的内容不是病变的发生，[1] 而仅仅是甲基汞的有害影响通过母体施加于胎儿。但是因为对于就致死结果的发生所必要的病变之发生而言，部分露出时点之后还在持续的甲基汞的影响不是必要的，因此这对于是否成立业务上过失致死罪而言没有意义。[2]

-199-

对此判决被告人了提出上告，最高裁判所第三小法庭昭和 63 年（1988年）2 月 29 日决定（《最高裁判所刑事判例集》42 卷 2 号 314 页）在驳回上告的基础上依职权作出如下判示：

"在现行刑法上，除了在堕胎罪中作为独立的行为客体被特别加以规定的情形外，胎儿都是作为构成母体的一部分来对待的，因此在讨论是否成立业务上过失致死罪的时候，使胎儿发生病变这件事，不过是作为针对人的母体的一部分，使人发生病变。而且，在造成了胎儿出生成为人之后因前述病变而死亡的场合，由于在结果上可以归结为使人发生病变并造成人的死亡结果，因此无论是否采取要求在病变发生时客体是人的这个立场，都能够认为该罪成立。"

该决定后还附加了伊藤正己、长岛敦两位法官的补足意见，在与本文讨论题目的关联上后者特别重要，因此尽管内容很长，在此还是想引用一下。

"对于肯定以 U 为被害人的业务上过失致死罪之成立的法庭意见，在详细阐明对此表示赞同的理由的同时，我还想就相关问题附加若干个人见解。

一、胎儿是在朝着作为人的出生而持续成长发育，在这一点上胎儿也具有生命，另一方面，胎儿只要还在母亲腹中就构成母体的一部分，这一点也无法否定。因此，在因过失而被施加侵害的场合，即便对母体的其他部分没有造成任何结果而仅仅对胎儿造成了死伤结果，应当说也可以肯定针对母体的过失伤害罪（不过，在侵害的主体为母亲自身的场合，就作为过失的自伤

---

[1] 更详细地说，是对发生在实行行为的因果链条之客体的接触吧。Wolfgang Joecks, in: Münchener Kommentar zum Strafgesetzbuch, Band 3, 2003. Vor §233, Rn. 12.

[2] 在这一点上，西田典之将实行行为的侵害作用的内容理解为伤害，并指出"在水俣病事例中，于侵害起作用的时点上只存在胎儿"，这是妥当的。参见西田典之：《刑法各论〔第 2 版〕》，弘文堂 2002 年，27 页。

行为而不可罚）的成立。确实，现行刑法设置了处罚出于断绝胎儿生命或者其他使其生命处于危险状态的故意的堕胎行为的规定，但这是为了将处于成长发育过程中的胎儿作为其本身加以保护而设置的特别规定，无论如何都不能解释为该规定还包含了所有不符合堕胎罪的针对胎儿的侵害行为都不可罚的趣旨。而且，对母体其他部分的不法侵害明明都可以作为对人的侵害而成为刑法的对象，认为针对同样是母体一部分的胎儿的侵害，只要不符合堕胎罪，就一概不能作为对母体的侵害加以处罚的见解，不得不说明显有失均衡。

　　接下来，在因过失行为而遭受伤害的胎儿出生成为人以后因为该伤害而死亡的场合，又应该怎样进行考虑呢？此时，从形式上看，作为胎儿遭受伤害的被害人如前所述是包含胎儿在内的母体，与此相反，死亡了的被害人不是母体，而是出生了的这个人，因此侵害所作用的客体与结果发生的客体就是不同的人。但是，如果我们不带任何成见地观察被害人的实体的话，我们就可以认为这是作为人的萌芽的胎儿的生命体发育、从母体独立出去的作为人的生命体，侵害作用的客体与结果发生的客体都是不同成长发育阶段的同一生命体。而且，在刑法上、构成要件的评价上，作为侵害作用客体的母体与作为结果发生客体的孩子，在都是人这一点上没有差别，可以说具有法定符合性。因此，在这种场合，只要该过失行为与死亡结果之间能够肯定刑法上的因果关系，从刑法解释上来说，肯定对于死亡了的人的过失致死罪的成立就没有任何障碍。

　　基于以上理由，我全面赞同肯定了对于 U 的业务上过失致死罪之成立的法庭意见。

　　另外，在受到过失行为伤害的胎儿带着作为其后遗症的残疾而出生的场合，关于能否成立针对出生了的人的过失伤害罪，存在这样一个难题，即究竟能否说发生了对人的伤害结果。即使现在暂且将这一问题的解决搁置，假如说，在因胎儿阶段受到的伤害而在出生后虽不致死但伤害的程度恶化了的场合，就该恶化了的结果而言，我认为有肯定针对出生了的人的过失伤害罪成立的余地。

　　二、另一方面，我认为即便不采取上述理论，根据其他的理论，也完全能够肯定针对 U 的业务上过失致死罪的成立，以下我想顺带说说关于这一点我的看法。

　　首先，结合刑法典来探讨的话，其规定了因过失致死伤之罪的条文，但并没有明文规定被施加了侵害行为的客体必须是人。即，在明文上规定的是‘因过失致人伤害的'（《日本刑法》第 209 条第 1 款），'因过失致人死亡的'（《日本刑法》第 210 条），'因疏于业务上必要的注意而致人死伤的''因重大过失而致人死伤的'（《日本刑法》第 211 条），在所有因过失行为造成人的死伤结果的场合，其过失行为，至少在形式上，是为这些构成要件所包含的形态。而且，从实质上看，在过失行为具备了造成人死伤结果的一定的客观危险性之时，只要能够肯定行为与结果之间的因果关系，就找不到否定前述过失行为构成要件该当性的根据。归根结底，在这些犯罪中，于过失行为的侵害发生作用的时点，没有必要要求客体的法律性质必须是人。侵害作用的客体与结果发生的客体不同这一事实，在对前述结果发生的客观危险性的评价判断有影响的限度内与过失犯的成立与否有关系，但是这一事实本身绝对不是否定过失犯成立的理由。

-201-

在本案中，如前所述，侵害作用的客体和结果发生的客体，在现实上是前后同一的生命体，在刑法解释或者定义上，可以说这仅仅是一为胎儿，一为人这样的刑法上的形式的不同，对于客观危险性的判断没有任何影响。因此，即使在侵害作用的时点客体的法律性质还是胎儿，尚未成为人，也应当说这对于肯定针对 U 的业务上过失致死罪之成立没有任何障碍。

与上述看法不同，也有见解认为要成立刑法上过失的致死伤之罪，侵害必须作用于人，而并非胎儿。但是，对于这种尽管现实上已经造成了人的死伤结果，但由于过于重视侵害作用的时点上客体的法律性质不是人而是胎儿这一点，进而不惜创设法条明文上不存在的要件来否定犯罪成立的见解，本人无法赞同。"

与第二审判决一样，最高裁判所也想要论证在实行行为[1]（或者其侵害作用）之际客体的人现实存在。[2]但是鉴于第二审判决的失败，最高裁判所

-202-

[1] 严格来说，最高裁判所不过是想论证"病变发生之时客体是人"，即实行行为的侵害发生作用之际客体的人现实存在。但是这一逻辑对于实行行为本身也同样适用。
[2] 不过长岛敦法官在其补足意见中——在"二"的标题下——指出第一审判决的理论构成也能成立。参见町野朔："最高裁判決における'胎児性致死傷'"，《警察研究》59 卷 4 号（1988），8 頁；松原久利："熊本水俣病事件と胎児性致死傷"，《刑法雑誌》29 卷 4 号（1989），29 頁。对此表示赞成的文献，参见土本武司："水俣病最高裁決定"，《警察学論集》41 卷 5 号（1988），47 頁；土本武司："水俣病刑事事件最高裁決定——公訴時効・迅速裁判・胎児性致死傷"，《法学新報》95 卷 7・8 号（1989），101 頁；板倉宏：《現代型犯罪と刑法の論点》，学陽書房 1990 年，154 頁。

采取了完全不同的方法，即认为这里说的"作为客体的人"是母体。

不过这样的解释直接产生了以下两个疑问：第一，排放只对胎儿有影响的甲基汞的行为，能否解释为针对母体的实行行为（或者其侵害作用）？第二，即使能够肯定第一点，实行行为（或者其侵害作用）的对象的人与发生致死结果的人是不同的人格也没关系吗？

但是，对于第一个疑问可以做出肯定回答。持续性地怀有健康胎儿这件事本身对于母体来说就是一项重要的生理机能，[1]是身体完整性的构成要素，因此对胎儿的侵袭同时也意味着对母体的侵袭。当然，对此能够提出这样的批判，即"如果说伤害胎儿就是伤害母体的话，产妇伤害自己身体一部分的自己堕胎罪就应当作为自伤行为而不可罚。但是，（《日本刑法》——笔者注）第212条却也处罚这种行为，不得不说现行法是将胎儿作为独立于母体的存在来把握的"。[2]但是，并不能因为对胎儿的侵袭也具有针对母体之外的侵袭的性质就排斥其也具有针对母体的侵袭的性质。[3]这跟不能因为受雇人的监禁也有针对受雇人自身的行动自由的侵袭的性质就排斥其具有针对雇佣人的业务活动自由的侵袭的性质是一样的道理。最高裁判所[4]的理解也是如

-203-

---

[1] 参见藤木英雄："胎児に対する加害行为と伤害の罪"，《ジュリスト》652 号（1977），80 页；《昭和54年度重要判例解说》，有斐阁1980年，182 页（大塚仁）；斎藤信治：《刑法各论〔第2版〕》，有斐阁2003年，34 页；Albin Eser, in：Adolf Schönke/Horst Schröder, Strafgesetzbuch, Kommentar, 26. Aufl., 2001, § 223, Rn. 1a（以下简称为"Sch/ Sch"）。只是这里讨论的并不是独立于胎儿的母体的怀孕、生产机能。这一机能在水俣病事件中未必就受到侵害，倒不如说——即使在生物学上理解为另一个生命体——在与母体相结合进行氧气与营养的吸收这一点上，婴儿也未必不能被理解为母体的一部分。

[2] 西田典之：《刑法各论〔第2版〕》，弘文堂2002年，27 页。论者还举出了在自己堕胎的可罚性之外，法律特别规定了对母体的致死伤。不过论者可能意识到了后述的反驳意见，接下来十分谨慎地说"即使肯定母体伤害说"。参见西田典之：《刑法各论〔第2版〕》，弘文堂2002年，27、28 页。

[3] 金泽文雄指出："胎儿在作为独立的人类生命体的同时，也可以说是母体的一部分……前者着眼于内在于胎儿的朝向将来的人的发展可能性，而后者则着眼于现在处于母体内部与母体相结合的非独立性存在的侧面……这不过是表达了内在于胎儿这一存在本身的两面性罢了。"参见金泽文雄："判批"，《判例タイムズ》682 号（1989），78 页。团藤重光也认为"应当承认胎儿作为活着的个体的一面与作为母体的一部分的一面这一双重属性"。参见团藤重光：《刑法纲要各论〔第3版〕》，创文社1990年，374 页注2。

[4] 另外，岐阜地判平成 14·12·17［公开出版物未刊登，参见《警察学论集》56 卷 2 号（2003），203 页以下］在因交通事故使怀孕妇女受伤，虽然妇女本身仅受轻伤，但对胎儿造成了不可能治愈的重伤的案件中，肯定了包括对胎儿的伤害在内的业务上过失伤害罪。

此，因此熊本水俣病事件至少可以肯定成立针对母体的业务上过失致伤罪（《日本刑法》旧第 211 条，现行《日本刑法》第 211 条第 1 款前段）。[1]

　　那么第二个疑问又如何呢？最高裁判所对此做肯定回答的论据是"在结果上可以归结为使人发生病变并造成人的死亡结果"。但这不过是就算是不同的人格也没关系的换一种说法。那么能否是不同的人格，这就取决于要求在实行行为（或者其侵害作用）之时作为客体的人现实存在的根据了。[2]

　　正如以上所见，围绕熊本水俣病事件，对于实行行为（或者其侵害作用）之时作为客体的人现实存在这一要件的含义，各审级法院在理论上存在激烈对立。因此在解决胎儿性致死伤问题之时，将这一要件的含义明确化可以说是最关键的地方。而且这要求一定的结果归责理论上的妥当性，进而也将为本文的行文目的提供助益。

-204-

---

〔1〕　另外，因为一个侵袭具有多个性质，因此罚条的适用关系，具体来说对母亲的犯罪和对胎儿的犯罪的适用关系成为问题。但是对于这一问题，只能根据各本条的趣旨来个别地解决。比如说，不同意堕胎致死伤罪（《日本刑法》第 216 条）规定了"与伤害之罪相比较，处以较重的刑罚"，因此比不同意堕胎致死伤罪应该更轻的不同意堕胎罪（《日本刑法》第 215 条第 1 款）就应该优先于伤害罪（《日本刑法》第 204 条）而适用吧。而且，就未达到堕胎程度的对胎儿的伤害等，即使"认定伤害罪的成立，也有可能通过解释认为不能对此超出不同意堕胎罪的上限来处罚"。林幹人：《刑法の现代的课题》，有斐阁 1991 年，148 页。也有观点仅以伤害胎儿为理由，肯定不同意堕胎罪的成立。参见斋藤信治：《刑法各论〔第 2 版〕》，有斐阁 2003 年，33、34 页。

〔2〕　另外，最高裁判所的判示经常准照所谓的法定符合说。事实上，长岛敦法官的补足意见里也指出"在刑法上、构成要件的评价上，作为侵害作用客体的母体与作为结果发生客体的孩子，在都是人这一点上没有差别，可以说具有法定符合性"。但是本案的判示是连作为实行行为（或者其侵害作用）的对象的人与发生致死结果的人的人格上的龃龉也要舍弃，而通常的法定符合说并不包括这样的内容。因此，虽然将本案的判示称呼为法定符合说是论者的自由，但要将本案判示正当化，必须超出为通常的法定符合说奠定基础的论据，将正文论述的内容明确化。反过来说，即使认为本案的判示不妥当，也不能由此直接得出通常的法定符合说也不妥当的结论。

第 2 章　实行行为（或者其侵害作用）之时作为客体的人现实存在这一要件的意义

那么，实行行为（或者其侵害作用）之时作为客体的人现实存在这一要件，究竟有什么意义呢？

首先要讨论的是，至少在实行行为的侵害起作用的时点是否有必要要求作为客体的人现实存在，如果有必要的话，其根据是什么？学说上必要说非常有力，[1]但就其理由却极少有人详细论述，因而对此只能进行推测。恐怕其理由在于，以使人发生病变这一要件作为业务上过失致死罪的构成要件要素，在此基础上认为这超越了仅仅存在病人这一状态，而是蕴含着健康的人变成病人这样一个变化。就其中前段内容而言，以人的死亡的发生为其要素的构成要件将人的死亡原因的发生作为其要素，这可以说是理所当然的事情，因此可以承认这是恰当的。而且对于后段内容，由于仅仅存在一个即将要死的人这一事实对于不法没有任何影响，[2]因此对此也可以给予积极的评价。

问题是这样就足够了吗？即只要在实行行为的侵害起作用的时点作为客体的人现实存在的话，即便在实行行为本身的时点不存在也没关系吗？学说

---

[1] 平野龍一：《犯罪論の諸問題（下）各論》，有斐閣 1982 年，267 頁；芝原邦爾："胎児の傷害と傷害罪の成否"，《法学セミナー》339 号（1983），127 頁；大谷實："刑法における人の生命の保護"，《団藤重光博士古稀祝賀論文集（第 2 卷）》，有斐閣 1984 年，334 頁；林幹人：《刑法の現代の課題》，有斐閣 1991 年，155、156 頁；西田典之：《刑法各論〔第 2 版〕》，弘文堂 2002 年，27 頁；斎藤信治：《刑法各論〔第 2 版〕》，有斐閣 2003 年，37 頁（但是，论者没有将侵害作用的内容理解为病变的发生，结果还是在熊本水俣病事件上肯定了业务上过失致死罪的成立）；曽根威彦：《刑法各論〔第 3 版補正版〕》，弘文堂 2003 年，6、7 頁等。这也是德国的有力说。Z. B. Sch/Sch（Eser），Vorbem § § 211ff.，Rn. 15；§ 223，Rn. 1a. 另外，山中敬一虽然认为"在一般情况下，对身体的作用之际客体没有必要存在"，但在其认为"成立损坏建筑物罪（《日本刑法》第 260 条）"的"在作为建筑用材的柱子上设置定时炸弹，使之在建筑物建成之后爆炸的场合"，是实行行为的侵害起作用的时点客体现实存在的事例。

[2] 关于这一点的详细情况，参见小林憲太郎：《因果関係と客観的帰属》，弘文堂 2003 年，23 頁以下。

上不要说，即就这一点持肯定见解的观点占多数。[1] 不过对此需要注意的是，这里并不是存在什么坚实的理论基础，反而不过是由这样一种当罚性感觉所支持着：在女子怀孕过程中先挖下陷阱，使生下来的孩子掉入陷阱而死亡的场合，[2] 否定杀人罪（《日本刑法》第 199 条）的成立[3]并不妥当。

那么对此问题，理论上应该怎样考虑呢？如前所述，如果使人发生病变这一要件是业务上过失致死罪的构成要件要素的话，那么使人即将发生病变这一事态的发生必须也是如此。而且这必须超出仅仅存在即将成为病人的人这样的状态，而是蕴含着不会即将成为病人的人变成即将成为病人这样的变化。因此，在实行行为即将起侵害作用的时点上，作为客体的人就必须现实存在。重复这一推论的话，结果就是，在实行行为本身的时点上，作为客体的人就必须现实存在。 -206-

当然，这样说的话，就会直接产生这样的疑问：在前述的陷阱事例中，否定杀人罪的成立难道不是不妥当的吗？但是严格考虑的话，在这里实现的违法性的内容，比起使女子堕胎而令出生下来的未成熟儿无法成长发育而死亡的场合[4]中实现的违法性的内容，前者并没有在什么地方超过了后者。因此，对于事先挖好陷阱的行为虽说偶尔不能适用堕胎罪的条文，但肯定具有超越堕胎罪违法性的杀人罪的成立更是本末倒置。在这个意义上，造成上述疑问的当罚性感觉，不得不说不为法律所承认。

进一步而言，如果认为实行行为（或者其侵害作用）之时作为客体的人必须现实存在的理由正如以上所论述的那样的话，那么这里所说的人与发生致死结果的人就必须是同一人格。因此，在熊本水俣病事件最高裁判所所判示的理论构成中连——超越业务上过失致伤罪的——业务上过失致死罪的成立也肯定的部分，无法获得支持。

---

[1] 平野龍一：《犯罪論の諸問題（下）各論》，有斐閣 1982 年，267 頁；河村博："胎児水俣病と刑事責任"，《研修》479 号（1988），61 頁；林幹人：《刑法各論》，东京大学出版会 1999 年，18 頁；西田典之：《刑法各論〔第 2 版〕》，弘文堂 2002 年，27 頁等。必要说可能就只有大塚仁：《刑法概説（各論）〔第 3 版〕》，有斐閣 1996 年，9 頁注 4 吧。

[2] 参见藤木英雄："胎児に対する加害行為と傷害の罪"，《ジュリスト》652 号（1977），82 頁。

[3] 当然，从出生后没有把陷阱填上这一点来看，有可能成立不作为的杀人罪。问题是基于某些理由，没有这种可能性的场合。

[4] 在陷阱事例中，由于不能肯定伤害母体的侧面，这里所设想的应该是 "受女子嘱托或得其承诺使其堕胎"（《日本刑法》第 213 条前段、第 214 条前段）的案件。

　　另外，在以上探讨中，是以胎儿出生后死亡了的场合为前提的，在没有死亡的场合，也可以进行完全同样的考虑。长岛敦法官在其补充意见中区分了"受到过失行为伤害的胎儿带着作为其后遗症的残疾而出生的场合"（病情固定型）[1]和"因胎儿阶段受到的伤害而在出生后虽不致死但伤害的程度恶化了的场合"（病情恶化型），并认为至少在后者的场合有肯定对出生了的人成立业务上过失致伤罪的余地。确实，在病情固定型中，之所以不成立业务上过失致伤罪，是因为"这跟对于在生前给人造成伤害留下无法消除的伤痕的人，不能说成立被害人死亡后的毁坏尸体罪是一样的"。[2]但是与论者所言相反，在病情恶化型中也不成立业务上过失致伤罪。这就跟在死亡后伤痕就算风化了，也不能说成立毁坏尸体罪是一样的道理。

-207-

----

[1]　前述沙利度胺事件等可以归入这一类。在该案中，很多的新生儿都有四肢的全部或部分短小等独特畸形［海豹肢畸形儿（phocomelia）］或者耳朵有先天性残疾。不过沙利度胺药剂的影响不止于此，还有以心脏畸形为代表的，对消化系统的各个部分造成闭塞、狭窄、疝（hernia）、胆囊、阑尾等伤害。很多这些更应该归入病情恶化型。

[2]　辰井聪子："生命の保護"，《法学教室》283 号（2004），56 页。还有观点指出，"如果将既存结果转用说贯彻到底的话，那么比如说如果先在预制装配式（prefabricated）零件的壁板上打孔的话，在预制装配式房屋（prefabricated house）一建成的瞬间，损坏建筑物罪就成立了"。参见《最高裁判所判例解说刑事篇（昭和 63 年度）》，法曹会 1991 年，155 页注 2（金谷利广、永井敏雄）。

第3章 结果归责理论与胎儿性致死伤

在所谓的结果犯中要肯定归责，首先必须确认存在一个结果，对该结果的引起为刑法上否定性评价奠定基础。这就是在教学上被称为法益侵害（或者危殆化）的东西。不过法益受到减损虽然能够构成法益侵害，但是受到减损的法益的产生却并非如此。[1]所谓法益侵害，意味着在行为存在与行为不 —208— 存在的场合，能够说前者的场合中法益的状态更糟，因行为而产生的被减损的法益跟行为不存在时可能会产生的并未受到减损的法益，是完全不同的法益。因此，要判断有无法益侵害，与前者的状态进行比较的对象并不是后者的状态，而必须是法益原本就没有产生的状态，因为这样才能够说前者的状态更糟。[2]

这是近年来结果归责理论的成果，之前所展示的胎儿性致死伤的问题的解决方法不过是适用这一成果的一个例子而已。 —209—

---

〔1〕 参见林幹人：《刑法の現代的課題》，有斐閣1991年，156頁；山口厚：《刑法各論》，有斐閣2003年，25頁；Hans Lilie, in: Strafgesetzbuch. Leipziger Kommentar. Großkommentar, 11. Aufl.，2001, Vor§223, Rn. 7. 反对意见有，藤木英雄："胎児に対する加害行為と傷害の罪"，《ジュリスト》652号（1977），82頁；土本武司："水俣病最高裁決定"，《警察学論集》41卷5号（1988），43頁；土本武司："水俣病刑事事件最高裁決定——公訴時効・迅速裁判・胎児性致傷"，《法学新報》95卷7、8号（1989），97頁。正如在前章所述，这个道理在可能受到减损的法益产生的场合也适用。人们常说杀人案件中被害人的母亲对于杀人没有因果性，这也可以用这个道理来说明。Vgl. Ingeborg Puppe, in: Nomos Kommentar zum Strafgesetzbuch, AT, 1997, Vor§13, Rn. 75. 与此相对，宾斯（Martin Binns）则认为在诸如"因胎儿患有严重的残疾而可以中止妊娠的母体，没有中止妊娠而是将孩子生了下来，但这是因为这个母亲在之前曾将孩子卖给了杀害孩子摘取器官的犯罪组织"的事例中，否定母亲的继续怀孕行为对孩子死亡的原因性是没有说服力的。Martin Binns, Inus–Bedingung und strafrechtlicher Kausalbegriff. J. L. Mackies Kausalanalzse und ihre Übertragung auf das Strafrecht, 2001, S. 83. 但是如前章所述，这样的当罚性感觉不能被法律所承认。

〔2〕 关于这一点的详细情况，参见小林憲太郎：《因果関係と客観的帰属》，弘文堂2003年，23頁以下。

IV 被逼迫的被害人

序章 有关被逼迫的被害人的两个最高裁决定

最近，最高裁判所接连处理了两个案件，一个是心理上被逼迫的被害人自己奔赴法益侵害的案件，另一个是在心理上逼迫被害人，使其自己（要）奔赴法益侵害的案件，最高裁判所在前者肯定了因果关系，在后者肯定了实行行为性。

前者的案情为：

4 名被告人在与其他 2 名共谋的基础上，于深夜公园里，在 2 小时 10 分钟的时间里，对被害人不断反复实施了极其激烈的暴行，而后又将被害人带到公寓起居室里，持续施加了 45 分钟同样的暴行。

被害人寻找机会，仅穿着袜子从上述公寓起居室中逃了出来。但是由于对被告人等有极度恐惧感，在逃跑开始约 10 分钟后，为了躲避被告人等的追捕，被害人进入距离上述公寓约 763 米到 810 米远的高速公路上，结果被疾驰而来的汽车撞倒，继而被后续的汽车辗轧而死。

对于上述案件，最高裁判所第二小法庭平成 15 年（2003 年）7 月 16 日决定（《最高裁判所刑事判例集》57 卷 7 号 950 页）在驳回上告后，依职权作出如下判示：

"虽然被害人意图逃跑而进入高速公路的行为本身也是极其危险的行为，但这可以认为是被害人因长时间受到被告人等的激烈且执拗的暴行，对被告人等抱有极度恐惧感，在拼命想要逃跑的过程中，在一瞬间选择了这样的行动，作为逃避被告人等的暴行的方法，被害人的这一行为很难说明显不自然、

-210-

不合适。于是，被害人进入高速公路进而死亡的事实可以评价为起因于被告人等的暴行，因此肯定了被告人等的暴行和被害人死亡之间的因果关系的原审判决，可以评价为正当的。"

后者的案情为：

被告人以与自己假结婚的女性（以下称为"被害人"）为被保险人，为获得该保险里的 5 亿 8900 万日元的保险金，对于长时间极端畏惧被告人的被害人，以施加暴行、胁迫的手段执拗地强迫被害人以假装成交通事故的方式自杀。

于是被告人于平成 12 年（2000 年）1 月 11 日凌晨 2 时许，在爱知县知多半岛的渔港里命令被害人乘车后连人带车一起坠入海里自杀。被害人自己并没有自杀的决意，但由于认为除了听从被告人命令连人带车坠入海里后再从车里逃出，从被告人面前隐匿形迹以外没有别的解救方法，决意连人带车坠入海中。于是被害人驾驶普通乘用汽车，从悬崖上方连人带车坠入下方的海里，最终从水里的车中逃了出来，免于一死。

对于上述案件，最高裁判所第三小法庭平成 16 年（2004 年）1 月 20 日决定（《最高裁判所刑事判例集》58 卷 1 号 1 页）在驳回上告后，依职权作出如下判示：

"根据上述认定的事实，被告人以使被害人伪装事故自杀从而获得巨额保险金为目的，在考虑了使被害人自杀的方法，准备了为此使用的车辆等之后，对于长期极度畏惧并且服从于被告人的被害人，在案发前一天于渔港现场施加暴行、胁迫，执拗地要求其实施连人带车直接坠入海中的自杀行为，与哀求暂缓实施的被害人说定第二天实行，可以说被告人在本案犯罪行为当时，已经使被害人陷入了除了听从被告人命令连人带车一起坠入海里以外无法选择其他行为的精神状态之中。

在本案当天，被告人命令陷入上述精神状态的被害人从渔港的悬崖上方连人带车坠入海里，使被害人自己实施具有高度死亡之现实危险性的行为，因此被告人命令被害人使其连人带车坠入海中的行为属于杀人罪的实行行为。

而且……被害人并没有听从被告人命令自杀的心情，这一点虽然违反了

-211-

被告人的预期，但对于强迫被害人实施具有很高的死亡之现实危险性的行为本身，被告人在认识上并没有任何欠缺，因此这一点并不构成否定被告人杀人罪故意的事由。

因此，认定本案构成杀人未遂罪的原审判决的结论是正当的。"

在这两个案件中，如果被害人是基于完全自由的意志进入高速公路，从渔港的悬崖上方连人带车坠入海里的话，以此为理由对归责进行限制是有可能的。最高裁判示的表达也明显包含了这种意思。只不过在被害人因为有可能被施加重大危害或者被害人深信会遭受重大危害，为了避免该重大危害而不得已实施危险行为之时，这一事由被视为肯定归责的理由之重要构成要素。这种想法在历来众多的裁判例中也能看到，[1] 得出了直观上看来也在某种程度上能够支持的结论。

不过，对于这种想法具体具有怎样程度的射程，只要没有稍微进一步涉及限制归责的被害人自由意志的内容并对其进行探讨的话，对此就无法进行明确。例如，①虽说是"重大危害"，但这是否仅限于对生命、身体的要害部位的重大危害，②虽说是"有可能"，但很早之前就预测到了（几乎确定了的）危害的场合是否也包含在内，③所谓"不得已"，是否要求不存在其他避免危害的（更安全）的手段这一要件。对于这些问题，如果仅对这种想法本身进行独立考察，是无法给出合适的回答的。

本文基于上述观点，就被害人的任意性参与对归责的限制在什么情况下会遇到其界限进行讨论。[2]

-212-

---

[1] 关于裁判例的详细情况，参见島田聡一郎：《正犯·共犯の基礎理論》，東京大学出版会 2002 年，23 頁以下；小林憲太郎：《因果関係と客観的帰属》，弘文堂 2003 年，95 頁以下；山口厚編著：《ケース&プロブレム刑法総論》，弘文堂 2004 年，49 頁以下（小林憲太郎）等。另外，也有论者在分析裁判例之时，在本文观点之外，还使用诸如"强制者是否在现场""被害人状态如何（例如是否醉酒等）"之类的要素。大越義久：《共犯論再考》，成文堂 1989 年，7 頁。但是，这些要素最终也可以纳入本文的观点中，并不具有作为独立要素的机能。例如，如果强制者不在现场，一般情况下预测到的危害就可能没有那么大，或者说还存在很多避免危害的安全手段。反过来，如果被害人处于深度醉酒状态的话，认识到可能的逃跑手段就很困难。

[2] 另外，被害人的任意性参与为什么具有否定归责的效果、其否定了怎样的归责要件等问题由于超出了本文的讨论范围，因而在此不加讨论。因此，例如危险的接受基于怎样的理论构成切断归责、其否定的是实行行为性、正犯性、因果关系等归责要件中的哪一个这样的论点的解决，虽然很重要，但也不得不另行撰文展开。被害人同意的有效性与行为人正犯性的关系也是如此。

第 1 章　任意性的含义与界限

第 1 节　紧急避险标准说

笔者曾经指出，在危险的转嫁构成紧急避险（《日本刑法》第 37 条第 1 款正文）的情形中，[1]实施转嫁行为的被害人的任意性被否定。理由在于，被害人参与的任意性是只有刑法对不参与的自由与参与的自由进行相同的保障才成立的概念，在此场合，刑法本身作出这样的价值判断，即剥夺被害人"不实施转嫁行为"的选项也是不得已而为之，在这个意义上不参与的自由受到限制。[2]

–213–

---

[1]　在此由于讨论的是被害人这一同一法益主体内的紧急避险，因此就不涉及所谓连带性原理的限制。Vgl. z. B. Günther Jakobs, AT, 2. Aufl., 1991, 13. Abschn., Rn. 34; 21. Abschn., Rn. 89. 学说中不少见解认为在基于强制的紧急避险的场合，以被强制者加担了不法为理由，认为不能要求连带性，从而限制紧急避险的成立，不过在此无须考虑这一点。关于这一问题，参见橋田久："強制による行為の法的性質（1）（2・完）"，《法学論叢》131 卷 1 号（1992），90 頁以下；4 号（1992），91 頁以下；島田聡一郎："適法行為を利用する違法行為"，《立教法学》55 号（2000），21 頁以下等。不过反过来说的话，在涉及不同法益主体间的紧急避险的场合，就比如罗克辛所说的与被害人通过放弃法益来追求的利他性目的相关的欺骗，有必要另外进行探讨。Claus Roxin, Die durch Täuschung herbeigeführte Einwilligung im Strafrecht, in : Gedächtnisschrift für Peter Noll, 1984, S. 282. 另外，关于罗克辛的见解，参见斉藤誠二："欺罔にもとづく承諾"，《吉川経夫先生古稀祝賀論文集 刑事法学の歴史と課題》，法律文化社 1994 年，159 頁以下。

[2]　小林憲太郎：《因果関係と客観的帰属》，弘文堂 2003 年，96 頁以下。另外，参见山中敬一："被害者の同意における意思の欠缺"，《関大法学論集》33 卷 3・4・5 合併号（1983），345 頁；山中敬一：《刑法総論Ⅰ》，成文堂 1999 年，209、210 頁；斉藤誠二：《特別講義刑法》，法学書院 1991 年，114 頁；林美月子："錯誤に基づく同意"，《内藤謙先生古稀祝賀 刑事法学の現代的状況》，有斐閣 1994 年，32 頁、32 頁注 34、33 頁注 39、33 頁以下；浅田和茂："被害者の同意の体系的地位について"，《産大法学》34 卷 3 号（2000），13、14 頁。

-214- 　对于这种基本想法本身我认为到现在也没有改变的必要。[1]不过可能需要进行更详细的展开。

　　首先，其出发点在于，原则上被害人自己享有对何种危害是重大的这一问题进行判断的权能。因此，如果被害人根据其价值观、信仰、自认为理想的生活方式，在遭到无法忍受的痛苦折磨，而且对之后的生命也有危险的时候，作出了倒不如索性死了的好这样的判断的话，仅以一般情况下生命具有任何东西都无法取代的最高价值为理由肯定任意性的做法是不合适的。[2]

---

〔1〕　当然，也存在对这种基本想法本身提出根本性疑问的论者。其代表林干人指出："自由意志的有无无论如何都必须根据被害人本人的意志来进行判断。"林幹人："錯誤に基づく被害者の同意"，《松尾浩也先生古稀祝賀論文集（上卷）》，有斐閣1998年，249頁。另外还参见井田良："被害者の同意"，《現代刑事法》14号（2000），91頁以下；上嶌一高："被害者の同意（下）"，《法学教室》272号（2003），80頁以下（反过来在存在与法益有关的错误的场合也有可能承认自由意志）；Knut Amelung, Irrtum und Täuschung als Grundlage von Willensmängeln bei der Einwilligung des Verletzten, 1998, S. 36ff; Wolfgang Mitsch, Rechtfertigung und Opferverhalten, 2004, S. 495ff. 但是这种见解由于忽视了自由意志也是法律概念这一点，在方法论上存在问题。参见小林憲太郎："いわゆる'救助・追跡事故'について——強制・緊急状況における被害者の関与と結果の帰責"，《千葉大学法学論集》15卷3号（2001），158、159頁。而且就算抛开这一点不谈，需要注意的是，这里所说的"（不）自由"的内涵原本也是比如说为了避免极大的不利益而只有死亡这样的东西，这与本文讨论的东西没有多大差别。林幹人："錯誤に基づく被害者の同意"，《松尾浩也先生古稀祝賀論文集（上卷）》，有斐閣1998年，253頁。另外，学说中还有观点认为在施加了达到构成强要罪（《日本刑法》第223条，《德国刑法典》第240条）之程度的危害的场合，否定被害人的任意性。Z. B. Gunther Arzt, Willensmängel bei der Einwilligung, 1970, S. 33f.；Rolf-Dietrich Herzberg, Täterschaft und Teilnahme. Eine systematische Darstellung anhand von Grundfällen, 1977, S. 37f.；Hans-Joachim Hirsch, in: Strafgesetzbuch. Leipziger Kommentar. Großkommentar, 11. Aufl., 1994, Vor § 32, Rn. 120; Roxin, AT, Bd. I, 3. Aufl., 1997, § 13, Rn. 81. ［不过认为行为人的（间接）正犯性的标准在于与免责的紧急避险（《德国刑法典》第35条）相对应的强制状况］（本书存在翻译，平野龍一［監修］町野朔＝吉田宣之［監訳]：《ロクシン刑法総論〔基礎·犯罪論の構造〕》，信山社出版2003年）其趣旨在于——阿茨特（Gunther Arzt）除外——这与侵犯他人的场合不同，欠缺规范障碍，因此通过比紧急避险更加缓和的要件来否定任意性。Vgl. Theodor Lenckner, in: Adolf Schönke/Horst Schröder, Strafgesetzbuch. Kommentar, 26. Aufl., 2001, Vorbem § § 32ff., Rn. 48（以下简称为"Sch/Sch"）。但是，在逻辑上看来，只要没有明确施加何种程度的危害能够成立强要罪，这种观点就等于什么都没说。Vgl. Alfred A. Göbel, Die Einwilligung im Strafrecht als Ausprägung des Selbstbestimmungsrechts, 1992, S. 112（以下简称为"Einwilligung"）。而且着眼于规范障碍的有无来区别要件这一观点现今也基本上被驳斥了。参见島田聡一郎：《正犯·共犯の基礎理論》，東京大学出版会2002年，261頁以下

〔2〕　正因为如此，很多的论者在临近死期的病人受到无法忍耐的痛苦折磨的场合，才承认得到其同意进行安乐死。关于这一问题，参见甲斐克則：《安楽死と刑法》，成文堂2003年；甲斐克則：《尊厳死と刑法》，成文堂2004年。

　　当然，被害人的价值观也并非无限地受到刑法的承认。[1]正因为如此，刑法典对侵犯个人法益的犯罪的类型化依据的也不是法益主体的价值观，而是其一般的重大性。因此，在命令被害人如果不想爱犬被杀死就自杀，而被害人实际上也自杀了的场合，以杀人罪（《日本刑法》第199条）来处罚行为人的做法——不管被害人多么珍爱其爱犬——是不妥当的。[2]

-215-

　　如此看来，有人或许会觉得被害人参与的任意性被否定的案件没有那么多。但是仔细思考的话，裁判例中的很多案件都是被害人为了避免危害而仅仅只是冒险，[3]但对于由此产生的侵害结果则并没有忍受。换言之，在判断任意性之际与危害的重大性进行衡量的，并不是侵害结果的重大性，而仅仅是所冒之危险的重大性。这样的话，既然刑法认为比起法益侵害，其危殆化受到的评价远远轻得多，[4]任意性被否定的范围就会更加扩大。

第 2 节　满足补充性的避险过当标准说

　　如前节所述，在判断被害人参与的任意性之际，基本上应当运用紧急避险的框架。但是，认为只要危险的转嫁不完全满足紧急避险的要件就总是肯定任意性，从而限制归责的看法也很难说一定就是符合实际的判断。因为受到危害袭击的人心里非常不安，并不总是能够期待他们冷静地进行衡

---

〔1〕　若非如此的话，就不存在肯定被害人任意性的余地了。Vgl. Roxin, in：Noll-GS, S. 293f.（不过作为其批判对象的雅各布斯的弟子格贝尔（Göbel）也并非无限定地尊重被害人的价值观。Vgl. Göbel, Einwilligung, S. 115ff.）

〔2〕　关于这一点，参见小林憲太郎："いわゆる '救助・追跡事故' について——強制・緊急状況における被害者の関与と結果の帰責"，千葉大学法学論集15卷3号（2001），159、160頁。而且在这种场合，也有肯定因果经过的经验的通常性即相当因果关系的余地。因为把狗看得比什么都重要的人为了爱犬而舍弃自己生命的情况可以认为是常有的事。而且正因为如此，在这种场合才有可能成立被认为像杀人罪一样与结果之间必须具有相当因果关系的自杀教唆罪（《日本刑法》第202条）。需要注意的是，像这种被害人的任意性参与对归责的限制与相当性对归责的限制——虽然在很多案件中两者在事实上是一致的——在逻辑上不是等价的。本文讨论的主要是前者。

〔3〕　在连这个都不能认定的场合，应当说原本就不存在以被害人的任意性参与为理由对归责进行限制的余地了。不过对此的详细论证只得忍痛割爱了。参见第180页注〔2〕。另外在被害人在逃跑中死伤的案件中，肯定归责的裁判例大多也是这种场合。参见深町晋也："判批"，《法学教室》281号（2004），149頁。

〔4〕　参见山口厚：《問題探究　刑法各論》，有斐閣1999年，18頁。

量。[1]而在比如说被害人在一瞬间选择的逃跑手段碰巧蕴含着比其所遭受的危害还要重大的危险的场合，仅以此为理由在任意性问题上做出与并非如此的场合完全不同评价的做法忽视了人类的精神构造，宛如把人当作机器人来对待了。

-216-

鉴于这一点，被害人在现实受到危害袭击的场合往往容易陷入一种惊慌状态，这一点应当在否定任意性的方向上加以考虑。换言之，在这种状态中，即使被害人忍受了比遭受的危害稍微还要重大的侵害结果，或者冒了危险，即偏离了损害的衡量，被害人也难以切实感受到这一点，换言之，被害人往往会感到自己不参与的自由受到了限制，因此应当否定任意性。[2]不过在被害人不仅认识到了过当性，还对此具有意图，即所谓意图性过当的场合，当然存在肯定任意性的余地。不过这种案件实际上很难想象，仅限于被害人由于积年的仇恨，即便牺牲一己之身也要使行为人陷入更重罪责的场合。

不过在预料到 1 年后会受到刑讯，避免这种痛苦的方法只有马上自杀，而且被害人实际上也自杀了的场合，乍一看这也可以看成不过是在很早之前就预测到了（几乎确定的）危害。换言之，既然被害人能够冷静下来，因而偏离了损害的衡量，那么也可以认为直接肯定任意性。但是即便是在这种场合中，被害人直面被迫在没有深思熟虑余地的情况下作出决断的状况，就这一点而言被害人实际上也现实遭受着危害的袭击。[3]因此，与正在遭受刑讯，受到激烈痛苦袭击的被害人一瞬间选择了没有痛苦的自杀的场合相同，有必要对惊慌状态也进行考虑，因此存在否定任意性的余地。

---

[1] 关于这一点，岛田聪一郎正确地指出："当处于强制或者紧急状况之时，人们往往无法进行合理的选择，总会实施事后看来无论如何都不满足法益均衡的行为。"岛田聪一郎：《正犯·共犯の基礎理論》，東京大学出版会 2002 年，295 頁。

[2] 林美月子认为："严格来说，由于生命是最重要的法益，因此即便是充满了将来痛苦的死亡是确定的场合，为避免此而牺牲生命的做法从法益衡量看来很难得到正当化。但是，如果认为在这种紧急状况中实施行为的行为人，在不得不采取杀害的手段这一点上，能够阻却责任的话，在处于这种状况的行为人自身自杀的场合，可以说同样或者在更强的意义上，也不得不决定自杀。自杀的决定很难说是基于自由的意志。"这表达了与本文观点同样的趣旨。参见林美月子："錯誤に基づく同意"，《内藤謙先生古稀祝賀刑事法学の現代的状況》，有斐閣 1994 年，46 頁。不过就前半部分，如前一节所述，这也有可能通过法益衡量进行正当化。

[3] 围绕所谓"正当防卫类似状况（notwehrähnliche Lage）"的讨论就十分典型地表现了这一点。Vgl. Sch/Sch（Lenckner/Walter Perron），§32, Rn. 16f. 关于这一问题，参见齐藤誠二：《正当防衛権の根拠と展開》，多賀出版 1991 年，261 頁以下。

不过这里需要注意的是，仅以被害人因现实遭到危害袭击而处于惊慌状态为理由，并不直接产生否定任意性的余地。具体说来，在被害人认识到还存在着更安全的避免该危害的方法，换言之，并不满足紧急避险之补充性的场合，仅以此为理由，就应当说已经不存在否定任意性的余地了。[1]因为之所以说处于惊慌状态的人无法冷静地进行损害的衡量，是由于避免危险的唯一方法往往看起来比实际要好，而在被害人认识到了还另外存在更安全方法的场合，就缺乏了发现这种惊慌状态典型特征的前提。

-217-

-218-

---

[1] 参见島田聡一郎：《正犯・共犯の基礎理論》，東京大学出版会 2002 年，296 頁。其讨论了这样一种任意性的标准，即在被害人认识到侵害结果的场合，以缺乏补充性为理由肯定行为人的正犯性。与此相对，根据论者的观点，在被害人仅认识到危险的场合，仅此就足以为行为人的正犯性奠定基础，之后只不过是能够阻却因果关系、违法性而已。山口厚编著：《クローズアップ刑法総論》，成文堂 2003 年，123 頁以下（島田聡一郎）。但是以缺乏补充性为理由而肯定因果关系、违法性的这种任意性的标准也应该在同样的框架内进行判断。在这一点上采取与島田聡一郎同样的正犯概念的山口厚在平成 16 年（2004 年）决定的案件中也在同样的框架内判断是否成立杀人未遂罪（《日本刑法》第 199 条、第 203 条）的做法是妥当的。山口厚："被害者の行為を利用した法益侵害"，《法学教室》290 号（2004），108 頁。不过论者认为，即便否定了被害人的任意性，只要行为人没有创造出作为否定任意性之根据的紧急状况或者错误认识，就不存在违法性。山口厚："欺罔に基づく‘被害者’の同意"，《田宮裕博士追悼論集（上卷）》，信山社出版 2001 年，327 頁以下（只不过紧急状况的范围太宽泛了）；山口厚：《刑法総論》，有斐閣 2001 年，70、142、143 頁（同上）；山口厚："‘法益関係的錯誤’説の解釈論の意義"，《司法研修所論集》111 号（2003），110、111 頁（同上）；島田聡一郎：《正犯・共犯の基礎理論》，東京大学出版会 2002 年，205、206 頁。这可以评价为与第三人对紧急状况参与的场合进行同样的处理。在这个意义上，将此观点理解为有关同意有效性的讨论严格说来是不正确的。但是"在背后者参与的时点上，法秩序作出了决断，认为为了救助价值较高的法益而损失价值较低的法益也是不得已的，因此，对于将事态朝着这种法秩序预定的方向推进的人，法秩序如果给出否定性评价，那就是评价上的自相矛盾"。（島田聡一郎：《正犯・共犯の基礎理論》，東京大学出版会 2002 年，198 頁）从这一理由能够得出的只不过是在被害人这个同一法益主体内客观的紧急避险状况成立的场合，即使行为人自己不满足紧急避险的要件，只要他没有创造出这种状况，就不得给出违法评价。而即使赞成这一点，在没有行为人的欺骗被害人还是误信了紧急状况的情形中，也还是应当处罚知情的行为人。参见小林憲太郎：《因果関係と客観的帰属》，弘文堂 2003 年，92 頁。

第 2 章　裁判例探讨

第 1 节　两个最高裁决定

接下来我想基于前面一章所明确的道理，对几个裁判例进行探讨。

首先是在序章中看到的两个最高裁判所决定。其中平成 16 年（2004 年）决定基本上可以说能够得到支持。被害人长时间受到被告人激烈的暴行、胁迫，极度畏惧，被迫对被告人言听计从，而且在犯罪行为当时，被告人也从前一日就通过暴行、胁迫执拗地要求被害人实施连人带车坠入海中的自杀行为。在这个意义上，能够推测被害人已经陷入了极度惊慌的状态。而且由于被告人"在本案犯罪行为当时，已经使被害人陷入了除了听从被告人命令连人带车一起坠入海里以外无法选择其他行为的精神状态之中"，因此作出被害人对补充性也存在认识的评价也是可能的。[1] 另一方面，被害人并没有达到自杀的现实的意思，只不过是想冒上一次风险，赌一赌活下来的可能性，假装死亡然后从被告人面前隐匿形迹而已，因此即使偏离了损害的衡量，也难以说其程度有多大。[2] 由于从以上各点出发被害人参与的任意性被否定，因

-219-

---

〔1〕 不过桥田久认为："也有可能认为人身自由也没有被限制的乙（被害人——笔者注）选择实施报警这一其他行为也并非不可能。"橋田久："判批"，《法学教室》289 号（2004），153 頁。

〔2〕 反过来，如果认为被害人事实上形成了自杀决意的话，那么认为损害的衡量有重大偏离，肯定任意性也并非不可能。事实上，藤井敏明在调查官解说中也认为："被害人因被告人执拗的命令等而陷入不能选择除了连人带车坠入海中以外的行为的精神状态，在这个程度上被剥夺了意思决定的自由，但是由于被害人是想违反被告人让其自杀的意思，意图从车中逃出而幸存下来，在这个意义上，也可以说就实施行为而言是自发性意思在起作用。"藤井敏明："判解"，《ジュリスト》1275 号（2004），162 頁。但是如此的话，在本案中，就应当无法认定误信了被害人事实上形成了自杀决意的被告人存在杀人罪的故意。而由于最高裁判所驳斥了辩护人对杀人罪故意进行争论的主张，看来指出"虽然一般认为就使他人产生自杀意思而言更高程度的意思压制是必要的，但认为达到本案的程度就足够了的想法也被显示出来了"的观点是妥当的。山口厚："被害者の行為を利用した法益侵害"，《法学教室》290 号（2004），108 頁。

此，虽然辩护人以被害人是基于自己的自由意志而连人带车坠入海中为理由，主张作出此种指示的被告人的行为难以说是杀人罪的实行行为，但最高裁判所驳斥了辩护人这一主张的做法可以评价为妥当的。

与此相对，在平成 15 年（2003 年）决定中，被害人认识到不存在其他避免危害的方法这一事实并没有得到积极的认定。当然，根据原审判决［东京高等裁判所平成 14 年（2002 年）11 月 14 日判决（《东京高等裁判所判决时报》53 卷 1~12 号 102 页）］的认定，由于"认定被害人当场选择了进入本案高速公路作为逃避被告人等追踪最安全的方法的做法是合适的"，[1]或许能够说被害人也存在对补充性的认识。但是，最高裁判所本身也应当明示这一点。

第 2 节　其他肯定归责的裁判例
——福冈高等裁判所宫崎支部平成元年（1989 年）判决

接下来看看其他肯定归责的裁判例。在此特别要举出福冈高等裁判所宫崎支部平成元年（1989 年）判决。

案情如下：

被告人取得了当时 66 岁的独自生活的被害人近乎盲信的信任，短时间内通过欺骗手段借到了合计达到 750 万日元的巨额借款，由于还款没有着落，担心被害人发觉这些事情引起警察介入，为了避免被发觉，被告人企图设计被害人自杀。　　　　　　　　－220－

于是被告人于昭和 60 年（1985 年）5 月 29 日以被害人向 S 出借借款为由，虚构这一出借行为违反了叫作出资法的法律，警察马上就会过来调查，一旦构成犯罪就要在监狱里呆 3 个月或 4 个月等事实，对被害人进行胁迫。并以逃避警察追捕为借口，将处于不安、恐惧状态的被害人带出，在 17 天的时间中，从鹿儿岛带被害人来回奔波于福冈、出云等地方，并使其 1 人躲避

---

〔1〕　与此相对，否定因果关系的第一审判决（长野地松本支判平成 14·4·10 刑集 57 卷 7 号 973 页）认为："关于本案被害人从第二现场逃跑之后的去向，即使考虑了现场的地理条件和被害人逃跑后处于被搜索状况下的心理状态，选择的余地还是有很多……"对此批判意见指出："正如控诉审指出的那样，有很多选择余地这一点也是以能够要求被害人进行冷静判断为前提的，而这忽视了被告人等的暴行使被害人所处的状况，采用此前提本身就是有疑问的。"大塲亮太郎："判批"，《警察学論集》57 卷 6 号（2004），174 頁。

在自己家里或者空房子中，在此期间还通过对体力和气力都十分虚弱的被害人说一旦被周围的人发现的话马上就会被警察抓捕，如果被警察逮捕的话，会给亲戚带来麻烦等，切断了被害人与熟人和亲戚的接触，使被害人陷入错误认识中，认为自己已经处于无处藏身的状态。在此之上，被告人执拗地对被害人说要想不给亲戚添麻烦除了自杀之外没有别的路，在心理上逐渐逼迫被害人，在犯罪行为当天告知被害人警察终于到被告人家里来听取情况，警方追捕已经迫在眉睫，煽动其恐惧心理。另一方面，被告人做出一副被害人唯一可以信任之人的姿态，在告知其警察已经调查到被告人头上来了，以后不能再庇护了之后便对被害人不闻不问，使被害人确认自己连作为最后藏身之所的一丝希望的大河原的破旧小屋都失去了。

由于以上经过，被害人误认为自己已经走投无路而决意自杀，喝下了约100毫升的马拉松乳剂原液*而死亡。

在该案中，福冈高等裁判所宫崎支部平成元年（1989年）3月24日判决（《高等裁判所刑事判例集》42卷2号103页）基于以下理由驳回控诉：

"所谓自杀，是指基于自杀者自由的意思决定造成自己死亡的结果，自杀的教唆指使自杀者产生自杀决意的一切行为，而不问其方法。但是，在犯人引起自杀的场合，不问其是通过物理性强制还是心理性强制，如果使自杀者的意思决定产生重大瑕疵，不能认为是基于自杀者自由的意思决定的话，就已经不能说是自杀教唆，而属于杀人。……基于被告人虚构的内容为将被作为违反出资法的犯人而受到严格追究的事实的欺骗威迫的结果，被害人陷入认识错误认为自己被警察追捕，另外，还被被告人带着来回奔波于各个地方，长时间潜逃，在此期间受到被告人执拗的自杀怂恿，更对情况反复发生认识错误，最终产生了自己已经走投无路，逃离现状的唯一方法就是自杀的错误认识，从而决意去死。如果被害人能够对自己的客观状况持正确的认识，大概就无法认定存在决意自杀的情况，因此应当说其自杀并不是出于其真实意思，而是具有重大瑕疵的意思，因而无论如何都不能说这一自杀行为是基于被害人自由的意志。因此，被告人在本案中实施的使被害人产生前述错误认识并自杀的行为，无论如何都不能说是单纯的自杀教唆行为，而是该当于利

-221-

---

*　一种杀虫剂。——译者注

用被害人行为的杀人行为。"

在本案中，被害人并不是现实地被危害袭击，而只不过是被告人使他这么认为的而已。但是对任意性而言，重要的仅仅是内心所认识的事实，[1] 因此关于本文处理的主题，就没有必要专门将这一点拿出来强调。

要看本判决考虑了什么样的事由从而否定了被害人的自由意志的话，在具体事实中，判决指出了被害人"陷入认识错误认为自己被警察追捕，另外，还被被告人带着来回奔波于各个地方，长时间潜逃，在此期间受到被告人执拗的自杀怂恿，更对情况反复发生认识错误"和产生了"逃离现状的唯一方法就是自杀的错误认识，从而决意去死"。也就是说，法院认为重要的是，看到了（自己误认为的）迫在眉睫的危害而陷入惊慌状态的被害人在认识到补充性的基础上实施了自杀行为。而正如之前反复所强调的，这种想法很明显基本上能够得到支持。[2]

-222-

问题在于损害的衡量或者其偏离的程度。在本案中，被害人是现实地希望结束自己的生命，在这个意义上必须将生命的侵害本身与被警察逮捕进入监狱的不利益进行衡量。而鉴于杀人罪（《日本刑法》第 199 条，死刑或者无期或 5 年以上有期徒刑）与逮捕、监禁罪（《日本刑法》第 220 条，3 个月以上 7 年以下有期徒刑）法定刑之间巨大的差别，要直接说刑法尊重被害人宁愿选择死亡的价值观是困难的。[3] 但是，尽管如此，如果要问本案中是不是对损害的衡量的偏离程度如此之大，以至于连比如说避险过当（《日本刑法》第 37 条第 1 款但书）的刑罚的免除也一概不能承认的话，[4] 对此作出否定

---

〔1〕　小林憲太郎：《因果関係と客観的帰属》，弘文堂 2003 年，98 頁。

〔2〕　北原一夫认为，平成 16 年（2004 年）决定的原审判决（名古屋高判平成 14·4·16 刑集 58 卷 1 号 20 页）也表达了与此同样的解释。北原一夫："判批"，《研修》652 号（2002），156 頁。

〔3〕　参见第 1 章第 1 节。与此相对，盐谷毅认为："如果从被害人主观价值观出发的话，可以说确实是被迫陷入这种心理状况（指错误地认为为了维持某种优越的利益而只得放弃自己法益的场合——笔者注）中。就本案而言，多数论者认为被害人被剥夺了意思决定的自由。"芝原邦爾ほか编：《刑法判例百選 II 各論〔第 5 版〕》，有斐閣 2003 年，7 頁（塩谷毅）。另外还参见曾根威彦："判批"，《法学セミナー》430 号（1990），117 頁。

〔4〕　島田聡一郎提到了这个基准，参见島田聡一郎：《正犯·共犯の基礎理論》，東京大学出版会 2002 年，297 頁。不过由于论者认为这是"在日本紧急避险的规定上借用了《德国刑法典》第 35 条的基准的手法"，"在结论上……基本上相同"，就否定任意性的范围而言，在限定危险的对象这一点上过于狭窄，反过来在忽视了损害的衡量的偏离程度这一点上又过于宽泛了。

判断也不见得就是不当的。[1] 可以说本案的确是有关能否认定被害人任意性的边界事例。

第3节　否定（限制）归责的裁判例
——广岛高等裁判所昭和29年（1954年）判决

最后来看看对归责进行否定或者限制的裁判例。在此特别要说的是广岛
-223- 高等裁判所昭和29年（1954年）判决。

案情如下：

被告人与被害人于昭和7年（1932年）结婚，17年间虽然由于两人性格不同而发生了一些风波，但没有发生大的纠纷，一直过着同居生活。但是，在昭和24年（1949年）2月末左右到同年3月16日被告人妹夫M带同其儿子R在被告人家居住的这段时间内，被告人猜疑M与被害人之间结成了婚外性关系。为此，被告人从同年3月末左右开始，基本上每日责问被害人，监视着不让被害人外出逃避，有时还一边说着"我来教你死亡的方法"，一边对被害人施加勒脖子致使昏迷，或者用脚踢、用锥子、标枪的尖头刺戳胳膊、腿部等超出常规的虐待、暴行行为。而且被告人还强行使被害人写下承认与M通奸事实的文书，和"我要自杀，某某（被害人姓名——笔者注）"的文书。另外，还于同年6月上旬左右拍电报把继承了被害人娘家的Y叫来，当着被害人的面反复陈述其不贞行为，并暗示Y付钱慰藉自己。

就这样被告人反复对被害人实施直接、间接的暴行、胁迫行为，执拗地对被害人施加肉体上和精神上的压迫。由此被害人因前述被告人连续的暴行、胁迫而身心俱疲，而且也不能再回到娘家，而被害人同年6月份向辖区警察

---

[1] 与此相对，佐伯仁志认为："既然刑法认为生命是最重要的法益，就很难承认有比生命的丧失更重大的损害。因此，比起使用欺骗手段的场合，承认使用胁迫、威迫而利用对死亡结果有认识的被害人的杀人罪要明显困难得多（因刑讯而选择死亡或者自杀的场合另当别论）。"佐伯仁志："被害者の錯誤について"，《神戸法学年報》1号（1985），68、69頁注51。而对此表示赞成的林美月子也认为："在本案中，即使欺骗的内容是真实的，也不过是在经过调查和公开审判后在监狱里呆三四个月而已。很难认为这是不得已要牺牲生命的状况。"林美月子："錯誤に基づく同意"，《内藤謙先生古稀祝賀 刑事法学の現代的状況》，有斐閣1994年，45頁以下。

署寻求保护却没有得到回应，因而认为也不能指望官方的救援，最终由于受到被告人的压迫而决意不如去死。于是被害人于同年 7 月 18 日下午 1 时左右，在耕地旁边的山林中上吊自杀。

在本案中，广岛高等裁判所昭和 29 年（1954 年）6 月 30 日判决（《高等裁判所刑事判例集》7 卷 6 号 944 页）基于以下理由，撤销原审判决，对被告人处以 3 年有期徒刑。

"所谓自杀，是指基于自己自由的意思决定引起自己的死亡，而自杀的教唆则是指使自杀者产生自杀决意的一切行为，而不问其方法如何。因此在犯人通过威迫手段使他人自杀的场合，当自杀的决意是根据自杀者的自由意志之时构成自杀教唆罪，而当施加了达到阻却自杀者意思决定自由之程度的威迫而使其自杀之时，就已经不是自杀参与罪，而应当论以杀人罪。在本案中，如前所述，被害人是因为被告人的暴行、胁迫而产生自杀的决意，并且被告人在预见了被害人可能会因自己的行为而自杀的情况下，反而实施暴行、胁迫，虽然能够认定这些事实，但由于不存在能够认定被告人的暴行、胁迫达到了使被害人丧失有关进行自杀决意的意志自由之程度的确凿证据，结果还是应当认为本案被告人的行为属于自杀教唆。"　　　　　　　　　　　　　　　　　　　　　　　　　　　–224–

就被告人的罪责，本判决先展开了抽象说理，即指出如果被害人基于其自由意志自杀的话被告人就构成自杀教唆罪，而与此相反，当被告人实施了达到阻却被害人意思决定自由程度的威迫而使其自杀之时，则成立杀人罪。但是，由于仅说到这一步不过是某种意义上的同义反复而已，因此有必要通过对案件的具体适用来增加其信息内容。

看了本案事实的详细内容，至少可以认定"被告人在直到被害人自杀之前还持续性地对被害人实施残忍苛刻的暴行、胁迫的事实"。但是正如前所述，仅凭陷入惊慌状态并不能否定任意性。于是进一步沿着法院认定的事实，我们还可以认定"被告人拒绝了被害人协议离婚的提议，总是监视着被害人，对于衣服和纸笔的使用也绝对不允许被害人自己决定；被害人年过四十却没有亲生子女，娘家已经被妹妹夫妇继承，很难认为他们会欢迎被害人回去；被害人认为警察的保护也不能指望，而且如果请求警察保护的话，会刺激被告人的感情从而会有遭受进一步暴行的危险"。

　　但是，仅以这些情况为理由，将被害人评价为也存在补充性的认识的做法是不合适的。因为例如（姑且不说前者和后者，单说中间的）回娘家，这是比自杀要来得安全的回避方法，被害人推翻这一点，即认为比起被嫌弃讨厌，宁愿失去生命的这一价值观，并不为刑法所承认。[1]而法院基于前述的抽象说理，肯定被害人的自由意志，认定被告人仅成立自杀教唆罪，在其背后恐怕也有这样的思考过程吧。

-225-

---

[1] 参见第 1 章第 1 节。

终章　结语

本文主要以最近的最高裁判例为素材，以被害人对侵害经过的任意性参与在一定范围内具有限制归责的效果为前提，就被逼迫的，即处于强制、紧急状况的被害人的任意性会因何种要件而丧失进行了讨论。讨论的结果大致如下：

首先，在危险的转嫁构成紧急避险的场合，实施转嫁行为的被害人的任意性被否定。而在现实上被危害攻击的场合，由于被害人容易陷入一种惊慌状态，并不总是能冷静地进行损害的衡量，因此即使多多少少偏离了损害的衡量的程度也应当采取同样的结论。不过这只不过是说"避免危险的唯一方法往往比实际上看起来要好"而已，因此在被害人认识到还存在更安全的方法，即欠缺补充性的场合，仅以此为理由，就应当说已经不存在否定任意性的余地了。而且在进行上述判断之际，虽然被害人的价值观起到一定的作用，但对此并非要无限地尊重。

回过头来看最近的最高裁判例，以及连历来的下级审也包括在内的裁判例，都能够通过这种见解进行说明。

-226-

V 所谓 "法益相关错误" 的意义和界限

序章 本文的目的

创设了法益相关错误*这一概念的是阿茨特，他认为："作为他/她自身，即一般性地具有理解能力的人，在不能正确评价具体放弃的利益之射程的情况下处分了法益……我将此种欺骗称为'与法益有关的欺骗'，此时的同意在刑法上就不重要。"[1]在德国，这种基本设想最早在鲁道菲（Hans-Joachim Rudolphi）的书评中获得赞同，[2]随后获得了广泛的支持。在日本，该学说经过山中敬一的引入[3]和佐伯仁志更为详细的展开，[4]也已经获得广泛

---

* 对于这一由德国学者阿茨特首倡的 "rechtsgutbezogener Irrtum" 一词，车浩教授翻译为 "法益错误"（参见车浩：《德国关于被害人同意之错误理论的新进展》，载《环球法律评论》2008 年第 6 期，第 92 页），大部分学者使用 "法益关系的错误"（参见张明楷：《组织出卖人体器官罪的基本问题》，载《吉林大学社会科学学报》2011 年第 5 期，第 94 页）或 "法益关系错误"（参见李世阳：《刑法中有瑕疵的同意之效力认定——以 "法益关系错误说" 的批判性考察为中心》，载《法律科学（西北政法大学学报）》2017 年第 1 期，第 69 页），想来这是直接从日语 "法益関係の錯誤" 而来。但是需要注意的是，后者的中文译法容易产生误解，以为存在 "法益关系" 的概念，甚至出现对所谓 "'法益关系' 的范围" 进行研究的论者（例如付立庆：《被害人因受骗而同意的法律效果》，载《法学研究》2016 年第 2 期，第 159 页）。实际上，德语词汇 "rechtsgutbezogener Irrtum" 还原成关系从句的形式就是 "der Irrtum, der auf das Rechtsgut bezogen ist"，而日语 "法益関係の錯誤" 即 "法益に関係する錯誤"，两者的意思都是 "与法益有关的错误"（在此意义上，黎宏教授的用法是准确的，参见黎宏：《刑法总论问题思考》（第 2 版），中国人民大学出版社 2016 年版，第 390 页）。有鉴于此，本书在翻译作为学说名称的 "法益関係の錯誤说" 时，使用 "法益相关错误说"，在表述其具体原理时，或使用 "与法益有关的错误" 这一用语。——译者注

[1] Gunther Arzt, Willensmängel bei der Einwilligung, 1970, S. 19f（以下简称为 "Willensmängel"）.

[2] Hans-Joachim Rudolphi, Literaturbericht, ZStW86（1974），S. 83f.

[3] 山中敬一："被害者の同意における意思の欠缺"，《関西大学法学論集》33 卷 3・4・5 合併号（1983），271 頁以下。

[4] 佐伯仁志："被害者の錯誤について"，《神戸法学年報》1 号（1985），51 頁以下。

普及。

　　根据历来的一般见解，[1]只要是能够说不存在错误就不会同意的场合，基于错误的同意就不具有刑法上的意义（重大错误说）。比如说有关相对给付的错误，即在被欺骗说只要被打一下耳光就付 1 万日元而同意的场合，就会认为因为被害人如果知道得不到 1 万日元就不会同意，所以该同意没有意义，行为人成立暴行罪。与此相对，根据法益相关错误说，前述解释就是将身体安全放在与相对给付的交换价值中加以保护，而这与法律另外规定了仅仅保护交换自由和机能的诈骗罪这一构成要件的现实相矛盾。也就是说，因为身体安全就在于其存立之中加以保护，既然被害人知道了会被打耳光的事实，其同意就具有意义，行为人不成立暴行罪。

-227-

　　像这样的乍一看具有非常强的说服力的法益相关错误说，近年来频频受到批判。本文试图通过对这些批判再进行批判性探讨，从而进一步普及法益相关错误说。

---

[1]　Z. B. Edmund Mezger, LB, 3. Aufl. , 1949, S. 211f. ; Hans Welzel, LB, 11. Aufl. , 1969, S. 95. 不过近年来，诸如阿梅隆（Knut Amelung），则是一边采取这种见解，一边试图通过归属的限制来限定可罚性。Knut Amelung, Irrtum und Täuschung als Grundlage von Willensmängeln bei der Einwilligung des Verletzten, 1998, S－36ff. ; ders. , Über Freiheit und Freiwilligkeit auf der Opferseite der Strafnorm, GA 1999, S. 182ff. ; Amelung/Frieder Eymann, Die Einwilligung des Verletzten im Strafrecht, JuS 2001, S. 943f. , ferner vgl. Hans－Joachim Hirsch, in: Strafgesetzbuch. Leipziger Kommentar. Großkommentar, 11. Aufl. , 1994, Vor § 32, Rn. 119; Harro Otto, Einverständnis, Einwilligung und eigenverantwortliche Selbstgefährdung, in: Festschrift für Friedrich Geerds, 1995, S. 615ff. ; Hans－Ullrich Paeffgen, in: Nomos Kommentar zum Strafgesetzbuch, BT, 2. Aufl. , 2000, § 228, Rn. 29f. ; Jürgen Baumann/Ulrich Weber/Wolfgang Mitsch, AT, 11. Aufl. , 2003, § 17, Rn. 109ff. （Mitsch）; Mitsch, Rechtfertigung und Opferverhalten, 2004, S. 495ff. 另外关于阿梅隆的见解，详见须之内克彦：《刑法における被害者の同意》，成文堂 2004 年。另外，日本现在的注释书对此观点也不加论证地予以采用。参见大塚仁ほか编：《大コンメンタール刑法（第 2 卷）〔第 2 版〕》，青林书院 1999 年，252 頁（古田佑紀）。

第 1 章　法益相关错误说

第 1 节　与法益有关的错误的含义

当存在与法益有关的错误时，被害人原本就没有认识到自己或者获得其同意的行为人所要侵害的利益。因此，如果认为同意的正当化根据在于被害人因放弃自己的利益而使之丧失要保护性的话（利益放弃说），那么对于没有打算放弃的利益之侵害，原本就不存在同意。

但是，近年出现了一方面立足于利益放弃说，[1]另一方面认为"即便是与法益有关的错误，由于不能说对被害人的意思决定施加了相当程度大的影响，因此也有可能不认定同意无效"[2]的见解。即"例如，在医生以比实际时间更短的剩余生命时间欺骗癌症患者从而使患者产生死亡决意的场合，即便没有欺骗就不会产生死亡决意，如果不能说真实的剩余生命时间给患者心理施加的影响很大，而且真实的剩余生命时间与虚假的剩余生命时间之间的差对患者的意思决定具有相当程度大的影响的话，同意就并非无效"。[3]

但是，这种论证存在一定的迷惑性。虽然是短短的"死亡决意"这个词汇，但对于其内涵可以作出各种各样的表述。在此语境下，既可以表述为结束还剩 1 个月剩余生命的决意，也可以表述为结束还剩 2 个月剩余生命的决意。那么虽然还有 2 个月剩余生命，但被欺骗只有 1 个月而产生死亡决意的患者，由于其原本就没有打算结束 2 个月剩余生命的决意，将以存在这样的决

---

〔1〕　上嶌一高："被害者の同意（上）"，《法学教室》270 号（2003），50 页。
〔2〕　上嶌一高："被害者の同意（下）"，《法学教室》272 号（2003），81 页。
〔3〕　上嶌一高："被害者の同意（下）"，《法学教室》272 号（2003），81 页。

意为前提受到的心理影响的程度作为判断该决意有效性的要件就是荒谬的。[1]
反过来说，前面的论证的成立只限于在无法做出比"死亡决意"更精密的表
述，即可以说对生命来说长短不重要的情形中，并且不得不同时承认患者的
错误不是与法益有关的错误。[2]

-229-

第 2 节　与法益有关的错误的内容

1. 法益与法益处分自由

近年又出现了这样一种见解，通过扩张与法益有关的错误的内容，在之
前被认为是不存在与法益有关的错误的典型案件中也承认与法益有关的错误。
即，论者认为只要肯定法益处分的自由，该自由就是法益的构成要素，因此
有关法益处分自由的错误，比如说有关法益处分的理由、动机的错误，也是
与法益相关的错误的一种。[3]该论者指出："例如，假设这样一种情形：行为
人欺骗被害人说是用在假发上而购买头发，从而使被害人同意将其头发剪掉，
但是在剪掉头发之后，行为人拒绝支付报酬。在这种情形中，由于承认处分
头发这一身体之一部分的自由也并非不可能，因此可以考虑肯定暴行罪的成
立。"[4]

要探讨前述见解妥当与否，首先必须明确这里所说的法益、法益处分自

---

[1]　在这一点上就有关被害人同意有效性的判断标准，基本上采取与上岛一高同样见解的林干人指
　　出："同意，以认识且放弃法益为基本内容……因此，在欠缺关于法益的认识的场合，原本就不
　　能够认定同意的存在。"参见林干人："錯誤に基づく被害者の同意"，《松尾浩也先生古稀祝賀
　　論文集（上卷）》，有斐閣 1998 年，239 頁。这样的论述是正确的。

[2]　对此予以承认的观点参见林美月子："錯誤に基づく同意"，《内藤謙先生古稀祝賀・刑事法学
　　の現代的状况》，有斐閣 1994 年，45 頁。根据其观点，"将有关剩余生命的欺骗、错误认定为
　　与法益有关的欺骗、错误的做法，是在同一人物中承认生命之间的差，这也容易导致在第三人
　　（他人）的生命中也承认同样的差"。确实，我们不能忘记纳粹在"不值得活下去的生命（Leb-
　　ensunwertes Leben）"这一口号下，犯下了大量屠杀罪行的历史。但是，对重视剩余生命的患者
　　的价值观进行强制纠正这一步，也包含在这一教训之中吗？另外，即使如此，我们也要注意并
　　不能以缩短了剩余生命为理由就说生命遭到了侵害。参见佐伯仁志："被害者の錯誤について"，
　　《神戸法学年報》1 号（1985），67 頁。

[3]　山口厚："'法益関係的錯誤'説の解釈論的意義"，《司法研修所論集》111 号（2003），103 頁
　　以下。

[4]　山口厚："'法益関係的錯誤'説の解釈論的意義"，《司法研修所論集》111 号（2003），104、
　　105 頁。

由这些概念的内涵。原本来说，所谓法益就是分则构成要件着眼于一定的属性而将某个社会实体重新表述了的东西。比如说对于头发这一社会实体，既可以表述为容貌的构成要素，也可以表述为假发对价的交换对象，但暴行罪的构成要件则将其表述为身体。人们常说暴行罪的保护法益是身体（或者身体安全），就是在这个意义上说的。

　　通常情况下，如果将这种属性朝着被认为不好的方向变更的话，乍一看可以认为法益似乎受到了侵害。但是在具体案件中，具有将这样的变更判断为好的自由的人行使该自由的话，那么就不能说法益遭到了侵害。举例来说，在通常情况下，剪掉头发被认为是朝着不好的方向的身体变更，但是理发师的理发行为之所以不构成暴行罪所设想的法益侵害，就是因为具有将剪头发判断为好的自由的顾客行使了该自由的缘故。这种自由称为法益处分的自由。[1]

　　这样考虑的话，在法益处分自由决定着法益侵害的存在与否这个意义上，或许确实可以说法益处分自由是法益的构成要素。而且有关法益处分自由的错误，由于是有关法益侵害存在与否的错误，或许也可以说是有关法益的错误。[2]但是，并不能由此直接得出连有关法益处分的理由、动机的错误也广泛地构成与法益有关的错误这样的结论。

---

[1] 参见小林憲太郎：《因果関係と客観的帰属》，弘文堂 2003 年，61 頁以下。另外，法益处分自由也会在本文所述的相反的方向上行使。即，通常被认为是往好的方向的属性变更，具有将其判断为不好的自由的人行使此自由，因此构成法益侵害。

　　不过构成要件的内容并不仅仅在于法益侵害，这一点需要注意。比如说，违反他人意思在其伤口上涂上药的行为，就算可以说是法益侵害，也不能直接就说构成行为客体的侵害，即"伤害"（《日本刑法》第 204 条）。诺尔（Peter Noll）曾经区分处分权能（Verfügungsbefugnis）和处分对象（Verfürgungsgegenstand），认为仅仅是前者的侵害不能得到刑法的保护，从而将专断性医疗行为从伤害罪中解放出来。在这里可以将前者的侵害对应为法益侵害，后者的侵害对应为"伤害"。Peter Noll, Übergesetzliche Rechtfertigungsgründe im besonderen die Einwilligung des Verletzen, 1995, S. 88ff. 另外，诺尔的这种想法同时体现了将同意的正当化根据理解为处分权能优越于对处分对象的侵害这一点上的所谓利益衡量说。关于这一点，参见小林憲太郎：《因果関係と客観的帰属》，弘文堂 2003 年。

　　不过在各位读者中间，有人对于具有法益侵害但没有"伤害"这一分裂状态，可能会感到奇怪。但是并不能由此否定朝相反方向行使法益处分自由的余地，因为这样的分裂状态在像妨害（置之不理也不会恶化的）伤害的治疗这样的，并未朝着相反方向行使法益处分自由的场合也会出现。

[2] 关于这一点，山口厚不无正确地指出："所谓'与法益有关的错误'，更准确地说，应该称为'与法益侵害有关的错误'。"参见山口厚："'法益関係の錯誤'説の解釈論的意義"，《司法研修所論集》111 号（2003），100 頁。

原本来说，法益处分自由是指各构成要件所着眼的，与如何评价一定的属性变更相关的，在此意义上为个别的构成要件所固有的东西，与其他不同的属性变更所受到的评价没有关系。若非如此的话，各构成要件特意只着眼于一定的属性记载法益，并且仅将其处分的自由加以保护的趣旨将会被埋没不见。但是，法益处分的理由、动机当中，还包含与其他不同的属性变更所受到的评价有关的东西，并不能说与这些有关的错误直接就是与法益处分自由有关的错误因而是与法益有关的错误。就论者所举的例子而言，能够获得假发对价这一法益处分的理由、动机，由于是与财产犯构成要件所着眼的一定的属性，即头发的交换价值的变更所受到的评价有关，因此与此有关的错误不能说是与暴行罪的法益有关的错误。

论者之所以会得出欺骗说会支付 1 万日元而获得砍断手指（即施加并不重大的，对生命没有危险的伤害）的同意的人成立伤害罪，但以同样的方法砍断手脚（即施加重大的，对生命有危险的伤害）的同意的人反而不可罚[1]这一奇怪的结论，就是因为忽视了上述这点。也就是说，从存在与财产犯的法益处分自由有关的错误的事实中推导出存在与伤害罪的法益处分自由有关的错误；另一方面，从不存在伤害罪的法益处分自由也能推导出不存在财产犯的法益处分自由，因此从无法想象与财产犯的处分自由有关的错误也能推导出无法想象与伤害罪的法益处分自由有关的错误。

2. 与法益处分自由有关的错误

如前所述，所谓的法益处分自由，是指与对各构成要件所关注的一定的属性的变更如何评价有关的，在此意义上是个别的构成要件所固有的东西，与其他不同的属性变更所受到的评价无关。反过来说，只要与其他不同的属性变更所受到的评价无关，这种自由的行使方法就可以自由确定。例如，也可以附加所涉及的构成要件所关注的属性被变更的危险性不超过一定的程度这样的条件。[2]因此，在条件不满足但被害人却误认为满足的场合，就可以

–232–

---

〔1〕　山口厚：" '法益関係的錯誤' 説の解釈論的意義"，《司法研修所論集》111 号（2003），105頁。

〔2〕　实际上作为法益相关错误说的主要代表性人物佐伯仁志也指出："法益相关错误说，既不否定对同意附加条件的自由，也不否定在这种条件发生错误的场合自我决定权也受到损害。法益相关错误说，仅仅主张在考虑构成要件所保护的违法性的时候，并非所有对自我决定权的侵害都要加以考虑，在这个意义上，在违法性阻却上也承认构成要件的拘束。"佐伯仁志："違法論における自律と自己決定"，《刑法雑誌》41 巻 2 号（2002），78 頁。

看成与法益处分自由有关的错误，也就是与法益有关的错误。

下面用一些例子来具体说明。例如，认识到如果手术失败的话伤害就会进一步恶化，因此拜托医术高超的医生来做手术，但实际上是由医术不好的医生操刀，结果导致手术失败。在此场合，由于可以认为患者存在与伤害罪的法益处分自由有关的错误，因此操刀的医生成立伤害罪。不过，如果产生的伤害并没有超出即便是医术高超的医生也会获得同意而所造成的范围的话，该伤害对于操刀医生就不可归责，之后不过就是还剩未遂的不法的问题了〔1〕（只不过伤害罪不存在未遂犯的构成要件）。

与此相对，如果仅仅是拜托了医生 X 做手术，实际上却是由具有同等医术的医生 Y 操刀的话，患者陷入的错误——无论他/她事先多么强烈地反对 Y 做手术——也并不是与伤害罪的法益处分自由有关的错误。理由就在于操刀医生的人格比如说名字、长相这些本身，并不是伤害罪的构成要件所关注的属性。〔2〕操刀医生的资格也同样如此。德国曾发生过一起很有名的医院实习生案（BGHSt16, 309）。被告人是一名作为医院实习生（Famulus）在医院工作的医学院学生，其单独实施了患者只允许医生实施的侵袭性治疗，对此，法院就伤害罪和过失伤害罪宣告被告人无罪。其理由是在像本案这种医学上单纯的案件中，同意——根据其客观的含义——也包含了非医生人员实施的治疗，如果这与前述趣旨相同的话，可以获得赞同。

与此相对，在涉及针对财产的犯罪的场合——除了在 1 中所述的标的物的交换价值〔3〕——行为人的人格本身也有可能成为该构成要件关注的属性。例如，第三人吹灭了儿子/女儿生日蛋糕上的蜡烛导致蜡烛无法使用的场合，蜡烛的效用因由谁来吹灭有很大不同，因此此处存在与损坏器物罪的法益处

---

〔1〕 参见小林宪太郎：《因果関系と客観的帰属》，弘文堂 2003 年，52 页。作为基于被害人同意的行为的代替原因在结果回避可能性中加以考虑。

〔2〕 也可以说这里进行了与确定所谓概括的同意之界限的做法相类似的考虑。Arzt, Heileingriffe aufgrund einer Blanko-Einwilligung bezüglich der Person des Arztes, in: Festschrift für Jürgen Baumann, 1992, S. 209. 即，概括的同意这一法律概念，并不具有独立于个别的同意的含义，反过来也是这样。另外，关于与此不同的所谓推定同意，将另行撰文。

〔3〕 比如说，在欺骗被害人说是不值钱的茶壶或者说如果允许打坏茶壶的话就支付 1 万日元，而获得打破茶壶的同意的场合，存在与损坏器物罪的法益处分自由有关的错误。不过关于后者还存在争议。Vgl. Maria-Katharina Mezer, Ausschluß der Autonomie durch Irrtum. Ein Beitrag zu mittelbarer Täterschaft und Einwilligung, 1984, S. 174ff.

分自由有关的错误。[1]有时，人们会注意到伤害罪和损坏器物罪的这种结论上的差异，认为"所有权（Eigentum）（也）是处分自由（Verfügungs-freiheit）"。[2]确实，对"处分自由"的侵害也构成财产犯的法益侵害，但这在其他犯罪中也同样如此，[3]因此稍微有一定的误导性。两者的差别仅仅在于具体构成要件所关注的属性而已。

–234–

3. 与法益有关的错误和刑法各论

过去，在讨论所谓与法益有关的错误的时候，通常的做法是将犯罪主要分成三个类型，即针对作为其本身（在其存立之中）加以保护的法益的犯罪（杀人罪、伤害罪等）；针对在与行为人人格的关系中加以保护的法益的犯罪（侵入住宅罪、准强奸罪*等）；针对在交换价值中加以保护的法益的犯罪（财产犯）。

这种类型化对于与法益有关的错误的认定非常有用。但是必须注意的是，这并不是指该分类内容本身，而是纯粹地从各论的保护法益的探讨中推导出来的东西。换言之，对于认定与法益有关的错误来说重要的并不是所讨论的犯罪属于上述何种类型，而仅仅是其构成要件关注怎样的属性。[4]

比如说，在刑法各论中存在如下争论，即监禁罪是只要侵害了可能的自由就成立还是只有连现实的自由也侵害了才能成立。[5]但是就像有时被误解的那样，这种对立根本不是重大错误说，即认为被告人如果知道真相就不会做出之同意没有意义的见解，与法益相关错误说之间对立的反映。例如，既可以并用重大错误说和现实自由说，认定欺骗说会支付 1 万日元而从具有现实的移动意思的被害人处取得关入地下室的同意的行为人成立监禁罪，也可以通过并用法益相关错误说和可能自由说，认为以支付 1 万日元进行欺骗获

---

[1] 当然，也存在行为人的人格对于标的物的效用没有影响的情况。例如，委托 X 拆除家里房屋，但实际上前来拆除的是 Y 的场合，一般来说不存在与损坏建筑物罪的法益处分自由有关的错误。Vgl. Arzt, in：Baumann-FS, S. 210.

[2] Z. B. Willensmängel, S. 46；ders., in：Baumann-FS, S. 211.

[3] 参见第 198 页注〔1〕。

* 日本在 2023 年修改《日本刑法》（令和 5 年法律第 66 号）之际，将在 2017 年修改《日本刑法》（平成 29 年法律第 72 号）之际修改而来的强制性交等罪和准强制性交等罪统合起来，作为"不同意性交等罪"规定于第 177 条中，并删去了第 178 条。——译者注

[4] Vgl. Arzt, in：Baumann-FS, S. 212.

[5] 关于讨论的状况，参见西田典之、山口厚编：《刑法の争点〔第 3 版〕》，有斐阁 2000 年，142、143 页（岛田聪一郎）。

得被害人有关在睡眠中从房间外面上锁的同意的行为人不成立监禁罪。[1]总而言之，法益相关错误说不可能决定监禁罪的保护法益。

-235-　　在同样有着激烈争论[2]的侵入住宅罪中也是如此。在隐瞒了抢劫的目的而获得进入的同意的场合，要否定本罪的成立，仅采用法益相关错误说还不够，在此基础上还要指出本罪的保护法益不是存在于住宅内的生命、身体、财产、隐私之类的实质性利益，而是纯粹的进入的许诺权本身。问题是这里所说的许诺权的具体内容。有力学说就"以违法目的进入百货店……等一般性地允许进入的场所的案件"，认为"只要是即使看守人在入口处进行检查，因为无法获知其违法目的，不得不说也当然地会许可进入"，"那么此时进入的行为就在该建筑物管理人事前的概括的同意的范围之内，不成立本罪"。[3]该结论从具体来看也是妥当的，但如果将概括的同意等同于个别的同意的话，[4]许诺权的内容就只能是"让这样的外表的人进来"，而不能是比这个更加具体的东西。[5]

　　只是，诈骗罪中的财产以其交换价值在为达成一定目的之手段这一属性中加以保护为前提，要说与此无关的错误或者指向该错误的欺骗行为不满足诈骗罪的构成要件，只限于适用只要处分（交付）行为所基于的错误不是与
-236-　法益有关的错误，就欠缺法益侵害这一总论上的原理的场合。[6]

----

〔1〕　对此，山口厚得出了不同的结论，参见山口厚："'法益関係の錯誤'説の解釈論的意義"，《司法研修所論集》111号（2003），103、104頁。关于此见解，参见第1章第2节。

〔2〕　关于讨论的状况，参见和田俊憲："住居侵入罪"，《法学教室》287号（2004），56頁以下。

〔3〕　西田典之：《刑法各論〔第2版〕》，弘文堂2002年，101、102頁。

〔4〕　参见第200页注〔2〕。

〔5〕　佐伯仁志认为："打个比方来说，人的同一性的错误就是搞错了'脸'，而属性的错误则是弄错了'衣服'。"参见佐伯仁志："被害者の錯誤について"，《神戸法学年報》1号（1985），97頁。确实，在招呼熟人进入的场合，在外表中也主要关注脸。但是在招呼生人进入，或者像百货店那种不问熟人还是生人，单纯招呼客人进入的场合，就未必如此了。例如在广义的外表中，如果是会员制娱乐室的话关注持有会员证，如果是女性浴场的话关注女性的身体特征吧。参见和田俊憲："住居侵入罪"，《法学教室》287号（2004），60頁（不过也关注并不包含在外表里的客观属性）。

〔6〕　不过，并不是所有的与法益有关的错误或者指向此的欺骗行为都满足诈骗罪的构成要件，也受到盗窃罪的存在等的制约。

第2章　有关紧急状况的错误

第1节　罗克辛对法益相关错误说的批判

首次危及在德国风靡一时的法益相关错误说之地位的是罗克辛。[1]罗克辛论述道："从这种观点来看，阿茨特采用的二分法仅仅在下面的情形中才有可能无条件接受，即就与法益无关的事项的欺骗绝对不损害被欺骗人的自我决定，即该同意与错误无关，不管发生什么，该同意都依然可以说是自由处分之表现的情形。但是这样的主张走过头了。对此我想用稍微极端一点的例子来说明。医生欺骗母亲，使其相信只有通过为了移植目的而提供眼球才能让她的孩子免于失明。母亲信以为真，牺牲了眼球。但是行为人仅仅只是为了向这位母亲复仇。他治疗孩子完全不需要该移植体，将眼球直接扔掉了。这样他就达到了给母亲施加不能恢复之改变的目的。在这里，母亲并没有陷入与法益有关的错误，因为她知道自己在怎样的范围内放弃了身体的完整性。她的错误并不与阿茨特所主张的理论意义上的作为法益的处分对象有关，而是与她通过放弃眼球所追求的目的有关。但是能否就由此认定行为人不可罚呢？真的能将这种客观上很明显的现象作为母亲一方自由处分的表现，从而看作被害人自律性决定的归结吗？恐怕不能这么看吧！认为行为人滥用了被陷入错误的女性的处分权能，因此同意归于无效，应以伤害罪加以处罚的看法更为自然。这样考虑的话，对于同意的有效性而言，对于与法益有关的欺骗和与法益无关的欺骗的区分，至少可以不承认阿茨特所赋予的那种原理性的

---

[1]　当然，在此之前，屈内（H. H. Kühne）也同样举出有关紧急状况的欺骗的事例，即"站在燃烧的汽车面前的司机对路过的人说自己的妻子被困在车内，虽然有爆炸和烫伤的危险，仍然唆使行人帮助撬开车门，而实际上车里只有司机的一条狗"这样的事例，来批判法益相关错误说。H. H. Kühne, Die strafrechtliche Relevanz eines auf Fehlvorstellungen gegründeten Rechtsgutsverzichts, JZ 1979, S. 246. 根据其观点，这虽然是动机错误，但依据权利滥用的法理而使同意归于无效。

意义。"[1]

确实，在罗克辛所举的事例中，可以认为被害人正确认识到了伤害罪的构成要件所关注的属性变更，并且行使了将其判断为好的法益处分自由。但是在这里，否定本罪的法益侵害，进而否定行为人成立本罪，无论如何都是不妥当的。不过仔细考虑的话，这样的结论并不是因采用了法益相关错误说而必然导致的。比如说，误信了一定的紧急状态的被害人，会感觉自己不得不行使法益处分自由，[2]但是这样的自由已经不能称之为自由了。也就是说，上述误信由于可以说已经使被害人丧失了法益处分自由，因此也有可能说无疑就是与法益有关的错误的一种。[3]于是上述例子中行为人实施的欺骗，也可以说是有关紧急状况的欺骗。

-238-

下面就相关错误成为与法益有关的错误这样的紧急状况的范围进行探讨。

第2节　正当化事由的误信和满足补充性的避险过当的误信

1. 正当化事由的误信

有关前述紧急状况的错误的例子，所谓的猛兽事例基本没有争议地得到承认，即"因受到欺骗以为自己饲养的猛兽逃出并且对公众产生了危险，故在电话里许可了射杀该猛兽，而实际上猛兽就乖乖地呆在笼子里"[4]的案件。

---

[1] Claus Roxin, Die durch Täuschung herbeigeführte Einwilligung im Strafrecht, in: Gedächtnisschrift für Peter Noll, 1984, S. 280f.; ders., AT, Bd. I, 3. Aufl., 1997, §13, Rn. 74f. [本书存在翻译，参见平野龍一监修、町野朔、吉田宣之监译：《ロクシン刑法総論（基礎・犯罪論の構造）》，信山社出版 2003 年。] 关于罗克辛的见解，详参斉藤誠二："錯誤にもとづく承諾"，《吉川経夫先生古稀祝賀論文集・刑事法学の歴史と課題》，法律文化社 1994 年，159 頁以下。另外，基本上遵从了罗克辛见解的，vgl. Hans-Heinrich Jescheck/Thomas Weigend, AT, 5. Aufl., 1996, S. 383. [本书存在翻译，参见耶塞克（Hans-Heinrich Jescheck）、魏根特（Thomas Weigend）著、西原春夫监訳：《ドイツ刑法総論》，成文堂 1999 年。]

[2] 我从以前一直将这种场合表达为没有"任意性"，参见小林憲太郎：《因果関係と客観的帰属》，弘文堂 2003 年，95 頁以下；小林憲太郎："追いつめられた被害者"，《立教法学》67 号（2005），89 頁以下（＝即本书第 2 部 IV）。

[3] 伦克纳将这个称为与法益有关的不自由（rechtsgutsbezogene Unfreiheit）。Theodor Lenckner, in: Adolf Schönke/Horst Schröder, Strafgesetzbuch. Kommentar, 26. Aufl., 2001, Vorbem §§32ff., Rn. 47.

[4] Roxin, in: Noll-GS. S. 282.

在这里，如果以被害人所认识到的事实为标准，[1]将危难从公众转嫁到猛兽的行为因正当防卫或者紧急避险而得以正当化。即，作为被害人感到不得不行使法益处分自由。因此，可以说被害人所陷入的错误就是与法益有关的错误。

不过这里要注意的是，就算没有误信这一为错误奠定基础的要素，也仍有可能丧失法益处分的自由。理由在于，在这样的紧急状况现实存在，并且被害人对此有正确认识的场合，在被害人感觉到不得不行使法益处分自由这一点上，并没有任何不同。这乍一看可能会觉得很奇怪，没有与法益有关的错误也可能丧失法益处分自由这一点，只要联想到基于胁迫的同意就明白了。那么在这种场合下要否定行为人的可罚性，不应当根据被害人同意即行使法益处分自由，而是必须根据正当防卫或者紧急避险这种其他的正当化事由。[2]

不过，如果将被害人所陷入的错误构成与法益有关的错误的理由认定为因认识到存在一定的正当化事由而感到不得不行使法益处分自由这一点的话，此时就不存在将这里所说的正当化事由限定在紧急状况中的正当化事由里的必然性了。试看如下案例：

被告人因饮酒后与黑人士兵发生口角纠纷并被殴打而产生报复意思，抓起石块追赶。其后，因以为黑人士兵跑进了大楼内，而对大楼的 K 谎称自己"是宪兵队的佐藤"，从而获得 K 的同意走到该大楼的二层。

在本案中，东京高等裁判所昭和 38 年（1963 年）2 月 14 日判决（《高等裁判所刑事判例集》16 卷 1 号 36 页），基于以下理由驳回了被告人的控诉。

"侵入建筑物罪中的侵入，意味着违反看守人的意志进入建筑物内，因此取得看守人基于真实意志而作出的承诺的进入行为原本就不是侵入，因而不构成侵入建筑物罪。但是在承诺是基于错误的场合，应当认为构成侵入建筑物罪。……本案可以充分认定 K 是误认为真正的美国宪兵队的人为了抓捕犯

-239-

---

[1]　对于被害人是否感觉到不得不行使法益处分自由的判断，只能根据被害人内心所认识的事实。参见小林憲太郎：《因果関係と客観的帰属》，弘文堂 2003 年，98 頁。

[2]　当然，就算自身没有正当化状况，但在仅仅促进了已经处于正当化状况中的他人的行为时也没有违法性。对此，岛田聪一郎写了一篇最初提示这个问题的具有划时代意义的论文。参见岛田聪一郎："適法行為を利用する違法行為"，《立教法学》55 号（2000），21 頁以下。

人而向自己征求进入大楼内的承诺，而且，还可以充分看出如果 K 知道了被告人是以对殴打了自己的黑人士兵进行报复施加暴行为目的这一真实事态的话，必定会拒绝被告人的请求的这一情况……K 虽然对被告人的请求作出了承诺，但这一承诺是 K 因被告人的言行而就当时的事态陷入错误的情况下作出的，不能说是出于真实的意志。"

　　这一判示从抽象论证上看来与重大错误说非常具有亲和性。但是如果强调 "K 是误认为真正的美国宪兵队的人为了抓捕犯人而向自己征求进入大楼内的承诺" 这一点的话，根据法益相关错误说也有肯定被告人成立侵入建造物罪的余地。换句话说，可以理解为 K 误信了被告人的进入行为因法令而得以正当化。[1]

　　另外，就算在法令行为这一正当化事由不仅被认识而且也现实存在的场合，行为人不可罚的根据也必须诉诸被害人同意以外的理论，这一点已经得到广泛承认。比如说，在警官出示了真实的调查扣押令状而不得不招呼警察进入住宅内的时候，否定侵入住宅罪成立的根据通常不在于被害人同意，而在于法令行为。

　　2. 满足补充性的避险过当的误信

　　不过，仅根据上面所说的东西，仍旧无法合理解决上一节所见罗克辛举出的事例。因为在这里，不一定就能说如果以母亲认识到的事实为标准，将危难从孩子转嫁到母亲的行为就一定能因紧急避险而得以正当化。[2]

　　日本紧急避险的规定（《日本刑法》第 37 条第 1 款正文）为："为了避免

　　[1]　不过，问题在于当以被害人所认识到的事实为标准时，即便并不满足法令行为的要件，对于握有公共权力的人的要求究竟是行使强制力还是单纯的委托，市民也往往无法进行判断，能否以此为理由认为同意没有意义。Vgl. Amelung, Die Einwilligung in die Beeinträchtigung eines Grundrechtsgutes. Eine Untersuchung im Grenybereich von Grundrechts-und Strafrechtsdogmatik, 1981, S. 98ff.

　　[2]　不过就这一点也有持肯定见解的主张。比如最近，对此进行颇有说服力的论证的，参见深町晋也："ドイツにおける緊急避難論の問題状況"，《現代刑事法》69 号（2005），35 页以下。据此，罗克辛所举的事例与猛兽事例就没有本质区别。另参见浅田和茂："被害者の同意の体系的地位について"，《産大法学》34 卷 3 号（2000），13、14 页。但是这种见解与认为对于降临到共同体中的 1 名成员的灾难，应当由共同体全体予以接受的设想相结合，结果就使得规制个人的行动，要求其应当极力避免共同体不应当忍受的灾难这一做法得以正当化。于是，这与个人可以自由行动的理念相反，并存在与对于降临的命运原则上应当自己忍受这一构成自由社会的基本原理相抵触的危险。

-240-

针对自己或他人的生命、身体、自由或财产的现存的危难而不得已实施的行为，在因此而产生的损害不超过想要避免的损害的程度的限度内，不处罚。"这是将功利性正当化作为其基本想法。[1]但是，不管是为了保全多大的或者同等的利益，将他人的人格进行手段化也是无法在规范上得到正当化的。就算这里的他人是母亲也没有什么不同。当然，这种限定在明文上是不存在的。但是既然这构成功利主义的内在界限，[2]那么就不能直接就说违反了罪刑法定主义。

　　问题在于构成人格的利益的范围，例如猛兽并不包含在内，而眼球则包含在内，对于这一点没有什么争议。这样的话，因为将危难从儿子转嫁给母亲的行为无法因紧急避险而得到正当化，因而母亲就没有感觉到不得不行使法益处分自由，所以母亲的错误看起来也就不是与法益有关的错误了。

　　但是仔细考虑的话，在这个事例中可能涉及的危难的转嫁，并不限于从孩子到母亲的转嫁。在这里，母亲将孩子的利益状态作为自己利益状态的参数吸收进来，简单来说，就是在母亲这个同一人格的内部，通过让孩子避免失明而获得的自我满足的利益与保有眼球的利益之间发生冲突，将危难从前者转嫁到后者，以此作为问题来考虑也是可能的。[3]而且这样考虑的话，就不必将对他人人格的关照考虑进来了。不仅如此，被害人原则上能够对自己享有的利益自由地进行价值排序，因此既然母亲是认为比起自身孩子更重要的人，[4]这种危难的转嫁就有可能因紧急避险而得以正当化。这样就可以说母亲陷入的错误是与法益有关的错误了。

　　不过这里需要注意的是，刑法也不是无限定地承认被害人的价值观。比

-241-

-242-

---

〔1〕　不过反过来说，在紧急避险中也并未将人格手段化，或者正当防卫中不存在除了允许侵害他人人格的要素之外另外的要素的场合中，接下来的表述就未必妥当。前者的例子为"因船只遭受海难而被扔到海上的 2 个人同时游上了 1 块木板，因为这个木板只能承受 1 个人的重量，其中 1 人将另一个人推开，结果被推开的人溺死的场合"，后者的例子为所谓正当防卫类似状况。关于事例，参见井田良："緊急避難の理論"，《現代刑事法》12 号（2000），104 页。

〔2〕　不过正如经常所指出的那样，在为了守护一个人的完整性而牺牲 1 亿人生命的时候，还能不能说这是正确的也存在问题。

〔3〕　作为其典型例子，雅各布斯举了"被骗说头发里有毛虱，因而同意剪掉头发"这样的毛虱事例。Günther Jakobs, AT, 2. Aufl. , 1991, 7. Abschn. , Rn. 121, siehe auch Alfred A. Göbel, Die Einwilligung im Strafrecht als Ausprägung des Selbstbestimmungsrechts, 1992, S. 124f. 根据雅各布斯的观点，将身体的完整性（Körperintegrität）这一法益进行"从头到脚（von Kopf bis Fuß）"减法计算的话，这里的错误就是与法益有关的错误，即同意可能无效。Jakobs, a. a. O. , （Anm. 188）.

〔4〕　也有通过指出这一点，认为母亲存在同意的观点，但这稍微有点误导性。参见林美月子："錯誤に基づく同意"，《内藤謙先生古稀祝賀・刑事法学の現代的状況》，有斐閣 1994 年，51、52 頁等。

如说，将罗克辛所举事例中的孩子换成孩子的爱犬时，能否进行同样解决就并非没有若干疑问。但是即便是在这样的情形中，应当说仍有肯定法益相关错误说的余地。因为处于紧急状况的被害人往往无法冷静地进行损害的衡量，在这个意义上，即便偏离了损害的衡量，被害人也往往在不知不觉中多多少少会感觉不得不行使法益处分的自由。[1]

不过如果这样考虑的话，就会变成在被害人没有错误，也就是说紧急状况现实存在的场合下，也不能通过被害人同意来规制行为人的可罚性了。于是在由于偏离了损害的衡量，因此行为人根据紧急避险也不能得到正当化的情形中，看起来也不能否定可罚性。因此学说之中，也有观点考虑到了这种情况，主张在紧急状况与现实相对应的场合，以在做出同意的人进行的利益衡量中仍然有残留于他/她的意思决定自由的表现为理由，认为同意有效。[2]

确实，这种见解所主张的内容有很多值得倾听的部分。但是对处于紧急状况，在这个意义上陷入某种慌乱状态，无法冷静地进行损害的衡量的被害人意思，给予这么绝对的正当化的效力是否合适仍有疑问。有人指出："在已经长时间受到残酷私刑的人，为了避免受到很有可能还会持续实施的私刑，当犯人到其他地方休息的时候，向路过的人请求'杀了我'，于是路过的人在没有跟走路只要三分钟就能到达的派出所里的警察联系的情况下，直接进行射杀这样的场合，直接适用承诺合适吗？"[3] 这也体现了这样的趣旨吧。虽然

-243-

---

[1] 关于以上内容，参加小林憲太郎："追いつめられた被害者"，《立教法学》67 号（2005），90 頁以下（＝本书第 2 部 IV）。

[2] 与此相对，也有观点认为对于没有进行客观限定的自由的意思决定，欺骗和胁迫一样，都缩小了其幅度，因此同意是不自由的，故而是无效的。Roxin, in：Noll-GS, S. 287；山口厚："錯誤に基づく'被害者'の同意"，《田宮祐博士追悼論集（上卷）》，信山社出版 2001 年，327 頁以下。最近详细展开这一设想的，有 Thomas Rönnau, Willensmängel bei der Einwilligung im Strafrecht, 2001；ders., Voraussetzungen und Grenzen der Einwilligung im Strafrecht, JURA 2002, S. 665ff.

[3] 森永真綱："被害者の承諾における欺罔·錯誤（2·完）"，《関西大学法学論集》53 卷 1 号（2003），240 頁（对上岛一高的批判）。另外，罗克辛、山口厚即便在紧急状况现实不存在，即根据本文的立场存在与法益有关的错误的场合，认为只要不存在行为人的欺骗，同意就有效。Roxin, in：Noll-GS, S. 287；山口厚："錯誤に基づく'被害者'の同意"，《田宮祐博士追悼論集（上卷）》，信山社出版 2001 年，327 頁以下。与此相对，森永真綱则（同样在对上岛一高的批判中）问道："在因被欺骗以为猛兽逃出并对公众产生危险，而联系邻居的手机，在说明情况后委托其射杀猛兽的场合，这个邻居还能射杀就在笼子里的猛兽吗？"参见森永真綱："被害者の承諾における欺罔·錯誤（2·完）"，《関西大学法学論集》53 卷 1 号（2003），240 頁（对上岛一高的批判）

论者紧接着说："基本上，真的有必要区分紧急状况现实存在的场合和不过是被欺骗认为存在的场合，进而对应个别的情况［在紧急状况现实存在的情形中，一般看来是否能够基于承诺，不侵害法益即可容易地打破该强制状况（如前文所述事例中向警察通报等）］……进行分析考察吗"，[1]但论者所说的正当化的效力受到这种"个别的情况"的影响，无疑就是说被害人同意并没有在起正当化的效果。[2]

这样看来，在为了使孩子的爱犬免遭失明而不得已同意摘取自己眼球的案件中，（兽）医生充其量只不过得以因避险过当（《日本刑法》第 37 条第 1 款但书）而免除刑罚。这样的结论乍一看可能会觉得奇怪。但是，因为认为陷入慌乱状态、无法冷静地进行损害的衡量的人具有自律之类的不过是一种幻想，而与此同时，刑法对我们施加一定的价值排序也是无可争辩的事实，因此在某种意义上前述结论也是不可避免的。另外，免除刑罚虽然确实是一种有罪判决，但其实体也可以说无限接近阻却犯罪成立本身了。换句话说，这也完全可以理解为以一定的刑法体系为前提时，正当化的法律效果也会有若干不同罢了。[3]

－244－

但是罗克辛所举的事例与所谓的献血事例，即"对电影明星谎称'生命拯救周（Woche der Lebensrettung）'的宣传而请求其无偿献血，行为人实际追求的是将获得的血装进试管里，然后对这位明星的粉丝以'遗物'（Reliquien）的名义高价出售这一完全不同的目的"，都被归类为欺骗与被害人通过放弃法益而追求的利他性（altruistisch）目的有关的场合。与此相对，猛兽事例和毛虱事例[4]则被归类为欺骗与被害人通过放弃法益而想要达成的避免损害目的有关的场合。在这两个场合中，同意都被认定为无效。[5]

---

[1]　森永真綱："被害者の承諾における欺罔・錯誤（2・完）"，《関西大学法学論集》53 卷 1 号（2003），240 頁。

[2]　鉴于实际上所举的"个别的情况"仅仅是补充性这一点，这也是打算通过紧急避险来正当化吗？

[3]　关于这样的刑法解释方法论，详参小林宪太郎：《因果関係と客観的帰属》，弘文堂 2003 年，185 頁。

[4]　参见第 207 页注［3］。

[5]　Roxin, in：Noll-GS, S. 282. 285ff. 除此之外，罗克辛还举了欺骗是与法益相关的场合，欺骗是与作为放弃法益的替代约定好的反对给付相关的场合，和欺骗与对于动机来说属于重要事项的附随情况或者其满足并不依赖于行为人这样的期待相关的场合。并认为在第一个场合原本就不存在同意，在第二个和第三个场合同意有效。

　　虽然进行这样的归类是基于怎样的理论根据未必明确，不过如果根据前面所说的，倒不如说罗克辛所举的事例更应该归类为欺骗与被害人通过放弃法益而想要达成的避免损害目的相关的场合。问题是像献血事例那样的认定了完全与避免损害无关的利他性目的的案件。根据罗克辛的见解，在此发生的并不是做出同意的人的行为自由，倒不如说是表达了因欺骗而被巧妙操纵了的意志，自由而无私的被害人因受到行为人的欺骗而被改换进行没有意义的损害。[1]

　　但是说发生的现象为表达了因欺骗而被巧妙操纵了的意志的话，这并不限于被害人追求利他性目的的场合。[2]这只要联想到假装会追随被害人一起死亡而使被害人产生自杀决意这一所谓的伪装自杀的案件[3]就变得明确了。在这里，如果认为虽然被害人的意志被操纵了，但同意并不直接失去意义的话，就献血事例应当也可以进行相同的推论。当然，在这个事例中，如果被害人的意志并不是简单地被操纵，而是在结果上不能正确认识到伤害罪的构成要件所关注的一定的属性变更的话，在这里也有可能承认与法益有关的错误。但实际上并非如此，倒不如说超出被害人意志而被变更的，是标的物的使用目的这一诈骗罪之类的财产犯的构成要件所关注的属性。换句话说，在这个事例中所实现的不过是捐款诈骗所设想的不法内容而已。

---

〔1〕　Roxin, in: Noll-GS, S. 286.

〔2〕　实际上如前所述，对于不能同时看成利己性目的的利他性目的之类的，可以说原本就不存在，这一点暂且搁置。详参小林公：《合理的选择と契约》，弘文堂 1991 年，48 頁以下。

〔3〕　例如仙台高判昭和 27·9·15 高刑集 5 卷 11 号 1820 頁；最二小判昭和 33·11·21 刑集 12 卷 15 号 3519 頁等。众所周知，这些判例肯定了杀人罪的成立，但受到了学说激烈的批判。例如西田典之：《刑法各論〔第 2 版〕》，弘文堂 2002 年，17、18 頁。

终章 行为人的保护

本文就基于错误的被害人同意在怎样的范围内被赋予了刑法上的意义这一点，立足于法益相关错误说进行了详细的探讨。不过学说在讨论行为人的可罚性之时，并不仅仅考虑错误这一被害人方面的情况，通过在一定的范围内也考虑行为人方面的情况，来试图保护行为人的动向也很强烈。[1]比如说下面这些问题被提了出来：

①表达的错误，比如说在被害人本来打算在树的告示栏上写"不许砍倒这棵树"，结果错误写成了"应当自由砍倒这棵树"的场合，能否处罚知情的行为人？或者说能否肯定被害人或者第三人对行为人实施正当防卫或者紧急救助呢？

②在毛虱事例[2]中，如果进行欺骗的不是理发师而是父亲，但理发师也知情的话，能否以暴行罪（伤害罪）处罚理发师呢？或者能否肯定被害人或者第三人对理发师进行正当防卫或者紧急救助呢？

③假如对②的答案是肯定的，那这种正当防卫或者紧急救助，在理发师没有故意的场合也可以肯定吗？

④在行为人想要使邻居十分珍爱的花枯死，特意在邻居面前对自己的花喷洒除草剂，邻居以为这样做对花好于是也模仿，结果邻居的花枯死的场合，对引起错误的行为人能否以损坏器物罪加以处罚呢？

⑤被害人想要乘坐在每个站点都停靠的车，但是由于弄错了而乘坐了并不在每个站点都停靠的快速列车，此时对知情的司机能否以监禁罪加以处罚？

确实如果对于上述问题都给出肯定回答的话，就会得出非常奇怪的结论。

–246–

---

[1] 德国自古以来就存在这种动向，在日本——至少从体系上提出这种主张的——森永真纲的论文是第一篇。参见森永真網："被害者の承諾における欺罔·錯誤（2·完）"，《関西大学法学論集》53 卷 1 号（2003），240 頁以下。在这个意义上，这是一篇非常值得注目的文章。

[2] 参见第 207 页注〔3〕。

在这个意义上，暂且不论是否表现了行为人的保护，仅仅讨论是否存在与法益有关的错误还远远不够。但是虽说如此，通过对被害人同意赋予意义的形式来进行比这更深的考虑也是不合适的。

犯罪论体系上的所有概念，都具有与其相应的作用和内容，这些概念通过被组合在一起而形成一个有机的统一体，具有一种超越个别具体性结论的完整性。如果以个别具体性结论作为出发点，承认某个概念随时（ad hoc）都能偏离其作用和内容的话，犯罪论体系之类的就会变成没有任何意义的东西。而且具有根据利益放弃而排除法益侵害作用的被害人同意这一概念的内容，只限于没有与法益有关的错误的情况。[1]

这样考虑的话，①到⑤甚至被认为需要广泛保护行为人的问题就应当通过否定故意或过失，限制正当防卫、紧急救助，[2]肯定基于正当业务行为或合同的正当化[3]或者承认被害人的答责领域（适用信赖原则）[4]等来解决。不过详细方法留待另行撰文展开。

-247-

-248-

---

[1] Vgl. Ricarda Brandts/Horst Schelhofer, Die täuschungsbedingte Selbsttötung im Lichte der Einwilligungslehre, JZ 1987, S. 447. 当然，在紧急状况现实存在的场合，同意也丧失了其意义，但这本身是另外一回事。

[2] 提出将被害人同意的效力与抵抗行为的正当化范围进行割裂的理论上之可能性是桥爪隆一系列论文的功绩。论文数量很多，举一个例子的话，请参见桥爪隆："正当防衛論の再構成——相互闘争状况における正当化の限界"，《刑法雑誌》39 卷 3 号（2000），367 頁以下。不过即便不对正当防卫、紧急救助进行限制，由于在很多场合可以设想极其轻微的抵抗手段，因此可能也不会有多么大的不合适的情况。

[3] 日本第一个指出这种正当化事由存在的是佐伯仁志。参见佐伯仁志："被害者の同意と契約"，《西原春夫先生古稀祝賀論文集（第 1 卷）》，成文堂 1998 年，385 頁以下。不过在后来撤回于行为时点存在的同意的场合，在讨论根据合同正当化之前，应当注意已经不满足客观构成要件了。对此参见小林憲太郎："いわゆる胎児性致死傷"，《立教法学》67 号（2005），115 頁以下（＝本书第 2 部 III）。

[4] 关于其具体方法，虽然讨论并不充分，但参见小林憲太郎："信頼の原則と結果回避可能性——交差点衝突事故に関する二つの最高裁判決の検討"，《立教法学》66 号（2004），1 頁以下（＝本书第 2 部 I）。

VI 论所谓推定同意

序章 作为标签的推定同意

还有一种到目前为止在日本还几乎没怎么讨论过的可罚性阻却事由，称为推定同意。[1]不过由于其为何阻却可罚性这一根据的不同，其内容也因论者的不同而各色各样。因此，本文不采取事先就将推定同意的内容予以定型化的做法，而是先举出从前以来被认为涉及这种可罚性阻却事由的几个典型事例：[2]

①在车站小卖部的店员不在期间，放下钱而拿走报纸（盗窃罪）。

②丈夫出差时，来了一封以丈夫为收件人的书信，为了告知丈夫书信内容，而擅自开拆了书信（私拆信件罪）。

③丈夫出差时，有人给丈夫寄了一瓶作为年终礼物的酒，自己擅自打开喝掉了（侵占罪）。

−249−

---

〔1〕 不承认这一法理的有西村克彦："推定的承諾という法理の反省"，《警察研究》50 卷 3 号（1979），第 3 頁以下等。另外，在与推定同意稍微有些不同的含义上，也有人用假定同意这样的表达。参见小林憲太郎：《因果関係と客観的帰属》，弘文堂 2003 年，58 頁注 131。这具体是指本文第 3 章所处理的事例类型。不过至少在日本，对推定同意这一法理的讨论也包含了这类事例。町野朔：《患者の自己決定権と法》，東京大学出版会 1986 年，244 頁以下等。因此，本文在推定同意这一标题下对两者都进行讨论。

〔2〕 在日本，真正意义上对推定同意进行讨论的学者很少，根据其中之一的吉田宣之的见解，各种各样见解不同的原因在于行为人将法益主体的推定同意理解为可以信赖的状况的多面性。Nobuyuki Yoshida, Zur materiellen Ligitimation der mutmaülichen Einwilligung, in: Festschrift für Claus Roxin, 2001, S. 404. 最近有文献指出这些见解都是从各种各样的事例中挑出仅对自己有利的，从用以为其提供根据这样的问题意识出发，对在推定同意的标题下所列的事例进行一元性的处理，并试图根据具体不同的事例给出妥当的解决方法。Hans-Hermann Heidner, Die Bedeutung der mutmasslichen Einwilligung als Rechtfertigungsgrund, insbesondere im Rahmen des ärztlichen Heileingriffs, 1988, S. 167ff. 本文也基本上赞成这样的思考方向。

④邻居家里没人，但自来水的水龙头中水流了出来，在未获得许可的情况下进去修理（侵入住宅罪）。

⑤具有生命危险的重症患者在丧失意识之前反复说"要是没有脚的话还不如死掉的好"，为了救此重症患者而切断其脚（伤害罪）。

在上述事例中，根据被害人一方情况的不同，可以设计出更多的版本。例如在②中，拆开的书信中有来自丈夫情人的内容，如果丈夫知情的话，就不会许可开拆的场合（②'）；反过来，丈夫害怕情人来信，因而禁止妻子开拆书信，妻子反而擅自开拆，结果只有丈夫工作单位的来信，丈夫如果对此知情的话，会许可开拆的场合（②"）就是如此。同样的，在④中，由于邻居家里正在进行秘密实验，邻居就算知道了水龙头的故障也会认为比起家里被进入，宁愿选择地板进水的场合（④'）；反过来，不知道水龙头故障的邻居虽然曾明确地表示过不得进入的意思，但如果知情的话就会许可的场合（④"）也是如此。

学说在否定这些事例（其中几个）的可罚性之时，关键不在于推定同意这一标签本身，而是其实质性根据。而本文的最终目的也正是在于通过对这一点进行讨论，[1] 根据情况提出新的根据，来妥善解决这些事例。应当注意

---

〔1〕 学说上也存在认为其根据在于民法上的无因管理的看法。不过这是最古老的见解了。Z. B. Werner Resenberg, Strafbare Heilungen, GS62（1903），S. 73ff.；Ernst Zitelmann, Ausschluß der Widerrechtlichkeit, AcP99（1906），S. 102ff.；Martin Ahrens, Geschäftsführung ohne Auftrag als Strafausschliessungsgrund, 1909, S. 7ff.；Robert von Hippel, DieBedeutung der Geschäftsführung ohne Auftrag im Strafrecht, in：Festgabe der juristischen Fakultäten zum 50 jährigen Bestehen des Reichsgerichts, 5. Bd.，1929, S. 1ff. 对此观点，批判见解认为，在标准不是客观利益（《德国民法典》第677条）而主要是被害人的意思的场合，或者无法认定对他人法益的侵袭（例如用被害人寄存的钱冲抵了被害人的债务的履行之类），而仅仅只能认定费用的偿还请求（清偿了被害人的债务，请求偿还这一部分份额之类）（《德国民法典》第683条）的场合，或者出于公共利益目的的义务履行的场合（《德国民法典》第679条），认定为正当化的紧急避险就行了，或者说不应该仅仅将事后判断看作决定性的要素。不过对于这种观点，由于必须明确无因管理的解释、民法与刑法的态度等问题，否则无法决定对此的态度，因此本文对此不作讨论。Vgl. auch Peter Noll, Übergesetzliche Rechtfertigungsgründe im besonderen die Einwilligung des Verletzten, 1955, S. 135ff.（Siehe aber aush ders.，Tatbestand und Rechtswidrigkeit. Die Wertabwägung als Prinzip der Rechtfertigung, ZStW77（1965），S. 25ff.）；Hans Welzel, LB, 11. Aufl.，1969, S. 93；Ulrich Weber, Zur strafrechtsgestaltenden Kraft des Zivilrechts, in：Festschrift für Fritz Baur, 1981, S. 139ff.；Hans－Ludwig Günther, Strafrechtswidrigkeit und Strafunrechtsausschluß. Studien zur Rechtswidrigkeit als Straftatmerkmal und zur Funktion der Rechtfertigungsgründe im Strafrecht, 1983, S. 351f.；Ulrich Schroth, Die berrchtigte

的是，在这样否定可罚性的时候，可以将其称为推定同意，不过这仅仅是用
语的问题罢了。

（接上页）Geschäftsführung ohne Auftrag als Rechtfertigungsgrund im Strafrecht, JuS1992, S. 476ff. ［不过施
罗特（Ulrich Schroth）认为，事后追认（《德国民法典》第 684 条后段）并不是正当化事由，而是答
责性阻却事由。］

第1章　现实的同意

到目前为止在推定同意这一标题下讨论的可罚性阻却事由的一部分就是现实的同意（默示的同意）本身。例如在①的事例，就可以根据店员的现实的同意来否定盗窃罪的成立。

当然，对此有这样的批判。即，第一，对被害人同意而言，需要其表明同意，或者至少应当具有从外部的认识可能性，而本案欠缺这一条件。第二，-251-一旦在本案中承认了被害人同意，就算没有放钱也会否定盗窃罪的成立。

但是，首先就第一个批判而言，就同意提出这样的要件原本就没有根据，可以说其前提就不妥当。只要存在被害人在预见到法益侵害的前提下，出于某种目的而予以忍受这样的心理过程，就能够看成存在构成了同意之实质性内容的法益处分自由的行使。而且即便在这一点上还有必要使有关同意的存在与否的判断安定化，这也不过是车站小卖部这一社会语境自然赋予的，应该不存在店员的对外态度所发挥的作用。

其次，第二个批判也含有错误的推论过程。盗窃罪中的法益侵害，并不仅仅在于单纯的报纸脱离占有，还包括该报纸具有的一定价值。因此，店员在行使法益处分自由之际，将实质性地决定报纸价值的"放钱"这件事作为附加条件也是可能的，而且这才是符合店员的心理过程的。那么，条件虽然未成就但误以为已经成就的店员，因为可以说陷入了所谓法益相关错误，盗窃罪的成立得以肯定。[1]

德国曾发生过一起非常有名的医院实习生案（BGHSt16，309）。被告人

---

[1] 这里不仅存在与盗窃罪的法益有关的错误，还存在与诈骗罪的法益有关的错误，但因为不满足诈骗罪的构成要件所以成立盗窃罪。不过学说上也有观点认为，"也并非不可以认为盗窃罪与诈骗罪在保护法益的实体上存在差别，作为这一差别的反映，（使同意归于无效的）与法益有关的错误的内容也不同（比如说被害人对有关交付的财物的对价的错误，虽然在盗窃罪中与法益无关，但在保护交易的诈骗罪中则与法益有关，诸如此类）"。桥爪隆："詐欺罪（上）"，《法学教室》293 号（2005），72 頁注 10。

为以医院实习生（Famulus）身份在医院工作的医学院学生，其单独实施了患者只允许医生实施的侵袭性治疗，就伤害罪和过失致伤罪，法院宣判无罪。学说中存在通过推定同意来处理本案的做法——事实上原审判决（LG Kassel, Urt. v. 5. 7. 1960）也确实是这么做的——但是该案中所讨论的问题的实质不过是现实的同意。 -252-

　　对于将一般在包括性同意的标题下处理的事例类型按照推定同意来解决的见解，可以说也存在同样的问题。在以扒窃目的进入诸如百货商店等向公众一般性开放的建筑物的场合，以在外观上与通常的顾客没有区别为理由否定成立侵入建筑物罪的见解，实际上也不过是援引了现实的同意。[1]

---

[1]　就本章整体的详细内容，参见小林宪太郎："いわゆる'法益関係的錯誤'の意義と限界"，《立教法学》68 号（2005），27 頁以下（=本书第 2 部 V）。

第 2 章　被允许的危险

　　近年来，在推定同意这一标题下，讨论被允许的危险的见解逐渐有力化。[1]所谓被允许的危险，是指如果将侵害法益或者使法益危殆化的举止全部都予以禁止的话，丧失的行动自由、社会有用性就会变得太大，因此在诸如遵守交通规则等一定的条件下，容许这样的举止的一种思考方法。

　　正如从前面也能推测的那样，这种见解最大的特征在于要解决的是从结果上看发生了被害人不希望看到的事态的案件。[2]结合事例来说的话，②'和④'属于这一类。在事例②'中，就跟结果上轧了人的驾驶行为要想被允许，要求事先给予充分的注意以避免接触到人一样，结果上违反了丈夫意思的开拆信封的行为要想被允许，要求事先给予充分的注意以遵循丈夫的意思，

---

[1]　Z. B. Theodor Lenckner, Die Rechtfertigungsgründe und das Erfordernis pflichtgemäßer Prüfung, in: Festschrift für Hellmuth Mayer, 1966, S. 181；ders., in: Adolf Schönke/Horst Schröder, Strafgesetzbuch. Kommentar, 26. Aufl., 2001, Vorbem §§ 32ff., Rn. 54ff（以下简称为"Sch/Sch"）；Claus Roxin, Über die mutmaßliche Einwilligung, in: Festschrift für Hans Welzel, 1974, S. 453（关于罗克辛的见解，详细的参见斎藤誠二："'推定的な承諾'の法理をめぐって"，《警察研究》49 卷 11 号（1978），15 頁以下）；Hans-Heinrich Jescheck/Thomas Weigend, AT, 5. Aufl., 1996, S. 387f［本书存在翻译，参见参见耶塞克（Hans-Heinrich Jescheck）、魏根特（Thomas Weigend）著、西原春夫監訳：《ドイツ刑法総論》，成文堂 1999 年］；Horst Schlehofer, in: Münchener Kommentar zum Strafgesetzbuch, Bd. 1., 2003, Vor §§ 32ff., Rn. 136ff. 作为这种见解的先驱，但是以提倡"成为被害人利益的行为（Handeln im Interesse des Verletzten）"这一新的正当化事由的形式来采取这种观点的有，Hermann Eichler, Handeln im Interesse des Verletzten als Rechtfertigungsgrund, 1931, S. 47ff. 日本的文献，参见伊藤寧："推定的同意による行為と許された危険について（1）"，《海上保安大学研究報告》1 部 21 卷 1 号（1975），23 頁；内藤謙：《刑法講義総論（中）》，有斐閣 1986 年，620 頁；町野朔：《患者の自己決定権と法》，東京大学出版会 1986 年，210 頁；阿部純二等编：《刑法基本講座（第 3 卷）》，法学書院 1944 年，156 頁（須之内克彦）；林幹人：《刑法総論》，東京大学出版会 2000 年，175、176 頁（不过同时采用了下一章的说明）。

[2]　在并非这样的案件中，应当从行为是基于与当事人推定的意思相关的妥当的判断这一无法反证的推定出发。Roxin, in: Welzel-FS, S. 460f. 不过也存在肯定违法性的见解。Jürgen Baumann/Ulrich Weber/Wofgang Mitsch, AT, 11. Aufl., 2003, § 17. Rn. 118.（Mitsch）

具体来说就是充分努力去确认丈夫的意思［所谓的合义务性考察（pflichtgem-
äße Prüfung）的要件］。[1]对于推定同意，人们常常说对其要求具有想要获得
同意却不能得到同意这个意义上的补充性（Subsidiarität），也有说这不过是同
意的代替物（Einwilligungsersatz/Einwilligungssurrogat）之类的，[2]在这个意
义上也就能够理解了。

-254-

　　而且在事先尽到了注意义务以期不违反被害人意思的场合，即使在个别
具体的事例中，从结果上看还是无法完全否定发生被害人不希望看到的事态
的可能性，从宏观的视角来看更为可取的做法还是一般性地允许行为的实施。
既然作出了这样的判断，即便行为人内心碰巧预见了违反被害人意志的事态，
对此也应当认为同样被允许。就事例②'而言，虽然没有与丈夫取得联系的
直接方法，但在诸如之前每次出差丈夫都会委托妻子开拆书信，或者留下了
纸条让妻子开拆书信之类的，所有推测丈夫真实意思的资料都指示开拆书信
的场合，即使妻子内心认为"搞不好丈夫不希望我拆信"，也应当认为开拆书
信的行为被允许。有时候，在这样的事例中，有见解以行为人误信了现实上

---

[1] 不过，为此必须以被害人如果知道全部情况就会做出同意这一事由具有阻却结果不法的效果为
　　前提。参见第 218 页注［2］。问题是对于基于合义务性考察的正当化来说，还需要附加一些什
　　么要件。Vgl. Lenckner, in: Mayer-FS, S. 181f. 关于这一点，参见小林宪太郎："許された危険"，
　　《立教法学》69 号（2005）（＝本书第 2 部 VII）。

[2] Z. B. Klaus Geppert, Anmerkung, JZ1998, S. 1025ff.; Hans-Ullrich Paeffgen, in: Nomos Kommentar
　　zum Strafgesetzbuch, AT, 2001, Vor § 32, Rn. 155ff. 不过其中有些文献认为不需要合义务性考察
　　这一要件。Z. B. Hans-Joachim Rudolphi, Die pflichtgemäße Prüfung als Erfordernis der Rechtfertigung,
　　in Gedächtnisschrift für Horst Schröder, 1978, S. 86ff.（不过以事前的客观利益衡量的形式实质上
　　承认了这一要件）；Geppert, a. a. O.; Hans-Joachim Hirsch, in: Strafgesetzbuch. Leipziger Kommen-
　　tar. Großkommentar, 11. Aufl., 1994, Vor § 32, Rn. 132, 140（不过以事前的客观盖然性判断的形
　　式实质上承认了这一要件）；Roxin, AT, Bd. I, 3. Aufl., 1997, § 14, Rn, 81ff.; Gregor Rieger, Die
　　mutmaßliche Einwilligung in den Behandlungsabbruch, 1998, S. 96ff（以下简称为 "Einwilligung"）；
　　Günter, Stratenwerth/Lothar Kuhlen, AT I, 5. Aufl., 2004, § 9, Rn. 42. 不过如果认为论者是将其
　　根据理解为轻率的误信也阻却故意这一点的话，就难言妥当。行为不被允许与具有故意并不等
　　价。在这个意义上，米勒·迪茨（Heinz Müller-Dietz）正确地指出，认为不需要合义务性考察
　　这一要件的见解并非将被允许的危险作为阻却可罚性的根据。Heinz Müller-Dietz, Mutmaßliche
　　Einwilligung und Operationserweiterung-BGH, NJW1988, 2310, JuS1989, S. 282. 不过这里所说的合
　　义务性考察是客观的注意义务，超出这一点而要求主观的正当化要素的话就不妥当了。
　　Vgl. dagegen Sch/Sch (Lenckner), Vorbem § § 32ff., Rn. 58. 不过在罗克辛改变学说以前，认为
　　不需要合义务性考察这一要件的真实的理由，在于主张舍弃客观的注意义务违反的概念，将其
　　消解于危险创出的客观归属论。参见小林宪太郎：《因果関係と客観的帰属》，弘文堂 2003 年，
　　172 頁。

并不存在的被害人同意为理由，通过否定故意来否定开拆书信罪的成立，但是这样的处理方法存在局限性。[1]

　　不过对于能否这样原封不动地接受这种被允许的危险的想法，也是有疑问的。毋宁说在以发展至今的刑法理论为前提的情况下，在有关具体的可罚范围的问题上，认为事前尽到了注意义务这件事与不法构成要件[2]无关，而不过是阻却了责任的见解，能够得出更加妥当的结论。而且如果认为这里所说的刑法理论并不是基于有关违法性、责任的特定的构想而成立的东西，而是在判例与学说之间形成共通了解的东西的话，这样的推论在方法论上也是妥当的。[3]当然，在考虑到前述情况的基础上，还使用被允许的危险也是论者的自由，但需要注意的是，这跟在推定同意的标题下讨论的其他的可罚性阻却根据在性质上稍有不同。

---

[1] 反过来，在没有任何根据，轻率地以为"（虽然没有被害人现实的同意）如果知情的话会同意的吧"这样的场合，否定故意也被认为是不妥当的。Roxin, in：Welzel-FS, S. 454ff. 这与关于《德国刑法典》第 193 条规定的被称为"正当利益的维护（Wahrnehmung berechtigter Interessen）"的正当化事由的讨论类似。不过更准确地说，并不是"否定故意"，而是"将行为认定为被允许的，或者就算不这么认为，在禁止的错误中否定故意"的做法不妥当。Rudolphi, in：Schröder-GS, S. 92ff. ; Rieger, Einwilligung, S. 97f.

[2] 另外，通过被允许的危险来解决推定同意的很多论者，都认为推定同意不是构成要件阻却事由，而是正当化事由。但是这并不是为了寻求什么法律效果上的差异——比如说有无侵害权之类的——只不过与道路交通中的交通合规性（德语：Verkehrsmäßigkeit，指遵守道路交通安全法规规定的行为。——译者注）不同，在判断推定同意的场合，由于具体的利益衡量是必要的，所以其与构成要件阻却事由不具有亲和性罢了。Vgl. Roxin, AT, Bd. I, 3. Aufl., §18, Rn. 1f. 林干人将推定同意定位为构成要件阻却事由。参见林幹人：《刑法総論》，東京大学出版会 2000 年，175 頁。

[3] 关于上述论述的详细内容，参见小林憲太郎：《因果関係と客観的帰属》，弘文堂 2003 年，178頁以下。在行为人妄想列车上被装了炸弹，如果乘坐该列车就会被炸死而隐瞒自己的意图劝说被害人上车，结果被害人果真被炸死的事例中，乍一看有因果关系和故意都得到满足的余地，但仍旧不成立杀人罪，根据本文的观点是由于没有责任。

第3章　基于被害人价值观的法益价值减少

近年来，对推定同意阻却可罚性的过程进行这样说明的见解正在增加。即"从事后的角度，以此阶段明确了的情况为基础判断侵害结果发生时法益主体（如果认识到了事态）会不会给予同意，如果能得出肯定的结论，就意味着法益侵害符合法益主体的意志，从而得以正当化"。[1]

上述说明的前半部分确实有可能影响可罚性。不过虽说如此，也无法将其根据理解为"法益侵害符合法益主体的意志"这一点。比如说在②"和④"的事例中，确实如果丈夫、邻居如果知道全部情况的话，可能会很高兴地许诺开拆书信、进入住宅，不，倒不如说可能会积极请求行为人这么做。但是，现实就是丈夫严格禁止开拆书信，邻居也明确拒绝进入他的住宅。即便如此还说开拆书信、进入住宅是与丈夫、邻居"的意志相符合"的话，就成了将正当化的基础建立在无法成立的虚构之上了。

那么被害人如果事后知道了情况的话就会给予同意这样的事实，究竟在怎样的意义上影响行为人的可罚性呢？对此，恐怕只能进行下面这样的考虑。

一般情况下，当我们说被害人同意具有正当化效力的时候，意味着以将被害人卷入其中的一定的客观利益状态为前提，对于在其中特别被判断为值得刑法加以保护的法益，被害人行使了处分的自由。而且由于这样的自由是保护该法益的构成要件固有的东西，对于与此无关的情况，被害人并不知情，或者就算知情，对照其价值观，被害人有可能不行使该自由这样的事由，对于该自由得到了行使这样一种评价没有影响（所谓的法益相关错误说）。[2]

与此相对，在确定作为被害人同意的前提的将被害人卷入其中的客观利

-256-

---

[1] 山口厚：《問題探究　刑法総論》，有斐閣1998年，89、90頁。即"不管怎么说，在阻却违法性的根据在于符合法益主体的意思这一点上与现实的同意的场合一样"。另外也可以参见和田俊憲："住居侵入罪"，《法学教室》287号（2004），58、59頁等。

[2] 详细内容，参见小林憲太郎："いわゆる'法益関係の錯誤'の意義と限界"，《立教法学》68号（2005），27頁以下（＝本书第2部Ⅴ）。

益状态之时，必须脱离现实认识到的东西，而以实际存在的事实为基础。[1]
例如，同样是被害人觉得很碍事的纸盒箱，在里面不出所料只有一些破烂的
场合，和里面竟然有金条的场合，对于被害人来说，这个纸盒箱的价值完全
不同。正因为如此，如果该纸盒箱被窃取了，即使被害人的被害意识没有任
何差别，法益侵害性也存在很大不同。但这跟在确定将被害人卷入其中的客
观利益状态之际不得考虑其价值观是完全不同的事情。倒不如说就属于被害
人个人的利益而言，原则上就应当将其价值的决定委诸被害人的价值观。正
因为如此，在上面的例子中，如果这个破烂是一件纪念物，对于被害人来说
比金条还要重要的话，上述的结论就刚好反过来。被害人的主观和价值观，
虽然是两个经常在相同意义上被使用的概念，但这稍微有一些误导性。在确
定将被害人卷入其中的客观利益状态之时，前者不被考虑，而后者则要被考
虑进来。[2]

如果按照上述方式考虑的话，就以实际上存在的事实为基础，按照被害
人的价值观并不具有值得刑法保护的价值的法益[3]而言，可以不必等到对其
处分自由的行使即被害人同意，而认为对该法益的侵害原本就不构成可罚的

-257-

-258-

---

[1] 反过来说，像米奇（Wolfgang Mitsch）那样由此得出所谓重大错误说，则是错误的。Baumann/Weber/Mitsch, AT, 11. Aufl., §17, Rn. 123. (Mitsch)

[2] 不过，在只能想象没有价值决定能力的人格的场合，就没有考虑特殊价值观的余地。而且在丧失该能力之前的价值观，只要丧失了确保心理连接性的人格同一性，就也是如此。Vgl. Reinhard Merkel, Tödlicher Behandlungsabbruch und mutmaßliche Einwilligung bei Patienten im apallischen Syndrom. Zugleich eine Besprechung von BGH NJW1995, 204, ZStW107（1995），S. 563ff. 另外，关于这种人格的同一性的问题，其与参与自杀、同意杀人罪的处罚根据相关联，对此的详细讨论，参见小林宪太郎："被害者の関与と結果の帰責"，《千葉大学法学論集》15巻1号（2000），141页以下。

[3] 我将这种情况表达为法益的价值为被害人的价值观所威胁，实质上是一回事。小林宪太郎：《因果関係と客観的な帰属》，弘文堂2003年，58、59页。这只要联想到实施威胁的主体是更加客观的东西的情形就很容易理解了。例如，负有支付义务的人，我们可以说他的保有金钱的利益，在与权利人的关系上没有值得保护的价值，这也就是说该利益的价值，为支付义务所威胁。另外，这里是在正当化事由和客观归属的标题下，对于可罚性的阻却来说，作为处罚对象的举止要求具有满足正当化事由的一定可能性。但是由于被害人的价值观总是威胁着属于他的法益的价值，因此至少在这个语境里没有必要讨论。
认为有可能从所谓的"本权说出发，以即使没有欺骗在合同上也应当支付为理由否定诈骗罪"的樋口亮介，认为以如果"即使没有欺骗也会交付"的话就没有损害为理由否定处罚的最一小判平成13·7·19刑集55巻5号371页的理论构造与所谓的实质的个别财产说完全无关，这是将本章与第1章的逻辑明确加以区别，可以说这是妥当的。樋口亮介："判批"，《ジュリスト》1249号（2003），158页以下。

违法性。所谓的"被害人如果事后知情的话就会同意",可以理解为恰恰就是上述判断的定型化。

那么这个意义上的推定同意的判断在逻辑上就先于现实的同意、被允许的危险的判断。因此,即使是像②"和④"这样的明显没有现实的同意,或者无论行为人多么容易就能够向丈夫、邻居告知情况取得同意,可罚性也还是被否定。[1]

不过,最早对作为正当化事由的推定同意进行实质性探讨的梅茨格尔,将正当化根据理解为被害人如果知情的话就会同意这样的现实的意思方向。[2]对于梅茨格尔的观点,存在无法解决事后判明了不符合被害人的现实的意志的情形、不能说明推定的同意——与现实的同意不同——无法被定位于构成要件阻却事由等批判。[3]即使梅茨格尔的真实想法就是本章所论述的意思的话,[4]就前一个批判而言可以说确实如此,但对第二个批判而言,应当说其前提就不妥当,即将推定同意定位于构成要件阻却事由不存在任何理论上的障碍。[5]

-259-

---

〔1〕　另外,就未遂犯的成立与否,应当限定在误信现实上不存在同意的场合。比较有意思的分析,参见深町晋也："主観的正当化要素としての同意の認識の要否——同意の処罰阻却効果の'絶対性'との関係について",《岡山大学法学会雑誌》51 巻 4 号（2002）, 761 頁。

〔2〕　Edmund Mezger, Die subjektiven Unrechtselemente, GS89（1924）, S. 287ff.；ders., LB, 3. Aufl., 1949, S. 220f. 即,只要满足推定同意的要件,就像被害人现实同意了一样处理（利益欠缺原理）。与此相对,无因管理——虽然同样也是规范法领域整体中的正当化——却是基于优越利益原理。

〔3〕　Roxin, in：Welzel-FS, S. 449.

〔4〕　众所周知,梅茨格尔认为与推定同意作相同处理的现实的同意,是与行为有关而不是结果,对这一点暂且搁置一边。

〔5〕　参见林幹人:《刑法総論》,東京大学出版会 2000 年, 174 頁。

第4章　紧急避险

　　日本迄今为止比较有力的学说通过紧急避险来说明推定同意。[1]而且，因为在某现象满足紧急避险的一般成立要件之时，仅以该现象碰巧也经常在推定同意的语境中讨论为理由否定正当化效力的做法是没有根据的，这样的见解也充分值得支持。

　　例如来看④的事例。当然，在紧急避险的一般成立要件本身的问题上，学说上存在较大的争论，不过根据一般见解，在若对水龙头的故障置之不理就会导致地板进水而无法居住的情况下，如果想要避免这种情况发生只有立刻进入该房屋内修理水龙头的话，[2]该进入行为很可能通过紧急避险而得以正当化。

　　不过问题是像④'那样的，邻居自己认为不得进入房屋的利益要比地板不进水的利益来得更大的场合。以紧急避险来说明推定同意的见解，基于这样的事实为基础，认为在这种场合也成立紧急避险，即如果是脱离被害人价值观的客观的利益排序即理性的人的话，会作出前者的利益要比后者小的判断。

-260-

---

〔1〕　内田文昭：《刑法概要（上卷）》，青林書院 1995 年，419、420 頁（不过同时使用了现实的同意及其误信等其他的说理）；前田雅英：《刑法総論講義〔第 3 版〕》，東京大学出版会 1998年，118 頁；西田典之、山口厚：《刑法の争点〔第 3 版〕》，有斐閣 2000 年，43 頁（木村光江）等。德国文献，vgl. z. B. Herbert Arndt, Die mutmaßliche Einwilligung als Rechtfertigungsgrund. Zugleich ein Beitrag zur Lehre von der Rechtswidrigkeit, 1929, S. 67ff.（不过同时使用了现实的同意及其误信等其他的说理）；Welzel, LB, 11. Aufl., S. 92（不过认为这在实定法的表现上就是无因管理）；Heinz Zipf, Einwilligung und Risikoübernahme im Strafrecht, 1970, S. 53ff.（不过在行为人为了自身的利益而行动的场合，根据社会相当性阻却构成要件。Seihe aber auch Reinhart Maurach/ Zipf, AT, Teilband 1, 8. Aufl., 1992, § 28 II, Rn. 4ff.）；Eberhard Schmidhäuser, AT, 2. Aufl., 1975, 9/49；Günther Jakobs, AT, 2. Aufl., 1991, 15. Acschn., Rn. 16（不过认为这也是同意的修正）；Harro Otto, AT, 7. Aufl., 2004, § 8, Rn. 131.

〔2〕　以紧急避险来说明推定同意的见解，以紧急避险中要求了这种补充性为理由，试图将推定同意中也要求补充性的做法予以正当化。不过这里所说的补充性，就其内容、判断时点（事前判断、事后判断）而言，都与第 2 章中所说的补充性不同，这一点需要注意。

以此为前提，对这一见解的批判就逐渐增多。[1]

　　但是，尤其是在判断同一法益主体内部是否成立紧急避险之际，拒绝考虑该法益主体价值观的做法是不存在根据的。当然，虽然也不能说在利益衡量的判断中要毫无限制地反映其价值观，至少在不得进入房屋的利益和地板不进水的利益中，将决定其大小的自由赋予邻居是没有任何问题的。这意味着在确定将被害人卷入其中的客观的利益状态之际，应当考虑被害人的价值观，因此这也同时是以上一章所揭示的推定同意的解决方法为前提的。

---

〔1〕　Z. B. Roxin, in：Welzel-FS, S. 449ff.；Müller-Dietz, JuS1989, S. 282；Rudolphi, Rechtfertigungsgründe im Strafrecht. Ein Beitrag zur Funktion, Struktur und den Prinzipien der Rechtfertigung, in：Gedächtnisschrift für Armin Kaufmann, 1989, S. 393. 将优越利益原理作为正当化支柱的梅茨格尔自身本来也采取了这样想法。Mezger, LB, 3. Aufl., S. 223.

终章　未竟的问题

　　到上一章为止，本文就主要学说所主张的推定同意阻却可罚性的根据进行了探讨。不过大多数学说都同时将对推定同意的适用明确分为以被害人自身利益为目的的场合和并非如此的场合来进行讨论。[1] 比如说在②和③的事例中适用推定同意，由于前者是以丈夫的利益为目的，而后者是以自己的利益为目的，因此在阻却可罚性的要件上，后者就更为严格。

　　确实，在遵循了被害人的意思（现实的同意），或者做出了想要遵循被害意思的努力（被允许的危险），或者如果被害人知道全部情况的话就会同意（基于被害人价值观的法益价值的减少）成为根据的时候，在以自私利己的人类形象为前提的情况下，可以说在适用推定同意是以被害人自身的利益为目的的场合，更容易阻却可罚性。在为了守护更大的利益而不得不牺牲较小的利益（紧急避险）成为根据之时，如果以在同一法益主体内部更加缓和地肯定紧急避险的见解为前提的话，[2] 也会得出同样的结论。但需要注意的是，

---

[1] Statt vieler Jescheck/Weigend, AT, 5. Aufl. , S. 386f. ; 須之内克彦：《刑法における被害者の同意》，成文堂 2004 年，92 頁以下。也有论者仅就前者承认基于推定同意的正当化。川原広美："推定的同意に関する一試論"，《刑法雑誌》25 巻 1 号（1982），106 頁；吉田宣之：《違法性の本質と行為無価値》，成文堂 1992 年，276、277 頁、285 頁以下；Yoshida, in：Roxin-FS, S. 419f. 等。反过来，也有论者仅就后者，以侵害是暂时性或者（并且）轻微型的为条件，从利益欠缺原理的角度，认为对于推定同意的正当化效力而言，没有必要要求想获得同意却无法获得这一要件。Klaus Tiedemann, Die mutmaßliche Einwilligung, insbesondere bei Unterschlagung amtlicher Gelder-OLG Köln, NJW1968, 2348, JuS 1970, S. 109. 问题是在被害人将他人的利益作为自己利益的要素的场合，例如在③的事例中，对于与妻子一起饮用年终礼物的美酒，心情就会变好，丈夫从这件事中发现了特别的价值的场合，这样的场合是否也可以归入后者，就此问题在此先搁置一边。山中敬一："書評"，《法律時報》731 号（1988），128 頁；松宮孝明：《刑法総論講義〔第 3 版〕》，成文堂 2004 年，122 頁；小林憲太郎："いわゆる'法益関係的錯誤'の意義と限界"，《立教法学》68 号（2005），27 頁以下（＝本书第 2 部 V）。

[2] 参见小林憲太郎："いわゆる'法益関係的錯誤'の意義と限界"，《立教法学》68 号（2005），42 頁以下（＝本书第 2 部 V）。

就最初的三个根据而言，事实上对于最后一个，充其量只不过在紧急避险的解释上才能成立。

最后必须要说明的是，在涉及推定同意的事例类型中，往往还有一些重要的部分仅以本文所述观点未得到解决。这就是像⑤的事例那样的推定同意与生命有关的场合。就连最早对推定同意进行真正探讨的罗克辛，在所讨论的决定与生存有关（existentiell）的场合——即使认为如果被害人明确表明了反对的意思的话行为就不被允许，只要并非如此——也以不知道在直接面对死亡之时的实际的决定、如果要死的话就会丧失所有决定的可能性为理由，而认为行为被允许。[1]

-262-

不过是否有必要进行这样特别的处理，这本身也是需要独立进行讨论的重要问题。不过这里讨论的不是在与推定同意的关系上生命是否要受到特别处理这样的抽象问题，而是在与构成推定同意的各个阻却可罚性的根据的关系上是否如此这样的具体问题。本文也是主张到这一步。

-263-

---

〔1〕 Roxin, in：Welzel-FS, S. 468f. 罗克辛在适用推定同意是为了被害人自身利益的目的的场合，进一步区分了涉及的决定与事务相结合（sachgebunden）的场合和与人格相结合（persönlichkeitsge-bunden）的场合。并且认为在前者的场合中，原则上能够适用推定同意，而后者的场合则是例外。另外，后者与推定同意的原因不是为了被害人自身利益为目的的场合受到同样的规制。

VII　被允许的危险

序章　"被允许的危险"是什么?

　　所谓被允许的危险，是指如果仅以某个举止具有危险为理由而将其一律予以禁止的话，会对社会有用性和国民的行动自由产生明显损害，因此在一定的范围内，也就是说，在社会有用性和行动自由这样的利益凌驾于危险这一损害的限度内，对此行为予以允许的思考方法。[1]比如说，驾驶汽车虽然会对行人的生命、身体造成一定的危险，但如果将其一律禁止的话，人们的行动自由就会受到显著阻碍，而且物流也将在事实上完全瘫痪。于是就产生了这样的想法，即从有关道路交通的一定规则（交通规则）的角度出发，通过使汽车驾驶员遵守这样的规则，在被降低的危险和多多少少受到限制的行动自由、物流之间保持平衡。换句话说，只要遵守交通规则，驾驶汽车就被允许。

-264-

　　这种被允许的危险，由于想法简单明快而被广为接受，特别是在客观

---

〔1〕　关于被允许的危险，日本也已经有数目颇多的浩瀚文稿发表。例如仅列举比较最近的，参见中山研一ほか编：《现代刑法講座（第3卷）》，成文堂1979年，25頁以下（前田雅英）；前田雅英：《可罰的な違法性論の研究》，東京大学出版会1982年，219頁以下；篠田公穂："許された危険の理論についての一考察——その内在原理について"，《刑法雜誌》27卷2号（1986），293頁以下；内藤謙：《刑法講義総論（中）》，有斐閣1986年，625頁以下；町野朔：《患者の自己決定権と法》，東京大学出版会1986年，168頁以下；松宮孝明：《刑事過失論の研究》，成文堂1989年，1頁以下；内田文昭："'許された危険'法理の反省"，《研修》第525号（1992），第3頁以下；花井哲也：《過失犯の基本構造》，信山社出版1992年，251頁以下。当然虽说是社会有用性、行动自由，其内容也可以有各种各样的想法，而且知道最近也还有讨论。Vgl. z. B. Wiebke Schürer-Mohr, Erlaubte Risiken. Grundfragen des „erlaubten Risikos" im Bereich der Fahrlässigkeitsdogmatik, 1998, S. 83ff. 关于这一问题，由于不可避免地涉及基础法律的考察，本文决定不加以讨论。

归属论处于有力地位的德国，由于其已经被纳入客观构成要件该当性的判断公式之中，因此甚至可以说已被排除在实质性讨论的对象之外。也就是说，虽然能见到很多关于在何种场合脱离了被允许的危险、在何种场合不被允许的危险得到实现的讨论，但有关为何创出了被允许的危险就不符合客观构成要件的讨论——除了前述这些实际上形式性的判断——则基本未见多少。

但是反观日本，却处处可见对被允许的危险这一想法根深蒂固的厌恶感。被允许的危险虽然标榜着优越利益的实现这一几乎可以说是中立性的可罚性阻却根据，但仍然引起这样不受待见的状况，大体来看其原因在于以下两点：

第一，被允许的危险本来应该不过是容许进行危险行为的理论，但在危险现实化侵害结果发生了的场合，这一理论也被认为仍然拥有容许的效果。于是，这一点就受到了"虽然可以说只要遵守了交通规则就可以驾驶汽车，但不能说轧了人也没事"这样的批判。

第二，被允许的危险所设想的衡量太过于一般化，在个别具体性事例中，即便严格来说没有实现优越利益，也倾向于肯定容许的效果。于是，这一点就受到了"即便是在被认为通常没有必要减速的交叉路口上，在飙车车辆正在从交叉路口接近的时候，也不能说可以不减速"这样的批判。还有批判意见认为，以道路交通法为代表的行政取缔法规，虽然提示了一般性的衡量基准，但也并不是说只要能够看成形式上符合了这样的基准，就应当予以容许。可以说这与前面的批判意见主旨大致相同。

而且在日本讨论状况中更有意思的是，上述两点已经以结果无价值论对行为无价值论的批判的形式而被固定下来了。就第一点而言，由于很难想象比实际发生了的生命侵害更为优越的驾驶汽车的有用性，在这里为了肯定容许的效果，就有必要从驾驶行为本身的容许性引导出引起了人的死亡的驾驶行为的容许性，这在结果上就是将违法评价的对象理解为与结果切断了的行为之上，因此可以说是基于行为无价值论的东西。就第二点而言，在一般情况下如果遵守了规则优越利益得到实现，而由于存在飙车车辆正在接近这样的特殊情况，脱离了这种规则所设想的类型，尽管如此，仍然以无法认识到这样的特殊情况为理由而容许的话，从结局上看，就是将容许的根据理解为并非优越利益的实现，而是"在一般人无法认识之处，不存在不法"这样的

–265–

命题，这也可以说是基于行为无价值论的东西。

本文将以上围绕被允许的危险的讨论进行整理、整顿，通过这项工作来对犯罪论体系整体进行整理和探讨。[1]

---

〔1〕 自不必说，这样的表述是从町野朔先生的论文标题中借用过来的。参见町野朔：“惹起説の整備·点検——共犯における違法従属性と因果性”，《内藤謙先生古稀祝賀論文集·刑事法学の現代的状況》，有斐閣 1994 年，113 頁以下；町野朔：“'原因において自由な行為'の整理·整頓”，《松尾浩也先生古稀祝賀論文集（上）》，有斐閣 1998 年，339 頁以下。（这一段正文日语原文是：本稿は以上のような許された危険をめぐる議論を整理·整頓し、その作業を通じて犯罪論体系全体の整備·点検を行うものである。作者在这里是指自己借用町野朔先生论文标题中的“整理·整頓”和“整備·点検”的词汇。在翻译中，译者按照中文表达替换了词汇，特此说明。——译者注）

第1章 初期"被允许的危险"论

第1节 巴尔

在近代犯罪理论在某种程度上登场的阶段,第一次提到被允许的危险的想法的是巴尔(Carl Ludwig von Bar)。*[1]

巴尔致力于将法律意义上的"原因(Ursache)"概念进行明确化的研究。他将原因理解为,在与结果处于"没有P则没有Q"的关系这一意义上的"条件(Bedingung)"之中,[2]使本来被视为符合(regelmäßig)常规的人类生活现象的发展变得并不符合常规的东西。

不过虽然说生活的常规(die Regel des Lebens),其内容则未必明确。我们可以想象一下在同样的案子中,他在肯定行为人责任,或者反过来否定行为人责任时会有怎样的结论产生。即使如果更加注意一点的话就有可能避免结果发生,还不能仅仅以此为理由令行为人承担责任。我们的生活本身就要求一定的危险,过度的预防措施虽然在个别的事例中能够防止损害的发生,但是也会带有诸如排除所有的一般性营业活动的可能性。即使作为其本身有用的企业疏于采取预防措施,在诸如其成本与有用性不均衡之时,该企业就没有过失(Culpa)。[3]

----

  * 卡尔·路德维希·冯·巴尔(1836年7月24日~1913年8月20日),德国刑法学与国际法学学者,国际私法理论和相当性说的共同奠基人。——译者注

[1] 关于以下的论述,vgl. Carl Ludwig von Bar, Die Lehre vom Causalzusammenhange im Rechte, besonders im Strafrechte, 1871, S. 4ff.

[2] 这种条件公式,当时由格拉塞尔所主张。Julius Glaser, abhandlungen aus dem österreichischen Strafrecht, 1858, S. 298.

[3] 虽然从那个时候开始故意(Dolus)、过失(Culpa)已经从因果关系的概念中分离出来了,但巴尔认为两者是一体的。不过此处需要注意的是,巴尔认为,在原因性的判断中,损害要是发生就好了这一行为人单纯的愿望是没有意义的。在这里可以看出比目的行为论还要早地将被允许的危险的适用领域扩张到故意犯的客观归属论之主张的先驱。

巴尔继续论述道：对于相同的结论学说上也有从预见可能性、盖然性这样的观点来得出的见解，[1]这些都不妥当。即使肯定了这些要件，还会存在仍然属于生活常规，即应当认为不是原因的情形。比如说，对于如果放置不管的话就会在三天后死亡的病人，实施了具有如果失败的话就会在几个小时内死亡的危险的手术，结果虽然没有失误但手术失败的场合，即属这种情况。

以上所论述的巴尔的主张，并没有对被允许的危险的概念进行什么特别的理论化，只是基本上在构思阶段而将其原封不动地记载下来，同时考虑到当时结果无价值论和行为无价值论还不存在，现在看来，上述主张并不禁得起细致的探讨。但是在对以其原封不动的形式维持下来的被允许的危险的概念进行说明时，通常的惯例还是在最初提及一下这一构思本身。

第2节　米希奇卡

对上一节中巴尔的主张以稍微更进一步细致探讨的形式进行展开的是米希奇卡（August Miřička）。*[2]

他对刑法中重要的危险的范围进行了探讨，指出只有超过了一定的基准点的不被允许的=不寻常的=异常的危险（übernoemale/abnormale Gefahr）才属于刑法中重要的危险。其判断过程具体为：首先，根据处于危险中的法益价值的高低、所产生侵害的范围以及侵害可能性大小的乘积来表示危险的大小。接下来判断这个值是否超越了行为目的的社会适合性的程度。

不过他接下来论述道：如果说法官必须在具体案件中逐一进行这样的判断的话，就非常有问题。这也就是说从法律的安定性的观点看来，已经要求了一定的恒常性判断即规范[3]的存在，而且这一规范并不仅仅面向进行事后

-267-

---

〔1〕　用现在的方式来说，就是相当性说、作为预见可能性的过失了吧。

　*　奥古斯都·米希奇卡（1863年12月2日~1946年2月1日），捷克法学家，布拉格查理大学法学院刑法学和刑事诉讼法学教授。——译者注

〔2〕　关于以下的论述，vgl. August Miřička, Die Formen der Strafschuld und ihre gesetzliche Regelung, 1903, S. 140ff. 另外值得注意的是，虽然米希奇卡将刑事责任的形式三分为意图（Absicht）、有认识责任（bewußte Schuld）、无认识责任（unbewußte Schuld），但他认为以下论述对于所有的刑事责任形式都适用。比如说，他认为通过包含通常的危险性的行为而表现出的对违法结果的意欲从刑法的观点看来不过是单纯的愿望，不是意图。更进一步参见第231页注〔3〕。

〔3〕　就是今天我们所说的"特别规范（Sondernorm）"。

判断的法官，同时也面向进行事前判断的行为人。于是如果遵守了这样的规范的话，危险就被允许，从而也就无须对由此产生的侵害承担责任了。

以上是对米希奇卡观点的概述。对其观点可以评价为，基本上立足于与巴尔同样的设想，将危险与有用性的衡量方法进行细致的公式化，进而更明确地主张被允许的危险在发展为侵害的场合依然被允许。

但是，仔细审视米希奇卡的主张，会发现其中有巴尔的观点所没有的全新的设想。这就是特别规范。米希奇卡避免了在具体案件中进行衡量的做法，-268-
而是认为只要遵守了诸如像道路交通法这样的规范一定生活领域的行政取缔法规等规则的话，就可以导出容许的效果。

不过，仅以法律的安定性为根据，无法合理说明为何只要遵守了特别规范就会发生容许的效果。而且这一观点就危险与有用性具体究竟处于怎样的关系之中也基本未做任何论述。因此，这种特别规范要想在犯罪论体系的核心舞台中登场，仍尚需时日。

第 3 节　从埃克斯纳到宾丁

主张与前节所见米希奇卡具有高度亲和性的被允许的危险的概念的是埃克斯纳。*[1]

他展开了感情责任（Gefühlsschuld）论，一方面认为过失责任的本质在于作为行为人因不留神而实施侵害的原因的针对法益的义务违反性轻视，另一方面认为只要行为人遵守了 "交往中的必要注意（im Verkehr erforderliche Sorgfalt）" 就否定可罚性。而且他认为其中包括由于结果在法律看来是偶然的因而欠缺责任的情形和行为虽然具有一定的危险但被允许，已经欠缺违法性的情形。在后者的情形中，埃克斯纳与巴尔一样举了正当进行了危险的手术结果却失败的事例，另外还举了从事危险作业的工厂所有人虽然采取了对

---

* 弗朗茨·埃克斯纳（1881 年 8 月 9 日~1947 年 10 月 1 日），奥地利与德国犯罪学与刑法学家。——译者注

[1] 关于以下论述，vgl. Franz Exner, Das Wesen der Fahrlässigkeit. Eine strafrechtliche Untersuchung, 1910, S. 192ff（以下简称为 "Wesen"）. 此处也需要注意，埃克斯纳的讨论在行为人有——在外部情况相同时对法益更加强烈的忽视的——故意的场合也适用。参见第 231 页注〔3〕、第 232 页注〔2〕。另外，他还同时批判了知性责任（Verstandesschuld）论，极大推动了有关过失标准的讨论，不过这已经超越了本文的讨论范围，在此无法详细展开。

避免事故而言必要的全部安全措施，但事故还是发生了的事例。根本不用说

的是，他也是将可以实施危险的根据理解为社会有用性。

这样的设想继而为多纳（Alexander Graf zu Dohna）[1]和曼海姆（Hermann Mannheim）[2]所继承，最终在宾丁那里看到了其完成形态。[3]

宾丁提倡"适度的危险（maassvolles Risiko）"的概念，并以此来限定过失犯的成立，即危险的容许性、被容许的危险的量是由从法律之眼看来伴随着危险的行为的回避可能性以及回避不可能性所决定的。它与危险和不可或缺的行为的法律价值之间的比例关系相结合，

A. 行为在法律意义上越是不可或缺，就越能在法律上不被加以否定地实施更大的危险。

1. 被赋予义务必须实施行为的人，原则上可以实施对于义务的履行所必要的危险。

2. 在实施被法律所允许的危险之际，不可避免地不得不实施的危险也同样，原则上可以被看作是正当的。

3. 行为人自身的权利行使被妨碍的场合，被允许的危险增大。

4. 作为保全法益唯一手段的法益的危殆化总构成被允许的危险。

B. 行为在法律意义上越是不必要，此时所实施的被允许的危险就越小。

1. 有意识地违反法律。

2. 完全没有实益的不必要的行为。

在实施满足上述两个条件的行为之际，此时伴随的危险不能被正当化。

C. 所有的危险仅能通过对行为而言的必要性而被正当化。

---

〔1〕 Alexander Graf zu Dohna, Zum neuesten Stande der Schuldlehre, ZStW32（1911），S. 327（Anm. 10）.

〔2〕 Hermann Mannheim, Der Maßstab der Fahrlässigkeit im Strafrecht, 1912, S. 51ff.

〔3〕 关于以下的论述，vgl. Karl Binding, Die Normen und ihre Übertretung. Eine Untersuchung über die rechtmässige Handlung und die Arten des Delikts, 4. Bd. Die Fahrlässigkeit, 1919, S. 432ff. 在此之后，主张衡量型被允许的危险的概念的有，vgl. z. B. Max-Ernst Mayer, AT, 2. Aufl. , 1923, S. 199f. ; Hellmuth Mayer, Das Strafrecht des Deutschen Volkes, 1936, S. 246ff. ; ders. , AT, 1953, S. 186ff. 另外，在责任中主张这一概念的有，vgl. z. B. Robert von Hippel, LB, Bd. 2. , 1930, S. 361f. ; Reinhard Frank, Das Strafgesetzbuch für das Deutsche Reich. Nebst dem Einführungsgesetze, 18. Aufl. , 1931, S. 194f. ; Edmund Mezger, LB, 3. Aufl. , 1949, S. 358f. （不过并不明确）不过宾丁对米希奇卡所说的规范的概念进行了猛烈的批判，即警察规范（行政取缔法规）对于可能是危险，也可能不危险的行为一律予以禁止，这样的话虽然说存在对警察规范的违反，也不能说就存在过失（过度的危险）。

　　以上就是宾丁的主张。这样，衡量型的被允许的危险的概念相比之前，得到大大精细的规定。问题在于，在通过被实施的危险而引起了该危险的种类所禁止的违法的危殆化或者侵害的情形中，宾丁认为如果该危险是适度的，那么行为人对于不合法结果也不承担责任，即对于行为人个人而言，他只不过是在进行一个并不被禁止的行为。从这一点看来，被允许的危险的效果也会被理解为已经包含并未发展为（危殆化或者）侵害的场合的东西。但是以宾丁主张的主观违法性论为前提的话，这难道不是过强的推论吗？

第 2 章 "被允许的危险"的变质?

第 1 节 恩吉施的见解

但是，一般认为，前述的衡量型的被允许的危险的概念，因恩吉施的"外部注意（äußere Sorgfalt）"理论，而实质上被废弃了。即，历来的见解都多多少少从内心中良心的紧张上来理解过失犯中所涉及的注意的内容，与此相对，恩吉施则对此附加了对一定的外部行动基准之遵守这样的要素。而这并不必然可以从危险与有用性的衡量这一观点上推论得出来。[1]

根据恩吉施的观点，行为人必须具有的"必要的注意"的第一形态是作为危险行为的不作为的注意。但是，即使是危险的，也有可能因有助于达成由法秩序所承认的（客观）目的而被容许。此时，对如下各种各样观点进行了考虑的利益衡量就很重要：首先是所追求的目的意义的大小和法益侵害的意义的大小；其次是所追求的结果可能发生的范围和迫近的法益侵害的范围；最后是所追求的结果发生的盖然性与法益侵害发生的盖然性。

接下来的第二形态则是反过来，即作为危险状况中外部行为（作为）的注意。当某个危险的外部行为被允许的时候，为了避免由此引起的构成要件的实现，投入外部手段的注意就被导入进来。

最后第三形态则不是到目前为止所论述的外部注意，而是内部注意即作为法尊重义务之履行的注意。

---

[1] 关于以下论述，vgl. Karl Engisch, Untersuchung über Vorsatz und Fahrlässigkeit im Strafrecht, 1930, S. 283ff（以下简称为"Untersuchung"）.［本书存在翻译，参见恩吉施（Karl Engisch）著、荘子邦雄、小橋安治訳：《刑法における故意・過失の研究》，一粒社 1989 年。］根据恩吉施的观点，第一形态和第二形态的注意对故意犯也共通。参见第 231 页注〔3〕、第 232 页注〔2〕、第 233 页注〔1〕。不过正如第 3 章第 3 节所述，与恩吉施的观点相反，第三形态的注意对故意犯也共通。

第 2 节   批判性探讨

恩吉施见解的第一个特征在于，即使危险的行为不被允许，也发生第二形态的注意。换言之，这是独立于衡量的结果而赋予的社会一般观念上具有期待可能性的一定的作为义务。从这里可以看出通过将过失犯与不作为犯进行类似的把握，而设定了独立于衡量的行动基准这一最近主张[1]的萌芽。但是，如果是否允许实施某种行为原本就是通过衡量来决定的话，那么根据怎样的条件而被允许也应该通过衡量来决定。[2]

−272−

第二个特征在于注意的体系性地位。根据恩吉施的观点，这三个形态的注意都是构成要件要素。问题在于对犯罪事实的预见可能性、违法性意识可能性进行实质把握的第三形态的注意，恩吉施认为这些不属于责任要素的理由是对于获得犯罪事实的预见、违法性意识而言，必要的不是内心的努力，而是进行诸如收集信息、调查之类的一定的外部行为。但是这些外部行为本身并没有意义，充其量不过是认定犯罪事实预见可能性、违法性意识可能性的资料而已，因此将第三形态的注意理解为责任要素不存在任何理论障碍。恩吉施还将以行为人个人为标准的认识可能性作为过失非难的构成要素加以要求，但是由于无法对事前的认识可能性标准进行有意义的区别，[3]在这里也看不出超越了第三形态的注意的内容。

---

[1]　橋爪隆："過失犯（下）"，《法学教室》276 号（2003），39 頁以下。

[2]　参见小林憲太郎："信頼の原則と結果回避可能性——交差点衝突事故に関する二つの最高裁判決の検討"，《立教法学》66 号（2004），13 頁以下（＝本书第 2 部 I）。

[3]　参见小林憲太郎：《因果関係と客観的帰属》，弘文堂 2003 年，183、184 頁。

第3章　"被允许的危险"与犯罪论体系

第1节　特别规范

上述的危险行为的容许性，最终由与该行为所具有的有用性之间的衡量来决定，[1]然而这也并非意味着解决了所有的问题。也就是说，这里所说的危险、有用性，在很多场合都是极为抽象的东西，让法官在没有任何指针的情况下对此进行衡量，基本上不现实。支持衡量型被允许的危险概念的很多论者都不得不以某种形式参照特别规范，其理由——虽然他们自己没有详细说明——也可以说在于这一点。

-273-

特别规范，尤其是在像道路交通法、建筑基准法这样的采取实定法（或者接受了实定法委任的命令）的形态的场合，可以理解为原本就是国家预先设想了成为典型的一定事例类型，而提示了对其危险和有用性进行衡量的结论的东西。比如说，发生地震建筑物倒塌损害发生的危险性，与低成本且快速建造建筑物的有用性两者之间，可以认为法律通过规定抗震基准而预先进行了衡量。于是就根据是否遵守了抗震基准来决定危险的容许性。正因为如此，在判断结果回避可能性之际所假定的行为，不是不建造的行为，而是遵守了抗震基准的建造行为。[2]一直以来结果无价值论都有嫌恶特别规范概念

---

[1] 不过这里有两点需要注意：第一，功利性的正当化并不是连将他人人格的手段化也包括在内，因此被衡量的危险必须要么被限缩到不能评价为他人人格手段化这样低的限度，要么该危险对象的人格与有用性的人格是同一的。第二，对于衡量而言，补充性，即为达到有用性除了冒险没有别的办法这一要件也是必要的。宾丁提出的"所有的危险只有通过对行为而言的必要性而得以正当化"的命题，恰恰就是这一道理定型化。另外，这么说的话，作为基于衡量的正当化事由的典型例子紧急避险，法益的权衡、不得将他人人格手段化，以及在补充性之外还要求"现实存在的危险"三者之间的关系也可能成为问题。但是，对于这一要件超出补充性所具有的独特的内容，我是无法想象的。

[2] 参见小林宪太郎：《因果関係と客観的帰属》，弘文堂2003年，54页以下。

的倾向，这种做法在理论上是不当的。质言之，行政取缔法规在结果无价值论的实质违法性判断之际，发挥着不可或缺的作用。

不过这里有几个重要的点有必要注意：

第一，前面所说的并不仅限于实定法，对于被判断为具有一定合理性的在该生活领域内获得承认的规则体系也同样适用。典型例子有医学上的准则、危险的体育活动中的确保安全的规则等。当然，这种合理性判断结果还是归结于法官的衡量，就像在药害艾滋事件帝京大学路径判决［东京地方裁判所平成 13 年（2001 年）3 月 28 日判决（《判例时报》1763 号 17 页）］* 中所看到的那样，也存在非常困难的场合。这一点，在法院自己于"讨论之时的基本视点"这一标题下，论述"产生了这样一个困难的问题，即虽然说如果使用了非加热制剂的话就能获得较高的治疗效果，但这样就伴有艾滋的危险，而如果中止使用该制剂的话虽然能够避免艾滋的危险，但是对血友病的治疗又会带来障碍"中得到如实的反映。

第二，即使是实定法（或者受到实定法委任的命令）规定的准则，若其没有紧随科学的进步即落后于时代，就也要求无视这些准则独自进行衡量。诚如所言，"国家没有单方面进行安全宣言的权限"。[1] 举例来说，就法律、条例规定的煤气排放规则而言，在排放基准制定后因科学的进步而证明对人体有更为重大的损害的场合，就必须脱离这样的基准，就排放煤气对健康造成伤害的危险性和移动、运送的简便性这一有用性之间进行衡量。

第三，要将特别规范作为衡量的指针，必须要慎重确定所讨论的案件是否包含在该特别规范所设想的类型之中。比如说，在道路交通法上，车辆行驶在与劣后道路交叉的优先道路时，可以不减速直接驶入交叉路口（《日本道路交通法》第 42 条第 1 号括号内容）。这可以理解为是设想了在劣后道路上行驶的车辆向在优先道路上行驶的车辆让步这一类型（参见《日本道路交通

-274-

---

* 药害艾滋事件，是指日本的医药公司经政府批准进口和销售针对血友病治疗的所用的非加热型浓缩血液制剂，导致共计 1424 名血友病患者感染艾滋病的严重社会事件，将其中因 1985 年在帝京大学医学部附属医院被输入非加热血液制剂而导致血友病患者感染艾滋病毒死亡的事件称为帝京大学路径，其中因 1986 年在大阪府的医院被输入绿十字的非加热血液制剂而导致肝功能障碍患者死亡的事件称为绿十字路径。在帝京大学路径判决（东京地判平成 13·3·28 判时1763 号 17 页）中，法院以不能认定存在对结果回避义务的违反为理由宣告作为帝京大学医学部附属医院第一内科长的被告人无罪。——译者注

[1] 梅崎進哉："過失犯と因果関係"，《刑法雑誌》38 卷 1 号（1998），45 页。

法》第36条第2、3款）的基础上，使在此处发生碰撞的危险性与迅速移动的有用性实现平衡的结果。与此相对，飙车车辆在劣后道路上驶来的案件则并不包含在这样的类型之中，行驶在优先道路的车辆不减速驶入交叉路口的行为并不被允许，充其量不过是在无法认识到飙车车辆之时否定责任而已。[1] 即使行为无价值论主张相反的结论，即肯定驶入交叉路口行为的容许性，对此也不能予以支持。[2]

当然，驶入交叉路口的行为，当驾驶交叉道路的车辆是善良的司机的时候就被允许，而在是飙车族的时候就被禁止，这样的结论或许会让人产生不均衡的疑问。但是仔细思考的话，这样的疑问并不合理。因为虽然这里所说的"不均衡"是指着眼于与对方的"恶"的相关关系，但是这也并不一定就会产生"越恶面子越大"这样的事态。比如说，即使善良的司机不被允许进行正当防卫，也还有余地通过紧急避险来对抗，与此相对，对于飙车族而言，则以属于自招侵害为理由，剥夺了其所有的对抗措施。

第2节　结果的发生

在危险行为的实施根据前述的思考方法得到容许之时，更成为问题的是对其发展为侵害的场合的处理。因为即使某行为所具有的有用性与其危险性取得了平衡，也并不意味着与作为其发展之归结的侵害之间也取得了平衡，这样在危险发展为侵害的场合，通过衡量来容许该行为的做法是困难的。比如说，虽然遵守了法律所规定的抗震基准，但是在地震发生建筑物倒塌损害实际发生了的场合，这就超出了能够用低成本且迅速地建造建筑物这一有用性来抵消的范围了。

不过这并不意味着就排除了在这样的场合中，通过衡量以外的方法来得出该行为容许性的余地。即，一旦刑法容许了实施危险行为，即便该危险发

---

[1] Vgl. Hermann Roeder, Die Einhaltung des sozialadäquaten Risikos und ihr systematischer Standort im Verbrechensaufbau, 1969, S. 65ff., insb. 80. 不存在违反道路交通法的违法性则另当别论。S. 89ff. 不过，勒德尔认为这种必要性地阻却责任的"社会上相当的危险"只在过失犯中有意义，这一点并不合适，参见本文第3节。

[2] 就连近年来详细探讨被允许的危险的概念并且对此表示全面支持的代表性人物林干人，也仅仅在这一点上无法支持，参见林幹人：《刑法総論》，東京大学出版会2000年。

展为侵害，在如果要避免这样的事态唯一的方法就是放弃实施该行为的场合，刑法为了避免采取自我矛盾的态度，就有必要使容许的效果持续下去。[1]举例来说，一旦容许在遵守了抗震基准的前提下建造建筑物的行为，不管地震 -276- 发生时实际造成了怎样的损害，在为了避免损害就只能放弃建造或者建造抗震性更高的建筑物的场合，就不得不使容许的效果持续下去。正如山口厚所说："因为若非如此的话，就会变成跟本来应该被允许的危险行为的实施，因引起了无法避免的结果，而事后被禁止的情况一样，这与允许实施危险行为的做法是矛盾的（因为只有对实施危险行为进行妨碍，才能避免引起结果）。"[2]

　　本文的解释在一定的限度内，是从行为本身的容许性来推导出结果引起的容许性，在这个意义上可能被理解为与行为无价值论具有亲和性的想法。事实上从历史上来看，这确实是被用来论证行为无价值论正当性的逻辑。[3]但是仔细考虑的话，说刑法不能在容许一个行为的同时又禁止该行为，与从怎样的理论根据出发推导出这里所说的容许、禁止两者间，完全没有任何关系。因此，与行为的容许、禁止的理论根据相关的行为无价值论，与本文的解释既没有亲和性也没有排斥性。这一点就结果无价值论而言也是如此，而 -277- 且，如果认为刑法不仅能够避免矛盾举动，而且必须避免矛盾举动的话，这样的解释倒不如说是一项要求了。

　　不过，也有部分学说不采取本文的解释，而是通过要求对可罚性的具体

---

[1]　普罗伊斯（Wilhelm Preuß）认为即使事后结果发生了，这种一度为行为的容许所保障的行为自由（Handlungsfreiheit）也不丧失。可以理解为也表达了与本文相同的见解。Wilhelm Preuß, Untersuchung zum erlaubten Risiko im Strafrecht, 1974, S. 113ff. , 215. 不过他同时表达了行为自由总是优越于发生了的结果无价值，因此没有结果无价值，这一点具有误导性。

[2]　山口厚："'危険の引受け'論再考"，《斎藤誠二先生古稀祝賀論文集・刑事法学の現実と展開》，信山社出版 2003 年，97 頁。但这是就将危险行为的容许根据理解为被害人做出的危险接受的场合而言的。由此可知，本文的观点不仅在将根据理解为衡量的场合，在其他将根据理解为诸如谋求被正当化的结果的行为当然得以正当化这一所谓当然解释的场合也有适用的余地。参见小林憲太郎：《因果関係と客観的帰属》，弘文堂 2003 年，188、189 頁以下。另外，这里所说的"无法避免"，并不一定意味着"没有附加进一步的失误"，因为很有可能存在即使附加了进一步的失误也无法避免的场合。当然该失误能够独立构成可罚性则是另外的问题了。

[3]　例如，韦尔策尔就论述道："如果某个举止在其实施之际不违反法律，就不能因发生了法律无论如何都算入可能性的事态为理由事后（溯及性地）来认为其违反法律"，"被不可避免地包含在被允许的危险中的可能的侵害，只能通过禁止所有的危险行为来避免"。Hans Welzel, Fahrlässigkeit und Verkehrsdelikte. Zur Dogmatik der Fahrlässigen Delikte, 1961, S. 26, 29.

的预见可能性来合理限定可罚范围。但是，用前面的例子来说的话，即使因地震而发生损害只有万分之一的概率，但是如果容许的效果不及于该结果，该结果在客观上就是可能归属的，[1]既然如此，那么只要能够认识到这是万分之一概率的事情，[2]就应该能够充分肯定具体的预见可能性。[3]在这个意义上，对于可罚性的限定而言，本文的解释是必不可少的。这一点有必要注意。

-278-

---

[1] 我一向主张，所有的位于生活经验以外的因果经过，就跟公害案件中起作用的物质不明的场合一样，并不满足行为与结果之间的最低限度关联这一意义上的合法则的条件关系。参见小林宪太郎：《因果関係と客観の帰属》，弘文堂2003年，191页以下。这是为了尽量避免恣意性的处罚，而一方面自认因果经过是"异常的现象"，或者在没有消除因果性所具有的"异常的现象"这一印象的情况下，另一方面又出于实践上的战略目的而主张不得让被告人承担责任。因此，仅仅以地震不是盖然性现象，并不是说必须直接否定归责。

与此相同，就火灾的发生也不是说必须要直接否定归责。不过，在将宾馆火灾中将各个"客人带进来的作为"解释为实行行为的场合，在很多情况下连称为法则而言所必要的最低限度的盖然性都不具备吧。即使由于存在特别的情况而具备高度的盖然性，只要对此无法认识，就没有过失。参见本页注[3]。正因为如此，很多学说将实行行为理解为继续宾馆营业的作为，或者以该作为是拟制性的为理由而认为实行行为是违反确立安全体制的不作为。不过即便在这种场合，如果遵守了在因失火而对顾客发生损害的危险与节省成本这一有用性之间取得平衡的消防法的规定的话，只要成为问题的案件被纳入其设想的类型——而且由于可以认为消防法的规定对放火等作十分宽泛的理解，因此能够纳入的场合很多——其就被允许。学说上有见解认为，即使超过了这一限度，没有遵守消防法的规定，在将实行行为理解为作为的场合，由于存在"给宾馆、百货店带来经济性利益，给顾客带来住宿、购物的利益的倾向性"这一有用性，也被允许。参见林幹人：《刑法の基礎理論》，東京大学出版会1995年，98页；林幹人：《刑法の現代的課題》，有斐閣1991年，5、6页。但是，如此的话即便在将实行行为理解为不作为的场合，既然成为禁止之根据的危险性是由带进顾客而产生，那就也必须计入同样的有用性，结果就成了也被允许了。

[2] 当然，因缺乏重要的法则知识而连万分之一的概率都无法认识到的场合也是有可能存在的。指出了"虽然中彩票是极为罕见的事情，但对于可能中彩票这件事是有可能预见的"的佐伯仁志就从未知危险发生的结果否定预见可能性，这正好也指出了这一道理吧。佐伯仁志："判批"，《警察研究》56卷5号（1985），53页；佐伯仁志："予見可能性をめぐる諸問題"，《刑法雑誌》34卷1号（1995），115、116页。

[3] 参见伊藤渉ほか编：《アクチュアル刑法総論》，弘文堂2005年，133页（小林宪太郎）。反过来说，要想否定这一点，就需要再提出一个有关客观归责与主观归责的规制原理不同的其他的论据。参见小林宪太郎："被害者の自己保護義務と結果の帰責——危険の引き受けと被害者の素因を中心に"，《立教法学》66号（2004），55页以下（＝本书第2部Ⅱ）。另外，如果认为危惧感说的主张只能在本文所说的场合里肯定预见可能性的话，对这一学说就没有反对的理由，只不过与通常的理解不同，相对于具体的预见可能性说，危惧感说没有什么独自的理论特征而已。与此相对，在原本就没有客观归属的可能性，或者如果不是具备了超出刑法期待的规范心理的，可以说过分胆小的人就连万分之一的概率都无法认识到的场合，如果危惧感说也还肯定预见可能性的话，就不能支持这一学说了。

第 3 节   预见可能性

那么预见可能性这一概念在犯罪论体系上究竟有什么样的意义呢？到目前为止人们只是说其被定位于责任阶层。[1]但是关于这一点，还有稍微更深入探讨的必要。

预见可能性原本是指，行为人如果具备了刑法所期待的规范心理或者伦理性能力的话，[2]就能够预见到犯罪事实。更简单地说，是指如果进行慎重且冷静的思考的话，犯罪事实就会从大脑中闪过。而且，这是刑法为了实现通过控制人们的行为而防止犯罪这一预防过程所必要的最低限度条件。

-279-

比如说，对致人死亡行为的禁止要成为避免人的死亡之诱因的话，就必须认识到如果不这么做的话就会致人死亡。但是这也并不是说必须实际上想要致人死亡。对于过度迟钝的人们或者反过来过度敏感的人们，刑法也并不是就按照他们固有的特性进行调整。否则禁止的对象就会脱离法益侵害而具体化为无数的东西，[3]这一方面造成了低效率化，另一方面，由于条文上无法将这些东西全部写下来，因而也与罪刑法定主义相抵触。或者反过来说，这样就会导致在日常生活的所有场合都有禁止的诱因存在，这就强迫赋予了过大的精神负担，因而不妥当。比如说，只要稍微注意一点的话就能发现眼前的是人，但却将其轻信为熊。对于这样的人，如果按照他的特性进行调整的话，就不得不将禁止的对象设定为诸如没戴眼镜、熄灭了手电筒之类的极

---

〔1〕 参见本文以及小林宪太郎：《因果関系と客観的帰属》，弘文堂 2003 年，180 頁以下。

〔2〕 这种规范心理或者伦理性能力本身是健全的法律市民所应该具备的一般精神状态，与特定的犯罪事实没有关联。就这一点，埃克斯纳正确地指出，"考虑下结果（respice finem！）"这样的被要求的"内部行为"，与在具体事例中由此行为会产生怎样的结果的表象是完全独立的。Exner, Wesen, S. 85. 不过他反而将此作为（当时的）通说的缺点，从而展开在第 1 章第 3 节所示的感情责任论。但是，人们有时就是会一不留神伤害了重视的法益。Vgl. ders., a. a. O., S. 177f. (Anm 1). 而且这里的感情责任论如果指的是"事实上的蔑视"那就跟通说没有区别，如果说的是"没有过失"那就不妥当了。即在后面也会说到，对法益的蔑视是故意特有的要素。另外，在因受到无法抵抗的强制而侵害了法益的场合，他认为因没有对法益的蔑视而阻却责任，但如后所述这跟有没有对法益的蔑视没有关系。

〔3〕 当然，由于对即使实际上并没有想致人死亡，但如果知道了具有危险性就会致人死亡的行为的禁止也能有调整行为的机能，因此也不能一概而论。Vgl. Makoto Ida, Inhalt und Funktion der Norm beim fahrlässigen Erfolgsdelikt, in：Fesrschrift für Hans-Joachim Hirsch, 1999, S. 235f. 但是对虽然认识到了危险却说"不想杀人，所以放心吧"的行为人说"不要杀人"也是没有意义的吧。

为琐碎的小事了。又或者反过来说，如果稍微冷静思考的话，不管恐怖袭击的危险有多小，劝朋友搭乘的飞机上实际被设置炸弹的意图虽然能够很快从头脑中排除出去，但仍然对此轻易相信。对于这样的人，如果按照他的特性进行调整，这无非就是使他们害怕禁止的幻影罢了。[1]在以上这一点上，本文难以赞成认为刑法调整行为的界限在于行为人现实的事实认识的这一近期提出的观点。[2]

倒不如说，刑法首先要求人们具备一定的规范心理或伦理性能力，在此基础上，再提出诸如不要致人死亡之类的行为要求。于是，如果具备了这样的规范心理或伦理性能力就能明白致人死亡这一要件，即预见可能性就成为刑法所预想的预防过程的本质性构成要素。[3]需要注意的是，应该在逻辑上如此对预见可能性这一要件奠定基础之后，接下来再讨论其体系性地位。

如此一来，如果将作为过失犯的可罚性通过不被允许的危险的实现及其预见可能性来奠定基础的话，过失之类的体系性分类就变得完全不必要了，因为这些要素对于故意犯的可罚性而言也悉数必要。也就是说，作为过失犯的可罚性构成了所有的可罚性的最下限，故意只不过是在此基础上附加了特别的要素，具体来说是在行为人现实上对法益表示蔑视的态度这一点上，表征了行为人是具有强烈的法益敌对性格的高度危险人物的这一要素罢了。[4]

---

[1] 多说一句，假如真的设置了炸弹的话，只要肯定了因果关系，就不存在排除杀人罪成立的理论对策了。

[2] 井田良：《刑法総論の理論構造》，成文堂 2005 年，111 頁以下等。论者指出"在过失结果犯中，报应性处罚的要求和规范对行动统制的要求发生了悲剧性的分裂"，但是不能允许这种"悲剧性的分裂"。不过这样的见解使得有关本文要解决的问题的讨论水准发生了飞跃性的提升。

[3] 现在的有力见解认为，对于正当化而言，所谓的合义务性考察（pflichtgemäße Prüfung）是不需要的。关于学说引用，参见小林宪太郎："いわゆる推定的同意について"，《立教法学》69 号（2005）（＝本书第 2 部 VI）。如果从客观上看来实现了优越利益、注意的话，仅以此就应当容许，这一点自不必说。即使在没有实现的时候，努力也无法察觉这一事由，在能够阻却可罚性的意义上可以说依然有意义。

[4] 从另一方面来说的话——虽然经常被误解——即使对于旧过失论来说，也不存在将过失定义为故意之可能性（即如果使良心紧张的话就能够达到故意）的必然性。即，正如"如果即使确实知道了结果会发生，即便如此行为人还是会实施行为的话，就肯定未必的故意"这一弗兰克第一公式所代表的那样，还是存在对故意要求意志要素的余地的。持意志说的希佩尔通过将对确定无疑的结果发生的认识看作意欲而实质上同时使用了表象说，另一方面持表象说的弗兰克通过确立上述公式，实质上同时使用了意志说。关于这一点，vgl. Engisch, Untersuchungen, S. 126ff. 只要联想一下与故意同样显示了蔑视法益态度的要素即营利目的的话，就很明显了。参见佐伯仁

-280-

因此，从理论上，或许可以说过失犯是犯罪的原型，故意犯是更加具有当罚　-281-
性的过失犯。

　　不过，即使对致人死亡具有预见可能性，但是在不可能形成遵从这一禁
止的动机［（无）责任能力，（无）违法性认识可能性］，或者即使能够形成
这一动机但不能对此进行期待［期待（不）可能性］的场合，结果还是否定
可罚性。其中前者以预见可能性为前提，或许能够将其评价为刑法所预想的
预防过程赖以完成的条件。但是既然从中独立出来的后者构成了责任主义的
核心要素，人们经常使用的"从责任主义的观点来要求过失（预见可能
性）"这样的表达，严格来说就并不合适了。

　　另外，学说中还有观点强调过失犯的意思责任，主张对于作为自己行为
属性的具体危险不具有认识的"无认识过失"不可罚。[1]将过失理解为犯罪
事实之预见可能性的论者在肯定无认识过失的可罚性时，进行在故意中所说
的犯罪事实之预见中所不存在的"如果是具备了法律期待的伦理性能力的人
能不能达到对犯罪事实的预见"这一将第三人代入行为人的规范性判断。不
过前述见解批判这是"没有实体对象的非难可能性"，是"走过了头的规范责
任论"，主张应当将可罚性限定在行为人通过其个人的知识及能力能够预见犯
罪事实的场合，即有认识过失的场合中。

　　但是前述的预见可能性的判断，即使具有"规范性"的侧面，其与非难
可能性、规范责任论也没有任何关系。作为一个人必须具备怎样程度的注意，　-282-
与他/她特意无视刑法而遵从的其他的行动规则究竟是其自己主体性的选择还
是由外部所施加的这一在判断期待可能性之时所出现的典型问题之间，完全

　　（接上页）志："故意論（1）"，《法学教室》298 号（2005），43 页以下；佐伯仁志："判批"，
　　《ジュリスト》1232 号（2002），192 页以下（就背信罪中具有同样性质的图利加害目的，在动
　　机的题目下要求意志要素。）。不过，实际上对于故意是否应当要求意志要素，应当要求的话是
　　否总是如此（在超出单纯的相当性、被允许的危险而创出了特别重大的危险的场合是否也应当
　　要求意志要素），还有，这里所说的意志要素是不是弗兰克第二公式所说的，结果就算发生也没
　　办法、不介意结果发生与否这样的内容，还是说是结果会发生的事实引起行为决意，公式化表
　　达的话就是结果发生越是确定的行为决意越是强化这样的内容，关于这些问题，由于与责任论
　　的整体有关，不得不留待另行撰文。

[1]　甲斐克则：《責任原理と過失犯論》，成文堂 2005 年。此观点来自阿图尔·考夫曼（Arthur Kauf-
　　mann, Das Schuldprinzip. Eine strafrechtlich - rechtsphilosophische Untersuchung, 2., durchges. Und
　　durch eine Anhang ergänzte Aufl., 1976［本书的翻译参见阿图尔·考夫曼（Arthur Kaufmann）著，
　　甲斐克则訳：《責任原理——刑法的·法哲学的研究》，九州大学出版会 2000 年］。

没有任何关系。

当然，因为预见可能性也并不关乎意思责任，特别是从这种观点出发，对于可罚性来说，仅仅是说在逻辑上并不排除对特意要毁灭法益（故意），或者将其置于危险之中（危殆化故意）的意思的要求。只不过需要充分注意的是，这样的解释与犯罪事实一度在行为人头脑中闪过这一意义上的有认识过失以及如果具备了刑法期待的伦理性能力，就极为容易预见到犯罪事实这一意义上的重过失的一般可罚性之间没有关系，甚至在结果上导致可罚范围的显著缩小。[1]

---

〔1〕 就对于引起侵害这件事的意思责任而言，为何只要有对危险的认识就足够了原本就有疑问，但有关责任论整体我准备另行撰文讨论，此处只好割爱。

终章　"被允许的危险"之后

综上所述，在恩吉施之前，被允许的概念都是以行为具有的危险与有用性的衡量的形式而被界定的。但是这样的理论流程为韦尔策尔所中断。即，韦尔策尔将构成不法概念边界的"社会上相当的"行为的内容理解为"从机能性看来，处于历史上所形成的国民共同生活秩序的范围之内"的东西，并认为"被允许的危险是社会相当性的特殊个例，仅仅在法益危殆化程度这一点上，与其他的社会上相当的行为区别开来"。[1]

不过，比如说有一项非常新颖，但是具有有关确保安全的明确规则的危-283-险的体育运动。说不应当容许这个体育运动，基本上可以说是思想的不同，与此同时在具体结论上也难言妥当。由此根据罗克辛的观点，被允许的危险的概念，至少在表达上使其回到了衡量型概念上，而且使其与初期形态的情况相同，对故意犯也适用。[2]但是与此同时，其内容也包括了危险减少、溯

---

[1]　Welzel, Studien zum System des Strafrechts, ZStW58 (1939), S. 516ff.

[2]　其集大成者是 Claus Roxin, AT, Bd. I, 3. Aufl., 1997。

当然，目的行为论在其早期或者说在各论上，也承认社会相当性、被允许的危险对故意犯也有意义。参见小林宪太郎：《因果関係と客観の帰属》，弘文堂2003年，125、126頁；伊藤渉ほか编：《アクチュアル刑法総論》，弘文堂2005年，130、131頁注41（小林宪太郎）。但是，特别还存在因为不能未遂的可罚性（例如《德国刑法典》第23条第3款），仅仅因为目的性的存在就直接予以禁止，例如对于一方面意图伤害其他的运动员，另一方面又遵守规则进行比赛的运动员肯定故意的伤害罪之成立的见解，本来这是被允许的危险的典型。Jürg Rehberg, Zur Lehre vom „ Erlaubten Risiko ", 1962, S. 99, 233f. ［不过雷贝格自己是毛拉赫型的特殊的目的主义者，过失犯中被允许的危险的实体也不过是阻却了体系性地把握行为无价值的合乎规范的行为样态，即结果无价值的回避的一般期待可能性这一意义上的犯行答责性（Tatverantwortung）。］对于目的行为论来说，对于与故意犯不同，没有将目的性行为支配［狭义的行为（无价值）］作为要件，只要有目的性的回避可能的——即以责任能力为前提，能够在预见结果的基础上实施目的性的回避行为的——任意的引起［广义的行为（无价值）］就能成立的过失犯的正犯构成要件［引起构成要件（Verursachungstatbestand）］，如何从"交往中的必要注意"这一行为不法的观点来限定其范围曾经是迫切的课题。由此新过失论登场了。Vgl. Welzel, ZStW58, S. 491ff.

及禁止、答责原理等本质上与衡量在性质上不同的可罚性限定原理,于是就丧失了从中可以推论出某种结论的实体性含义了。最近的论调[1]认为被允许的危险是各种各样的可罚性限定原理的拼凑,在这个意义上说是超级范畴(super Kategorie),这也体现了这样一回事。

-284-

鉴于这样的状况,我认为要想详尽讨论被允许的危险,有关各个具体可罚性限定原理的讨论还远远不充分。

-285-

(接上页)而且,这种所谓的潜在目的性(potentielle Finalität)在此后被尼泽赶入了责任的行列中,过失构成要件就完全丧失了目的性。即,例如要以行为为标准来处理罪数(参见《德国刑法典》第52条第1款),即使必须讨论含有目的性的过失"行为",这也不过是面向不符合构成要件的结果[刑法上无关的目的性(strafrechtlich irrelevante Finalität)]。Werner Niese, Finalität, Vorsatz und Fahrlässigkeit, 1951, S. 51ff. 这种过失构成要件的客观化构成了上述的典型例子。

[1] Z. B. Diethelm Kienapfel, Das erlaubte Risiko im Strafrecht. Zur Lehre vom sozialen Handlungsbegriff, 1966, S. 9ff., 14f., 17, 21ff. Klaus Geppert, Rechtfertigende „ Einwilligung " des verletzten Mitfahrers bei Fahrlässigkeitsstraftaten im Straßenverkehr?, ZStW83(1971), S. 995f.; Manfred Maiwald, Zur Leistungsfähigkeit des Begriffs „ erlaubtes Risiko "für die Strafrechtssystematik, in: Festschrift für Hans-Heinrich Jescheck, 1985, S. 405ff.; Theodor Lenckner, in: Adolf Schönke/Horst Schröder, Strafgesetzbuch. Kommentar, 26. Aufl., 2001, Vorbem § § 32ff., Rn. 107b.

后　记

*

在这个时代，正面谈目的主义、客观归属论、结果无价值论，就好像在刚睡醒的客人面前演小丑一样。做体系，就变成了一件如此危险的事情。但是尽管如此，对于刑法学者来说，体系是非做不可的。

* *

最近经常听到年轻一辈们说："体系这种东西无所谓。"但是没有体系的话如何进行思考呢？我觉得这是非常不可思议的。恐怕，就算是这么说的各位，自己实际上也是根据体系在思考，只是要么没意识到这一点，要么虽然注意到了但是觉得体系是不体面的东西，仅仅假装没有在用体系而已吧。因为我很难想象会存在这样的刑法学者，因为讨厌被告人而说他有罪，就像因为喜欢咖喱而吃咖喱同样的感觉。

最近还经常从中坚以上的学者口中听到这样一句话："现有体系已经足够了。"确实，"现有体系"由于是集结了前辈先贤们的智慧所作，对于我们到现今为止所遇到的案件，虽然还说不上是全部，但是已经能够合理地解决大部分了。但是，"事实远比小说更新奇"。在这个社会上，我们以前根本难以想象的案件会不断发生。而且在这些案件中肯定会有这样的情况，根据"现有体系"会得出违反直观感受的结论，而且对其合理地进行正当化的途径并不内在于作为"现有体系"之基础的价值判断之中。用"现有体系"来应对这样的案件，基本上可以说是不被允许的不道德（immorality）。

因此，做体系，更准确地说是重做体系十分有必要。但这并不意味着是要将旧的体系破坏得体无完肤，然后从零开始构筑一个新的体系。最多只是在就恰当处理超出"现有体系"的案件来说所必要的限度之内，对"现有体系"进行修补工作而已（当然即便认为体系论就是整体论，修补的结果也会在实际上连之前的案件都不能合理解决的情况时有发生，关于这一点姑且不论）。这是因为一边考虑着创建了"现有体系"的先贤们全部的着眼之处——如果不这样的话就不能合理解决之前的案件——一边从零开始构筑新的体系，这样的工作是常人难以完成的。人们常说"法学不需要天才"。但是事实上，正确的说法应该是"有能力做这样的事情的天才，不会去做法学"。尽管如此，为了防止自命天才而轻易地想要破坏传统的法学家出现，人们事先早已连能够诞生天才的工作都封死了。倒不如说，超越先入之见和结构而重构先贤们的工作并以此来标榜正义的这种天才在做的事，原本就既不是注释（hermeneutic）也不是解构，其只不过是 18 世纪理性信仰久违的外在化而已。

* * *

前书《因果关系与客观归属》付梓之时，我刚执教鞭不久。因此对于理论刑法学的含义，我虽然也想过向学生传达，但这种想法并没有那么强烈。但是现在，我想首先向学生传达自己的想法。从一开始，本书的大部分内容就是根据我在大学演习课（Seminar）上与学生讨论的东西整理而成。因此，本书主要面向的读者还是学生。

* * * *

对我来说，带定冠词的体系是山口厚先生的体系。因为是要对这样一件艺术品建筑物进行修补，这并不是一件简单的事。于是，我决定参考佐伯仁志先生所描绘的设计图。这虽然并不是建筑物本身，但应当说是决定建筑物应有状态的东西，是规范体系的体系，或者也应当说是可罚性的"元理论"。基于这一壮大的设计图来修补这一件艺术品建筑物，尤其是一边向基本上被所有现代建筑所采用的井田良先生的目的主义（Finalismus）这样充满魅力的样式里插入了凿子＊。这就是我在本书中努力想要实践的东西，不过在"后记"这样有限的篇幅里，请恕我能力所限，无法进行更加具体的说明。

对于这种人们并不觉得怎么有趣的刑法学，我所做的可能只是从普通的作品中找出青年才俊所创作出的优秀的作品。特别是岛田聪一郎同学的魔法总是令人感到震惊。古色苍然的理论一旦到了他的手里，眨眼之间就摇身一变成为捕捉前端问题的卓越学说。这种巧妙性近乎神迹。而且他还总是向樋

＊ 日本过去的建筑物多为木制建筑物，朝这种建筑物上插入凿子往往意味着进行非常大的改动，甚或毁灭性破坏。作者在此用建筑物比喻刑法体系，而用向采取了井田良先生目的主义样式的建筑物里插入凿子来比喻自己对目的主义刑法体系所进行的大胆而创新的修正和改造。——译者注

口亮介同学问道："怎样做这个问题就能这样理解了呢?"这从他本科 3 年级的时候就开始了。对于自认为多多少少知道一点刑法学者的"悬置"*的我来说，这是令人愉快的冲击，与此同时我也实际感到，范式转换（paradigm shift），某种被称为认识论断裂**的东西也就这样产生了吧。只要他还在，刑法学就会一直充满乐趣下去。***

* * * * *

刊行本书之时，受到弘文堂北川阳子主编的诸多照顾。在此表示感谢。

* * * * * *

恩师西田典之先生对我来说，是任何可普遍化的属性所无法形容的存在。关于先生，我所说的都已成为私人语言。本书乃是为祝贺先生花甲之喜而出版。而且也就只有这件事是大家所可能了解的。

2006 年 11 月
小林宪太郎

---

* "悬置"（希腊语：epoché，英语：suspension），古希腊怀疑之父皮浪（Pyrrho）所创的哲学概念，他认为为了探求真理，必须避免断定，并暂时停止判断。参见［日］小川仁志：《完全解读哲学用语事典》，郑晓兰译，华中科技大学出版社 2016 年版，第 204 页。——译者注

** "认识论断裂"（法语：rupure épistémologique）是法国巴谢拉尔（Gaston Barciela）关于认识通过否定而发展的理论。他认为哲学的任务不在于解释和普及科学，其作用是阐明精神的认识过程。直观结论是不可靠的，认识不能从已定数据出发，只能从否定出发，科学和知识通过一系列的否定和新的综合而形成历时性、辩证的发展，从而对世界不断作出新的解释，解释新的真理。知识只是现象世界和认识主体之间所发生的变化不已的经常发展的关系，理解某一时空中的关系形成新的概念。在认识的辩证法中，错误似乎比真理更为重要，排除了错误就获得了真理。认识不是静止的，也不是封闭的，而是创造性的发展过程。巴谢拉尔的各种哲学观点被称为否定哲学。此后阿尔图塞用这种观点说明马克思早期思想发展过程，认为马克思曾于 1845 年否定了以前所同意的费希特（Johann Gottlieb Frchte）和费尔巴哈的人道主义思想，提出了马克思主义的一些基本原理，实现了思想上的否定，即认识论断裂。参见冯契、徐孝通主编：《外国哲学大辞典》，上海辞书出版社 2000 年版，第 118 页。——译者注

*** 岛田聪一郎（1974 年~2013 年），原早稻田大学法务研究科教授，东京大学法学部毕业，曾任慕尼黑大学客座研究员、上智大学法科大学院教授，主要研究领域为共犯论、财产犯罪、经济刑法等。代表作为：《正犯・共犯論の基礎理論》，東京大学出版会 2002 年。十分可惜的是，岛田教授于 2013 年 4 月 12 日因遭遇交通事故而去世。——译者注

译者后记

　　本书作者立教大学法学部小林宪太郎教授毕业于东京大学，师从西田典之教授。《刑法的归责》是小林教授的第二本专著，在本书中，作者尝试对现有的刑法体系进行大胆而创新的改造。在刑法体系传统的学说对立中，论战的主要战场往往是故意犯，论战双方是结果无价值论和行为无价值论。在本书中，作者以过失犯为切入点，以作为行为无价值论基本方法论的目的主义思考为对手，论证了结果无价值论基本立场的妥当性及其具体应用。

　　本书作者对两类研究者发出了呼吁：第一类是体系无用论者，即认为在进行法学思考之际体系是不必要的；第二类是体系完美论者，即认为现有的体系已经足够完美。然而，正如作者在后记中提到的那样，如果不依据一定的体系来进行思考的话，那么法律判断的安定性就无法得到保障了；而层出不穷的案件告诉我们，现有的体系并非尽善尽美，为了避免法学理论上的偷懒，有必要对现有体系进行改造。这既是《刑法的归责》这本书的出发点，也是其重要的理论贡献。

　　通读本书，可以认为作者的尝试是非常有意义的，并且也是成功的。在构成要件层面，作者认为结果无价值对于故意犯和过失犯都是必要的，因此在欠缺结果回避可能性的场合，由于不存在造成结果无价值的事实，因此应当否定构成要件该当性；在胎儿性致死伤的场合，由于创造出已经被侵害了的法益的事实无法等同于制造法益侵害事实，因此也不得肯定针对胎儿出生后的人的业务上过失致死伤罪。同时，对于一般理解为仅在过失犯领域中适用的信赖原则，作者指出该原则的理论根据在于答责领域理论，从而认为这一原则对故意犯同样也适用。换言之，如果发生的法益侵害结果并不属于行为人自己的答责领域范围内的话，不论行为人是存在过失还是故意，均否定构成要件该当性。在因果关系问题上，作者认为恩吉施提出的合法则条件关系仅仅发挥了在无法肯定结果回避可能性之时酿造出一种在一瞬间肯定的氛围这种接近暂时性安慰的机能，在刑法体系上并没有多大意义，作者将此称为"不真正的合法则条件关系"，因此，在行为与结果之间所要求存在的最低限度的经验法则性的或者盖然性法则性的关联，虽然以往被称为"相当因果关系"，作者认为才是真正的合法则条件关系。在救助事例中，作者认为如果能够在肯定补充性的基础上否定被害人参与行为的任意性的话，则能够肯定就包括被害人参与行为造成结果在内的法益侵害事实对行为人进行归责，即肯定构成要件该当性。

在违法性层面，作者认为，如果是可以做的事情，那么对于坏人来说也应当是可以做的，换言之，在解决"行为是否具有违法性"这一问题的不法层面，行为违法/合法的结论应当对于故意犯和过失犯是共通的，否则就会产生同样的行为，对于轻信"大概没事吧"的人允许其实施该行为，而对于担心"啊呀，危险"的人则禁止其实施该行为这样的局面。如此一来，"这种做法就是一边优待着什么都不想只管讴歌自由的人，一边封杀了这种胆小的人所有的社会活动"。作者还特意指出，在故意犯与过失犯中共通的违法性阻却不仅受优越利益原理规制，还得以根据被允许的危险的法理而得到正当化。作者认为，被允许的危险的正当化根据在于"优越利益原理+当然解释"，前者是指，如果一概禁止某个危险行为会导致其意图避免的恶害与禁止该行为所造成的对社会有用性、国民行动自由的侵害严重失衡的话，则应当允许该危险行为的实施；后者是指一旦刑法容许了实施危险行为，即便该危险发展为侵害，在如果要避免这样的事态唯一的方法就是放弃实施该行为的场合，刑法为了避免采取自我矛盾的态度，就有必要使容许的效果持续下去。因此，符合构成要件的行为也可能通过被允许的危险的法理而得到正当化。作者认为，判断危险行为是否被允许的标准在于包括道路交通法、建筑基准法、医学上的准则、危险的体育活动中确保安全的规则等在内的特别规范，由于这些是显示了法律预先做出的利益衡量判断结论的东西，因此如果行为人的行为遵守了这些特别规范规定的准则，法官可据此作出行为被正当化的判断。但特别规范发挥的机能也并非决定性的，在特别规范的准则严重落后于时代发展和科学进步以及案件并不属于特别规范意欲规制的类型之时，法官不得直接援引特别规范，认定行为属于被允许的危险而将其正当化，而是应当进行具体的利益衡量。根据作者的观点，一旦行为被认定为被允许的危险，即便行为人实施该行为时存在造成法益侵害结果的故意，也不得肯定故意犯的成立。

在责任层面，作者认为刑罚具有制裁的特性，而为了担保这种特性，刑罚必须具有使行为人避免实施不法行为的行为控制的效果，因此，预见可能性、辨识能力、控制能力这三个要件是必要的。作者还认为，预见可能性对故意犯也是必要的，即故意犯是在充足了过失犯所有的构成要件的基础上，由于另外具有故意而加重其刑罚，而故意加重刑罚的根据在于故意征表了行为人蔑视法益的性格，即性格责任，作者认为只要能够确保个别行为责任原则没有崩坏，就故意的本质采取性格责任的说法就并无不妥。因此，故意犯的处罚，除了具有作为刑罚的制裁的特性，还附带有处分的特点，而只要遵守了法治国家所容许的要件，这种处分就并无必要固守治疗、隔离的形态，采取广义的刑罚的形态也并无不可。由此，作者扭转了故意犯和过失犯在刑法研究中的地位，指出与其认为过失犯是犯罪论的继子，倒不如说故意犯才是犯罪论的继子，继子不会因为其数量多就成为嫡子，哪怕与正妻之间生的嫡子一个也没有，继子就是继子。因此，尽管在刑法中是少数，过失犯才是犯罪的原型，故意犯=过失犯+故意。正因为此，作者宣告，犯罪论体系在经历了故意责任（即李斯特—贝林—拉德布鲁赫的古典体系以及现今在日本处于有力地位的结果无价值论）、故意不法（目的主义）、过失不法（客观归属论）后，以过失责任为焦点的时代已经来临，正是后者塑造了刑事制裁最下限的特征。

自从韦尔策尔在题为《刑法体系的研究》的论文中提出了目的主义的方法论以来，理论刑法学长期受到其束缚，而作者认为目的主义的方法论并不妥当，应当采取客观归属论的方法论，现今日本的结果无价值论难以摆脱故意中心主义的束缚，因此，作者将其称为"责任版的目的主义"，而将自己采用的学说表达为"责任版客观归属论"。

这样一本进行大胆而创新的理论尝试的著作得以翻译，首先得益于原著作者小林宪太郎教授及弘文堂的慷慨授权。作者在后记中感叹"天才不会去做法学"，但具备着深厚的哲学素养和渊博的德国刑法学知识的小林教授，不仅可以说是天才，更如京都大学安田拓人教授所言，是"当代的奇才"，"就像歌剧通过尝试前卫演出的革命家获得了新的生命力那样，刑法学也需要小林副教授这样的人物"。[1]在本书翻译过程中，我多次向小林教授请教，小林教授总是不厌其烦地进行解答，在此一并表示感谢。

本书是我在京都大学攻读博士学位期间翻译的，作为一名在读博士生，能够参与"当代日本刑事法译丛"项目，我要深深感谢译丛执行主编、西北政法大学刑事法学院付玉明教授对我的信任与支持，付老师温文尔雅，在与我的沟通中表现出了极大的耐心和理解。山东大学法学院周啸天教授是我的同门师兄，我们都是黎宏教授的弟子。我在日常多次受周师兄关照，而得以参与译丛项目，也得益于师兄将我介绍给付老师。借此机会，向周师兄表示感谢。

感谢澳门大学法学院助理教授吕翰岳博士对我的帮助，如前所述，小林教授有着深厚的哲学素养和渊博的德国刑法学知识，因此书中大量引用了康德、黑格尔等哲学大家的作品以及不计其数的德语文献，而这也使得本书的翻译变得十分艰难。同为黎宏教授弟子的吕翰岳师兄反复与我探讨书中哲学术语的含义和德语词汇的译法，有同样具备深厚的哲学素养和渊博的德国刑法学知识的吕师兄的助力，我才对本书不至于出现太多的谬误有了信心。

感谢西南政法大学副教授谢佳君老师精心校对了译稿。谢老师在早稻田大学取得了法学博士学位，师从日本医事刑法第一人甲斐克则教授，同时也有着极为丰富的出版译著的经验。有谢老师为我保驾护航，我对本译著质量的信心有了极大的提升。

感谢我本科阶段导师北京外国语大学法学院王文华教授和我的硕士阶段导师清华大学法学院黎宏教授的长年教导。当年放弃北外保研资格，决定参加清华大学研究生招生考试时，王老师给了我很大的支持和帮助；在清华大学法学院读研期间，黎老师鼓励我学习日语，并全力支持我赴日留学，两位老师的栽培之恩，学生将铭记于心。

感谢我的博士阶段导师京都大学大学院法学研究科教授、日本刑法学会前任理事长盐见淳老师在联系本书翻译授权时给予的帮助。在我 2016 年初到京都之时，盐见老师深知留学生的不安与惶恐，对我极为关照。在一次聊天

---

[1] 安田拓人：《書評：小林憲太郎著〈刑法的帰責——フィナリスムス·客観的帰属論·結果無価値論〉》，《ジュリスト》1345 号（2007）35 頁。本书评写作当时，小林宪太郎尚为立教大学法学部副教授，其后于 2011 年升任立教大学法学研究科教授。

中，盐见老师跟我回忆分享了他当年从法学部毕业开始做助手时指导老师中森喜彦教授所给予的教导："做研究者，要做到不受三种学说的束缚，第一是通说，第二是师说，第三是自说。"我想，盐见老师是想告诉我做研究一定要有自己的思考和想法，既不要人云亦云，也不要唯唯诺诺，更不要固守成见。这三个，每一个都很难，但最难的想必是最后一个吧！

华东师范大学法学院讲师郑超师兄通读了译稿，纠正了不少翻译上的错误；中南财经政法大学刑事司法学院的硕士研究生胡园园同学、法学院本科毕业生粟志杰同学、曹智同学（以上两位同学硕士入学中国政法大学）、吕志斌同学、福州大学本科毕业生张楚彬同学、安徽大学法学院本科毕业生赵维雪同学（以上三位同学硕士入学中南财经政法大学）在校对阶段提供了很大帮助，在此一并致谢。

中国政法大学出版社第五编辑室主任丁春晖编辑为本书的出版付出了极大的心血，借此机会我也要向丁主任表示感谢。

最后，由于译者能力有限，本书仍难免出现错漏，在此预先向读者致歉，请各位方家鉴原。

姚培培

初稿写于 2018 年 5 月 30 日

于京都大学法经本馆研究室

修改于 2023 年 6 月 28 日

于中南财经政法大学文溯楼研究室